**Annegret Nickel-Gemmeke**

**Staatlicher Wohnbau in Santiago de Chile nach 1973**
- Bedeutung, Formen und Umfang von Wohnbau-Projekten für untere Sozialschichten -

Vom Fachbereich Geographie der Philipps-Universität
Marburg/Lahn als

Dissertation angenommen am       25. Juni 1990
Tag der mündlichen Prüfung am    12. Oktober 1990

Berichterstatter:         Prof. Dr. G. Mertins
Mitberichterstatter:      Prof. Dr. H. Nuhn
Mitberichterstatter:      Prof. Dr. J. Bähr (Kiel)

Der Originaltitel der Arbeit lautet:
Bedeutung, Formen und Umfang des staatlichen Wohnbaus
für untere Sozialschichten in Santiago de Chile nach 1973

gedruckt bei Wenzel, Marburg

MARBURGER GEOGRAPHISCHE SCHRIFTEN

Herausgeber: W. Andres, E. Buchhofer, W. Endlicher,
G. Mertins, H. Nuhn, A. Pletsch
Schriftleiter: A. Pletsch

Heft 121

Annegret Nickel-Gemmeke

# Staatlicher Wohnbau in Santiago de Chile nach 1973

- Bedeutung, Formen und Umfang von Wohnbau-Projekten
für untere Sozialschichten -

Marburg/Lahn 1991

Im Selbstverlag der Marburger Geographischen Gesellschaft e.V.

## Vorwort

Die vorliegende Arbeit entstand vor dem Hintergrund eines vom Deutschen Akademischen Austauschdienst geförderten Promotionsstipendiums für die Zeit zwischen November 1985 bis Oktober 1986 in Santiago de Chile. Die schriftliche Ausarbeitung der Arbeit, auf der Basis der in Santiago de Chile gewonnenen Daten und Forschungsmaterialien, wurde finanziell durch das Evangelische Studienwerk e.V., Haus Villigst, gefördert. Beiden Institutionen bin ich zu Dank verpflichtet, da die Arbeit von mir ohne ihre Unterstützung nicht hätte durchgeführt werden können.

Mein besonderer Dank gilt Herrn Prof. Dr. Günter Mertins, Marburg, der die Studie betreute. Seine brieflichen Anregungen aus Marburg während meiner Feldforschung in Santiago de Chile, die später in Marburg weitergeführten Diskussionen und die vielfältigen Unterstützungen, haben die Abfassung der Arbeit bereichert und erleichtert.

In Chile war das Forschungsvorhaben institutionell dem Instituto de Geografia der Pontificia Universidad Católica, Santiago de Chile, angeschlossen. Seinen Mitgliedern spreche ich für die zahlreichen Ratschläge und technischen Hilfen meinen Dank aus. Stellvertretend seien hier Ana Maria Errázuriz, Maria Enriquez, Mónica Gangas, Pilar Cereceda, Basilio Georgudis, José Ignacio González genannt. Besonders danken möchte ich auch Herrn Prof. Ricardo Riesco für seine Bemühungen, mir den Studienaufenthalt am Instituto de Geografia an der Pontificia Universidad Católica de Chile zu ermöglichen und mir den Kontakt zu chilenischen Wissenschaftlern aus dem Bereich der Stadtplanung und dem Wohnbau zu erleichtern.

Sehr verbunden bin ich Herrn Patricio Larrain und Irene Molina, die mich bei der wissenschaftlichen Auseinandersetzung mit dem Thema und der Aufarbeitung chilenischer Wohnbaupraxis für untere Sozialschichten mit ihren kritischen Anmerkungen und Diskussionen stets begleitet haben.

Ohne die Hilfe einer Reihe von Studenten des Instituto de Geografia der Universidad Católica wäre die Befragung in den staatlich geförderten Wohnbausiedlungen nicht möglich gewesen. Für ihre tatkräftige Unterstützung danke ich ihnen herzlich.

Ferner denke ich gern an meine chilenischen Freunde, insbesondere an Gloria Arraya, Antonio Gaete, Lucho Alfaro und Jorge Carvajal, für deren persönliche und wissenschaftliche Anregungen und Hilfestellungen ich besonders dankbar bin.

In bester Erinnerung bleiben mir all jene, deren Offenheit, Interesse, Herzlichkeit und Geduld die Studie in Groß-Santiago ermöglichten, die befragten Bewohner von Villa de los Héroes de la Concepción, Patricio Mekis, El Mariscal, Eleuterio Ramirez, Villa Angelmó, Los Quillayes, General Baquedano und Jaime Eyzaguirre und die Angestellten der entsprechenden Kommunalverwaltung.

Dank gilt auch meinen Freundinnen, der Geographin Brigitte Thomae und der Dipl.-Volkswirtin Britta Hoedebeck, die durch kritische Stellungnahmen und persönliche Anteilnahme wesentlich zur Ausführung der Arbeit beigetragen haben.

Schließlich möchte ich auch meinen Eltern für ihre Unterstützung und ihr Verständnis danken. Sie ermöglichten mir das Studium und die Promotion.

Besonderen Dank möchte ich meinem Mann Peter Gemmeke aussprechen, der mir in der gesamten Ausarbeitungsphase viele Anregungen und Ratschläge gab, mich besonders tatkräftig bei der Reinzeichnung der Abbildungen unterstützte und mir immer mit Geduld, Verständnis und Humor zur Seite stand.

Marburg, Juni 1991                                          Annegret Nickel-Gemmeke

## Inhaltsverzeichnis

Vorwort .................................................................. V
Inhaltsverzeichnis ..................................................... VII
Verzeichnis der Tabellen ............................................. XII
Verzeichnis der Abbildungen ........................................ XV
Abkürzungsverzeichnis ............................................. XVII

1. **Einleitung, Aufbau, Problemstellung, theoretischer Ansatz und angewandte Methoden** .................................................. 1
   1.1 Einleitung und Aufbau der Arbeit ................................. 1
   1.2 Problemstellung, theoretischer Ansatz und angewandte Methoden . 3
2. **Zum Prozeß der Verstädterung, Hyperurbanisierung und Metropolisierung in Chile** ................................................. 10
   2.1 Angaben zum Verstädterungsprozeß in Chile ................... 10
   2.2 Hyperurbanisierung in Chile ..................................... 13
   2.3 Angaben zum Prozeß der Metropolisierung in Chile ............ 14
      2.3.1 Die Dynamik der Metropolisierung .......................... 15
      2.3.2 Der Prozeß der Metropolisierung und seine entwicklungspolitische Brisanz ............................................. 16
3. **Verstädterung und Metropolisierung in Chile, ihre Determinanten und Auswirkungen** ...................................................... 19
   3.1 Die Hauptstadtfunktion in der Kolonialzeit ..................... 19
      3.1.1 Santiago de Chile in der kolonialspanischen Zeit (1541-1818) ................................................... 20
   3.2 Erste Verstädterungsphase in Chile und beginnende wirtschaftliche Integration in den Weltmarkt (1820-1920) ............. 21
      3.2.1 Santiago de Chile: Von der Unabhängigkeit (1818) bis zur Weltwirtschaftskrise (1920) ......................... 22
   3.3 Binnenmarktorientierte Industrialisierung und zweite Verstädterungsphase in Chile (1920-1960) ......................... 25
      3.3.1 Die Entstehung der modernen lateinamerikanischen Großstadt (1940-1960) ....................................... 28
      3.3.2 Santiago de Chile auf dem Weg zur Metropole (ab 1940) .................................................... 30
   3.4 Tendenzen der jüngeren Wirtschaftsentwicklung seit den 60er Jahren ............................................................ 31
   3.5 Die heutige Metropole Santiago de Chile ....................... 32

      3.5.1   Bevölkerungswachstum und Metropolisierung von Santiago de Chile ................................... 33
      3.5.2   Intraurbane Migrationen, Bevölkerungsverdichtung, Flächenwachstum und staatlicher Wohnbau in Santiago de Chile ............................................ 37
  3.6   Zusammenfassung ......................................... 39

## 4. Stadtplanung und Einfachwohnbau in Chile im Kontext nationaler Entwicklungsziele ................................................. 42

  4.1   Erste Ansätze der planmäßigen Stadtentwicklung und des staatlichen Wohnbaus für untere Sozialschichten in Lateinamerika in den 60er Jahren ................................. 42
  4.2   Stadtentwicklungspolitik und Einfachwohnbau im Kontext nationaler Entwicklungspolitik in Chile nach 1973 .............. 45
  4.3   Räumliche und administrative Gliederung Santiago de Chiles (Groß-Santiagos) seit 1974 ............................ 48
      4.3.1   Räumliche Gliederung Groß-Santiagos .................. 48
      4.3.2   Die Gemeindeverwaltungen als zentrale Organe der kommunalen Entwicklung ............................. 50
  4.4   Das Ministerium für Wohnbau und Stadtentwicklung (MINVU) .... 52
  4.5   Stadtentwicklungsplanung in Groß-Santiago nach 1973 ........... 52
      4.5.1   Stadtentwicklungsplanung in Groß-Santiago zwischen 1974 und 1978 ....................................... 52
      4.5.2   Stadtentwicklungsplanung in Groß-Santiago zwischen 1978 und 1984 ....................................... 53
      4.5.3   Stadtentwicklungsplanung in Groß-Santiago nach 1984 ..... 55

## 5. Erfassung und Entwicklung des Wohnraumdefizits für untere Sozialschichten in Chile und Groß-Santiago ....................... 57

  5.1   Allgemeine Vorbemerkung zum Wohnraumdefizit ............... 57
  5.2   Die Problemdimension des Wohnraumdefizits in Lateinamerika ................................................. 57
  5.3   Die Entwicklung des Wohnraumdefizits für untere Sozialschichten in Chile und Groß-Santiago ......................... 58
      5.3.1   Die Entwicklung des Wohnraumdefizits für untere Sozialschichten in Chile und Groß-Santiago zwischen 1952 bis 1973 ......................................... 58
      5.3.2   Die Entwicklung des Wohnraumdefizits für untere Sozialschichten in Chile und Groß-Santiago nach 1973 ..... 60

## 6. Die staatlich geförderten Wohnbauprogramme für untere Sozialschichten in Chile nach 1973 ................................... 63

  6.1   Grundzüge des staatlich geförderten Wohnbaus nach dem Prinzip der Subsidiarität ...................................... 63
  6.2   Wohnbaupolitische Maßnahmen zur Förderung des Wohnraumangebots ............................................. 65

| | | | |
|---|---|---|---|
| 6.3 | | baupolitische Maßnahmen zur Minderung der Wohn-nachfrage | 65 |
| | 6.3.1 | Wohnbaupolitische Maßnahmen zur Minderung der Wohnraumnachfrage der Mittelschicht | 65 |
| | | 6.3.1.1 Das Wohnbauprogramm "Sistema Unico de Postulación" | 65 |
| | | 6.3.1.2 Das Wohnbauprogramm "Subsidio Habitacional" | 68 |
| | | 6.3.1.3 Das Wohnbauprogramm "Subsidio Variable" | 71 |
| | | 6.3.1.4 Zusammenfassung | 73 |
| | 6.3.2 | Die Programme des Einfachwohnbaus für untere Sozialschichten | 74 |
| | | 6.3.2.1 Das Wohnbauprogramm "Vivienda Social" | 75 |
| | | 6.3.2.2 Das Wohnbauprogramm "Vivienda Básica" | 76 |
| | | 6.3.2.3 Das Wohnbauprogramm "Saneamiento de Campamentos" | 77 |
| | | 6.3.2.4 Das Wohnbauprogramm "Postulación Habitacional" | 79 |
| | 6.3.3 | Zusammenfassender Überblick über die Kosten, den Umfang und die räumliche Verteilung der Wohnbaumaßnahmen in Groß-Santiago, 1975-1985 | 79 |
| 6.4 | Die Sanierung und Umsiedlung von campamentos in Groß-Santiago | | 85 |
| | 6.4.1 | Institutioneller und gesetzlicher Rahmen der Sanierungs- und Umsiedlungsmaßnahmen | 85 |
| | 6.4.2 | Umfang, zeitliche und räumliche Verteilung der Sanierungs- und Umsiedlungsmaßnahmen von campamentos in Groß-Santiago, 1979-1985 | 86 |
| | 6.4.3 | Die Kosten der Sanierungs- und Umsiedlungsmaßnahmen | 88 |
| 7. Die Sanierungs- und Umsiedlungsmaßnahmen anhand von Fallbeispielen | | | 96 |
| 7.1 | Zur Methodik der Untersuchung | | 96 |
| 7.2 | Die Campamento-Sanierung in Groß-Santiago: Die Wohnsiedlungen Patricio Mekis und Villa de los Héroes de la Concepción | | 98 |
| | 7.2.1 | Zusammensetzung der Haushalte nach Alter, Größe und Familienstand in Patricio Mekis und Villa de los Héroes | 99 |
| | 7.2.2 | Ausbildungs- und Beschäftigungsstruktur der Haushalte | 103 |
| | 7.2.3 | Einkommensstrukturen der Haushalte | 107 |
| | 7.2.4 | Analyse der Wohnsituation nach der Sanierung der campamentos | 109 |

| | | | |
|---|---|---|---|
| | 7.2.4.1 | Anzahl, Umfang und Nutzung der Anbauten in Patricio Mekis und Villa de los Héroes | 109 |
| | 7.2.4.2 | Verwendete Baumaterialien bei den Erweiterungsbauten der Sanitärzellen | 113 |
| | 7.2.4.3 | Zur Ausstattung der Wohneinheiten mit Gebrauchsgegenständen | 115 |
| 7.2.5 | | Zum Problem der allegados nach der Sanierung der campamentos | 116 |

7.3 Die Umsiedlung von campamento-Bewohnern: Die Wohnsiedlungen El Mariscal, Eleuterio Ramírez, Villa Angelmó und Los Quillayes ................................................. 118

    7.3.1 Zusammensetzung der Haushalte nach Alter, Größe und Familienstand ..................................... 120

    7.3.2 Ausbildungs- und Beschäftigungsstruktur der Haushalte .... 123

    7.3.3 Einkommensstruktur der Haushalte ..................... 128

    7.3.4 Die Wohnsituation in den Wohnbausiedlungen El Mariscal, Eleuterio Ramírez, Villa Angelmó und General Baquedano, Los Quillayes und Jaime Eyzaguirre .......... 130

        7.3.4.1 Größe und Ausstattung der Wohneinheiten in den Doppelhaussiedlungen El Mariscal und Eleuterio Ramírez .............................. 131

            7.3.4.1.1 Größe und Nutzung der Erweiterungen ... 131

            7.3.4.1.2 Verwendete Baumaterialien bei den Erweiterungen ........................ 133

            7.3.4.1.3. Ausstattung der Haushalte mit Gebrauchsgegenständen .................. 133

        7.3.4.2 Größe und Ausstattung der Wohneinheiten in den Reihenhaussiedlungen Villa Angelmó und General Baquedano ........................... 135

            7.3.4.2.1 Größe und Nutzung der Erweiterungen ... 136

            7.3.4.2.2 Verwendete Baumaterialien bei den Erweiterungen ........................ 138

            7.3.4.2.3 Ausstattung der Haushalte mit Gebrauchsgegenständen .................. 139

            7.3.4.2.4 Zum Vergleich: Ergänzende Angaben zur Haushaltsstruktur, zum Haushaltseinkommen und zur Wohnsituation in der Wohnsiedlung General Baquedano ...... 140

        7.3.4.3 Größe und Ausstattung der Wohneinheiten in den Wohnblöcken der Siedlungen Los Quillayes und Jaime Eyzaguirre ............................. 143

        7.3.4.3.1 Zum Vergleich: Ergänzende Angaben zur Haushaltsstruktur, zum Haushaltseinkommen und zur Wohnsituation der Wohnsiedlung Jaime Eyzaguirre .............. 145

   7.3.5 Zum Problem der allegados in den Wohnsiedlungen El Mariscal, Eleuterio Ramírez, Villa Angelmó, Los Quillayes, General Baquedano und Jaime Eyzaguirre ...... 151

**8. Auswirkungen der durchgeführten Maßnahmen im Bereich des staatlich geförderten Wohnbaus für untere Sozialschichten auf die Wohnsituation, die kommunale Entwicklung und das räumliche Wachstum Groß-Santiagos** ....................................... 155

  8.1 Bewertung der Wohnsituation der Teilnehmer staatlicher Wohnbaumaßnahmen für untere Sozialschichten ................... 155

     8.1.1 Zur Wohnsituation der Bevölkerung nach Abschluß der Sanierungs- und Umsiedlungsmaßnahmen ................ 156

     8.1.2 Die soziale Reichweite der staatlichen Wohnbauprogramme für untere Sozialschichten ..................... 157

     8.1.3 Veränderungen der Wohnbedingungen durch bauliche Veränderungen ........................................ 160

  8.2 Auswirkungen der Sanierungs- und Umsiedlungsmaßnahmen auf die Wohnumfeldqualität in den Kommunen ................. 164

     8.2.1 Auswirkungen der Umsiedlungsmaßnahmen auf die Wohnumfeldqualität der Wohnbevölkerung in La Pintana und Puente Alto ............................. 166

     8.2.2 Auswirkungen der Sanierungsmaßnahmen auf die Wohnumfeldqualität der Wohnbevölkerung in Estación Central und Conchalí ........................ 168

  8.3 Auswirkungen staatlicher Wohnbaumaßnahmen auf die räumliche Entwicklung Groß-Santiagos ....................... 170

     8.3.1 Legale Grundlage für die Schaffung der area de expansión und ihre Auswirkungen auf die Bodenpreise .......... 170

     8.3.2 Absorption landwirtschaftlich genutzter Flächen und andere ökologische Folgeschäden ................. 173

  8.4. Zusammenfassung ......................................... 173

**9. Grenzen und Möglichkeiten des staatlichen Wohnbaus für untere Sozialschichten** .................................................. 176

**Literaturverzeichnis** ............................................... 179

**Anhang** ........................................................... 213

## Verzeichnis der Tabellen

| | | |
|---|---|---|
| 1 | Städtische Bevölkerung und ihre jährlichen Zuwachsraten in einzelnen Ländern Lateinamerikas | 10 |
| 2 | Einwohnerzahl chilenischer Großstädte und deren Anteil an der Gesamtbevölkerung 31.12.1986 (in %) | 14 |
| 3 | Der Index of Primacy für einzelne südamerikanische Länder, 1960-1990 | 14 |
| 4 | Industriebeschäftigte in industriellen Zentren Chiles 1928/1957 | 26 |
| 5 | Geburten- und Sterbeziffern in Chile, 1970-1985 | 34 |
| 6 | Bevölkerungsentwicklung Santiago de Chiles, 1865-1986 | 41 |
| 7 | Die Arbeitsmarktlage in Chile, 1960-1986 | 46 |
| 8 | Staatliche Sozialausgaben in Chile, 1973-1982 (in Mill. chil. Pesos von 1982) | 47 |
| 9 | Entwicklung der Bodenpreise in verschiedenen Kommunen Groß-Santiagos (in inflationsbereinigten Verrechnungseinheiten [UF] pro m²), 1969-1988 | 54 |
| 10 | Geschätztes Wohnraumdefizit in Chile und in Groß-Santiago, 1952-1985 | 62 |
| 11 | Das Wohnbauprogramm Sistema Unico de Postulación | 66 |
| 12 | Sistema Unico de Postulación: Umfang und räumliche Verteilung nach Haustypen (A und B) in Groß-Santiago, 1976-1982 | 67 |
| 13 | Das Wohnbauprogramm Subsidio Habitacional | 68 |
| 14 | Subsidio Habitacional: Bewerber und Teilnehmer, 1978-1980 | 69 |
| 15 | Das Wohnbauprogramm Subsidio Habitacional: vergebene und eingelöste Zuschüsse, 1978-1980 | 70 |
| 16 | Die Teilnehmer am Wohnbauprogramm Subsidio Habitacional nach Einkommensklassen (in UF) | 70 |
| 17 | Angebote und Verkauf neuer Wohnungen/Häuser in Groß-Santiago, 1980 | 71 |
| 18 | Das Wohnbauprogramm Subsidio Variable: Bewerber, Teilnehmer und eingelöste Zuschüsse 1981 | 72 |
| 19 | Das Wohnbauprogramm Subsidio Variable | 72 |
| 20 | Ausgaben für einzelne Wohnbauprograme in der Metropolitanregion Santiagos, 1983 (in UF) | 74 |
| 21 | Das Wohnbauprogramm Vivienda Social | 74 |
| 22 | Das Wohnbauprogramm Vivienda Básica | 77 |
| 23 | Das Wohnbauprogramm Saneamiento de Campamentos | 78 |
| 24 | Das Wohnbauprogramm Postulación Habitacional | 79 |
| 25 | Kosten und Umfang staatlich geförderter Wohnbaumaßnahmen in Chile und Groß-Santiago 1975-1985 | 81 |

| | | |
|---|---|---|
| 26 | Geplante und realisierte Sanierungs- und Umsiedlungsmaßnahmen von campamentos in Groß-Santiago, 1979-1985 | 86 |
| 27 | Umfang und zeitliche Verteilung der Umsiedlungsmaßnahmen in der Metropolitanregion Santiagos, 1979-1985 | 87 |
| 28 | Ursprungs- und Zielkommunen der in der Metropolitanregion Santiagos umgesiedelten Familien, 1979-1985 | 90 |
| 29 | Bevölkerungsentwicklung aufgrund der Umsiedlungsmaßnahmen in den Kommunen Groß-Santiagos, 1979-1985 | 94 |
| 30 | Übersicht über die untersuchten Wohnsiedlungen staatlicher Wohnbauprogramme in Groß-Santiago | 97 |
| 31 | Wohnstatus der Befragten vor der Sanierung der Siedlungen Patricio Mekis und Villa de los Héroes (in %) | 99 |
| 32 | Der Familienstand der Befragten von Patricio Mekis und Villa de los Héroes (in %) | 102 |
| 33 | Der Ausbildungsstand der Befragten von Patricio Mekis und Villa de los Héroes (in %) | 104 |
| 34 | Die Beschäftigungssituation der Befragten von Patricio Mekis und Villa de los Héroes (in %) | 105 |
| 35 | Lage der Arbeitsplätze der Befragten von Patricio Mekis und Villa de los Héroes (in %) | 106 |
| 36 | Zum Familien-/Haushaltseinkommen beitragende Personen in Patricio Mekis und Villa de los Héroes (in %) | 107 |
| 37 | Einkommensstruktur und durchschnittliches Monatseinkommen der Haushalte von Patricio Mekis und Villa de los Héroes (in %) | 108 |
| 38 | Erweiterungen der Wohneinheiten in Patricio Mekis und Villa de los Héroes (in %) | 110 |
| 39 | Zimmerzahl in den Wohneinheiten der Siedlungen Patricio Mekis und Villa de los Héroes | 111 |
| 40 | Die kommerzielle Nutzung der Erweiterungsbauten in Patricio Mekis und Villa de los Héroes (in %) | 111 |
| 41 | Verwendete Baumaterialien bei den Erweiterungsbauten der Sanitärzellen in Patricio Mekis und Villa de los Héroes (in %) | 114 |
| 42 | Ausstattung der Haushalte mit Gebrauchsgegenständen in Patricio Mekis und Villa de los Héroes (in %) | 115 |
| 43 | Die Aufnahme von allegados in Patricio Mekis und Villa de los Héroes | 116 |
| 44 | Gemeinsame Nutzung von Einrichtungen in den Wohneinheiten von Patricio Mekis und Villa de los Héroes (in %) | 117 |
| 45 | Wohnstatus der Befragten in El Mariscal, Eleuterio Ramirez, Villa Angelmó und Los Quillayes vor der Umsiedlung (in %) | 119 |
| 46 | Der Familienstand der Befragten von El Mariscal, Eleuterio Ramirez, Villa Angelmó und Los Quillayes (in %) | 121 |
| 47 | Der Ausbildungsstand der Befragten von El Mariscal, Eleuterio Ramirez, Villa Angelmó und Los Quillayes (in %) | 124 |

| | | |
|---|---|---|
| 48 | Die Beschäftigungssituation der Befragten von El Mariscal, Eleuterio Ramirez, Villa Angelmó und Los Quillayes (in %) | 125 |
| 49 | Lage der Arbeitsplätze der Befragten von El Mariscal, Eleuterio Ramirez, Villa Angelmó und Los Quillayes (in %) | 127 |
| 50 | Zum Familien-/Haushaltseinkommen beitragende Personen in El Mariscal, Eleuterio Ramirez, Villa Angelmó und Los Quillayes (in %) | 128 |
| 51 | Einkommensstruktur und durchschnittliches Monatseinkommen der Haushalte von El Mariscal, Eleuterio Ramirez, Villa Angelmó und Los Quillayes (in %) | 129 |
| 52 | Die Erweiterungen der Wohneinheiten von El Mariscal und Eleuterio Ramirez (in %) | 131 |
| 53 | Die Nutzung der Erweiterungsbauten und der gesamten Wohneinheiten in El Mariscal und Eleuterio Ramirez (in %) | 133 |
| 54 | Verwendete Baumaterialien bei den Erweiterungen in El Mariscal und Eleuterio Ramirez (in %) | 134 |
| 55 | Ausstattung der Haushalte mit Gebrauchsgegenständen in El Mariscal und Eleuterio Ramirez (in %) | 134 |
| 56 | Die Erweiterungen der Wohneinheiten in Villa Angelmó und General Baquedano (in %) | 136 |
| 57 | Die Nutzung der Erweiterungsbauten und der Wohneinheiten in Villa Angelmó und General Baquedano (in %) | 138 |
| 58 | Verwendete Baumaterialien bei den Erweiterungen in Villa Angelmó und General Baquedano (in %) | 139 |
| 59 | Ausstattung der Haushalte mit Gebrauchsgegenständen in Villa Angelmó und General Baquedano (in %) | 139 |
| 60 | Der Ausbildungsstand der Befragten von General Baquedano (in %) | 140 |
| 61 | Die Beschäftigungssituation der Befragten von General Baquedano (in %) | 141 |
| 62 | Lage der Arbeitsplätze der Haushaltsvorstände von General Baquedano (in %) | 141 |
| 63 | Einkommensstruktur und durchschnittliches Monatseinkommen der Haushalte in General Baquedano (in %) | 142 |
| 64 | Zum Familien-/Haushaltseinkommen beitragende Personen in General Baquedano (in %) | 142 |
| 65 | Der Ausbildungsstand der Befragten von Jaime Eyzaguirre (in %) | 147 |
| 66 | Die Beschäftigungssituation der Befragten von Jaime Eyzaguirre (in %) | 148 |
| 67 | Lage der Arbeitsplätze der Haushaltsvorstände von Jaime Eyzaguirre (in %) | 148 |
| 68 | Einkommensstruktur und durchschnittliches Monatseinkommen der Haushalte von Jaime Eyzaguirre (in %) | 149 |

| | | |
|---|---|---|
| 69 | Zum Familien-/Haushaltseinkommen beitragende Personen in Jaime Eyzaguirre (in %) | 149 |
| 70 | Ausstattung der Wohneinheiten mit Gebrauchsgegenständen in Jaime Eyzaguirre und Los Quillayes (in %) | 150 |
| 71 | Die Aufnahme von allegados in El Mariscal, Eleuterio Ramirez, Villa Angelmó, Los Quillayes, General Baquedano und Jaime Eyzaguirre (in %) | 152 |
| 72 | Gemeinsame Nutzung von Einrichtungen in den Wohneinheiten von El Mariscal, Eleuterio Ramirez, Villa Angelmó und General Baquedano (in %) | 153 |
| 73 | Einkommensverteilung der Bevölkerung von Groß-Santiago und mögliche Ausgaben für die Wohnraumversorgung, 1979 | 158 |
| 74 | Durchschnittliche Größe der erweiterten Wohneinheiten in den Wohnbausiedlungen | 161 |
| 75 | Infrastrukturinvestitionen in verschiedenen Stadtteilen Groß-Santiagos (in UF pro EW) | 172 |

### Verzeichnis der Abbildungen

| | | |
|---|---|---|
| 1 | Städtische und ländliche Bevölkerung in Chile, 1875-1986 (in %) | 11 |
| 2 | Bevölkerungswachstum in Chile, 1930-1982 | 12 |
| 3 | Verstädterungsgrad und wirtschaftliche Struktur einzelner Länder Lateinamerikas | 13 |
| 4 | Santiago de Chile zur Zeit der Gründung 1541 | 20 |
| 5 | Beispiel eines "conventillo" in Santiago de Chile | 24 |
| 6 | Altersaufbau der chilenischen Bevölkerung (Stand: Mitte 1986) | 35 |
| 7 | Bevölkerungsveränderung zwischen 1970 und 1982 in den Distrikten der Provinz Santiago (in %) | 38 |
| 8 | Das räumliche Wachstum von Santiago de Chile 1575-1981 | 40 |
| 9 | Die Región Metropolitana Groß-Santiagos | 49 |
| 10 | Räumlich-administrative Gliederung Groß-Santiagos seit 1974 | 50 |
| 11 | Wohnbaumaßnahmen für untere Sozialschichten in den Kommunen von Groß-Santiago 1975-1985 | 82 |
| 12 | Anteile der Wohnbauprogramme für untere Sozialschichten in den Kommunen Groß-Santiagos 1975-1985 (in %) | 83 |
| 13 | Anteil der Wohnbauprogramme für untere Sozialschichten an den gesamten Einfachwohnbaumaßnahmen und ihre kommunale Verteilung in Groß-Santiago 1975-1985 | 84 |

| | | |
|---|---|---|
| 14 | Umsiedlung von campamento-Familien in der Región Metropolitana nach Ursprungs- und Zielkommunen 1979-1985 | 89 |
| 15 | Altersstruktur der Haushaltsvorstände in a) Patricio Mekis und b) in Villa de los Héroes | 100 |
| 16 | Größe der Haushalte in Patricio Mekis und Villa de los Héroes | 101 |
| 17 | Durchschnittliches Einkommen und durchschnittliche Ausgaben für Lebensmittel und die Nutzung der Wohneinheit in Patricio Mekis und Villa de los Héroes (in % und chil. Pesos) | 108 |
| 18 | Grundriß einer Sanitärzelle | 112 |
| 19 | Altersstruktur der Haushaltsvorstände in El Mariscal, Eleuterio Ramirez, Villa Angelmó und Los Quillayes | 120 |
| 20 | Größe der Haushalte in El Mariscal, Eleuterio Ramirez, Villa Angelmó und Los Quillayes | 122 |
| 21 | Durchschnittliches Einkommen und durchschnittliche Ausgaben für Lebensmittel und die Nutzung der Wohneinheit in El Mariscal, Eleuterio Ramirez, Villa Angelmó und Los Quillayes (in % und in chil. Pesos) | 130 |
| 22 | Grundriß eines Doppelhauses und potentielle Anbauflächen in El Mariscal | 132 |
| 23 | Grundriß eines Reihenhauses in Villa Angelmó | 135 |
| 24 | Altersstruktur der Haushaltsvorstände in General Baquedano | 137 |
| 25 | Größe der Haushalte in General Baquedano | 137 |
| 26 | Durchschnittliches Einkommen und durchschnittliche Ausgaben für Lebensmittel und die Nutzung der Wohneinheit in General Baquedano (in % und in chil. Pesos) | 143 |
| 27 | Grundriß einer Wohneinheit in einem dreigeschossigen Wohnblock in Los Quillayes | 144 |
| 28 | Altersstruktur der Haushaltsvorstände in Jaime Eyzaguirre | 146 |
| 29 | Größe der Haushalte in Jaime Eyzaguirre | 146 |
| 30 | Durchschnittliches Einkommen und durchschnittliche Ausgaben für Lebensmittel und für die Nutzung der Wohneinheit in Jaime Eyzaguirre (in % und in chil. Pesos) | 150 |
| 31 | Gesundheitszentren und Bildungseinrichtungen für die Bevölkerung von La Pintana | 167 |
| 32 | Gesundheitszentren und Bildungseinrichtungen für die Bevölkerung von Puente Alto | 167 |

## Abkürzungsverzeichnis

| | |
|---|---|
| AID | Agencia Internacional del Desarrollo |
| BID | Banco Interamericano de Desarrollo |
| CA | Cuota de Ahorro |
| CEPAL | Comisión Económica para América Latina |
| CHC | Comités Habitacionales Comunales |
| CIDU | Centro de Investigaciones de Desarrollo Urbano |
| CIEPLAN | Corporación de Investigaciones Económicas para America Latina. |
| CONARA | Comisión Nacional de la Reforma Administrativa |
| COU | Corporación de Obras Urbanas |
| CORFO | Corporación de Fomento de la Producción |
| CORHABIT | Corporación Habitacional |
| CORMU | Corporación de Mejoramiento Urbano |
| CORVI | Corporación de la Vivienda |
| FLACSO | Facultad Latinoamericana de Sciencias Sociales |
| IEU | Instituto de Estudios Urbanos |
| ILO | International Labour Organisation |
| ILPES | Instituto Latinoamericano de Planificación Económica y Social |
| INE | Instituto Nacional de Estadísticas |
| MINVU | Ministerio de Vivienda y Urbanismo |
| ODEPLAN | Oficina de Planificación Nacional |
| PEM | Programa de Empleo Mínimo |
| POJH | Programa de Ocupación para Jefes de Hogar |
| PUC | Pontificia Universidad Católica |
| SEREMI | Secretaria Regionale Ministeriale |
| SERPLAC | Servicio de Planificación |
| SERVIU | Servicio de Vivienda u Urbanización |
| UF | Unidad de Fomento |
| UN | United Nations |
| UNCHS | United Nations Center for Human Settlements |
| UNO | United Nations Organization |

# 1.
## Einleitung, Aufbau, Problemstellung, theoretischer Ansatz und angewandte Methoden

### 1.1 Einleitung und Aufbau der Arbeit

Seit zwei Jahrzehnten wird - im Zusammenhang mit der wachsenden Verarmung unterer Sozialschichten in den unterentwickelten kapitalistischen Ländern - die HABITAT-Misere als eines der drängendsten Probleme und eines der gravierendsten Armutsphänomene behandelt.

Besonders in den Metropolen, hier verstanden als urbaner Raum mit massivster Bevölkerungskonzentration (über 1 Mio. Einwohner), manifestiert sich, als Folge der historischen Entwicklung, der Stellung der Städte innerhalb der jeweiligen Staaten und innerhalb des internationalen Systems, die Konzentration politischer und wirtschaftlicher Macht. Die mit dieser Konzentration einhergehenden sozioökonomischen und politischen Konflikte finden daher ihren markantesten Widerhall in den Metropolen. Dort kommen die Widersprüchlichkeiten der Entwicklung und die Entwicklungsdisparitäten, wie sie zwischen Industrie- und Entwicklungsländern einerseits und zwischen urbanen und ruralen Räumen in den Entwicklungsländern andererseits bestehen, prägnant zum Ausdruck.

Während des letzten Jahrzehnts hat das zunehmende Elend der Wohnraumunterversorgung der "Armen" bei Politikern, Stadtentwicklungs- und Wohnbauexperten zur Entwicklung und Anwendung vor allem zweier Lösungsstrategien geführt:

"Erstens müsse für die Belange der städtischen Armen eine verantwortungsbewußtere staatliche Wohnungspolitik entwickelt und eingeschlagen werden; zweitens sei die 'Selbsthilfe' zur Bewältigung der Wohnungsprobleme der städtischen Armen die unerläßliche Voraussetzung, von der allein der nötige Erfolg zu erwarten sei (STEINBERG 1982: 46).

Für die geographische lateinamerikanische Urbanisierungsforschung ergeben sich makro- wie mikroperspektivisch zwei besonders wichtige Forschungsschwerpunkte:
- Die Politisierung der räumlichen Dimension gesellschaftlicher Entwicklungen, die zwar nicht erst ein Phänomen postmoderner Stadtentwicklung ist, aber heute in den Metropolen mit einer ungeheuren Dynamik voranschreitet. Diese Dynamik entspringt spezifischen, zum Teil interdependenten Faktoren, wie z.B.:
  – einem sich nur allmählich verlangsamenden Bevölkerungswachstum,
  – einem exorbitanten metropolitanen Wachstum der Großzentren Lateinamerikas,
  – einer ausgeprägten Primacy,
  – einem relativ geringen Industrialisierungsstand,

- einem Agrarsektor, dessen Produktion in vielen Bereichen nicht mit der gestiegenen Nachfrage Schritt halten kann,
- sinkenden Rohstoffpreisen auf dem Weltmarkt.

• Auf der Mikroebene gilt es im Hinblick auf den Bereich Wohnen, als eine sich im Raum manifestierende Daseinsfunktion, die spezifischen Entscheidungsträger (Staat, Parteien, Bürger) und -prozesse und die sozialräumlichen Auswirkungen zu analysieren (Größe der Haushalte/Wohneinheit, sozialräumliche Segregation etc.).

In Chile müssen diese Phänomene und Entwicklungen der Wohnraumversorgung für untere Sozialschichten[1] in dem Zeitraum von 1973 bis 1990 vor dem Hintergrund einer im wesentlichen von Militärs getragenen Gesellschaft reflektiert werden. Die gesellschaftlichen und institutionellen Rahmenbedingungen in Chile sind aufgrund der kolonialen, aber auch der jüngeren Geschichte seit 1973, nicht mit denen der industrialisierten Staaten Europas und Nordamerikas zu vergleichen und entziehen sich auch einer verallgemeinernden Betrachtungsweise der lateinamerikanischen Staaten insgesamt.

In Anbetracht der obigen Ausführungen ist die vorliegende Arbeit wie folgt strukturiert:

In dem nachstehenden Kapitel 1.2 erfolgt eine theoretische Einbindung der Themenstellung der Arbeit in jüngere geographische Ansätze der Urbanisierungs- und Entwicklungsländerforschung. Die Bearbeitung des Themas erfordert die Berücksichtigung von Erklärungsansätzen anderer Fachgebiete, wie z.B. der Architektur, der Stadtplanung und der Soziologie. Ferner werden in dem Kapitel die aus der Sozialgeographie stammenden methodischen Vorgehensweisen erläutert.

Aufgrund der in der Urbanisierungsforschung anhaltenden Begriffsvielfalt werden den Definitionen von "Verstädterung", "Hyperurbanisierung" und "Metropolisierung" ein eigenständiges Kapitel eingeräumt (vgl. Kap. 2). Die definitorische Abgrenzung ist eingebettet in Erläuterungen zum Prozeß der Verstädterung, Hyperurbanisierung und Metropolisierung in Chile. Die Ausführungen dienen als Hintergrundinformation zu dem sich anschließenden Kapitel (Kap. 3), in dem die Determinanten des lateinamerikanischen - und im besonderen des chilenischen - Verstädterungs- und Metropolisierungsprozesses im Vordergrund der Betrachtung stehen. Dabei sollen die gegenwärtigen räumlich-metropolitanen Strukturen des Untersuchungsraumes Groß-Santiago deutlich werden und in ihrer Interdependenz zu nationalen und internationalen wirtschaftlichen und gesellschaftlichen Entwicklungen gezeigt werden.

---

1) Die Begriffe "untere Sozialschichten", "untere Einkommensgruppen", "einkommensschwache Bevölkerungsgruppe" werden im folgenden synonym verwendet. Im hier dargelegten Kontext sind die entscheidenden Kriterien bei der Verwendung der Bezeichnungen: a) für diese Bevölkerungsgruppe ist eine Lösung der Wohnproblematik aus eigenen Anstrengungen heraus nicht möglich. b) Die Einkommen dieser Bevölkerungsgruppe liegen im Bereich des gesetzlichen Mindestlohnes, der in Chile im Jahr 1984 9.870 Pesos betrug (RUIZ-TAGLE 1984: 573). Im gleichen Jahr kostete nach Angaben von SCHÜTZ (1987: 61) der minimale Warenkorb (Grundnahrungsmittel, Brennstoff zum Kochen, Elektrizität und Transportausgaben) 13.648 Pesos, das entspricht 138% des Mindestlohnes.

Die Wohnraumversorgung, getragen von privaten, öffentlichen und staatlichen Einrichtungen, steht immer in Abhängigkeit zu umfassenderen räumlichen - städtischen, regionalen wie auch nationalen - und wirtschaftlichen Prozessen. Ziel des vierten Kapitels ist es, diese Abhängigkeit des Wohnbaus[1] von Entscheidungen im Bereich der Stadtplanung und von anderen nationalen Entwicklungszielen deutlich zu machen und die Auswirkungen dieser Entscheidungen auf die Wohnraumversorgung unterer Sozialschichten zu beziehen.

Bevor die einzelnen Wohnbaumaßnahmen, wie sie zwischen 1973 und 1986 in Santiago de Chile implementiert wurden, aufgeführt werden (vgl. Kap. 6), wird im fünften Kapitel das Ausmaß des Wohnraumdefizits in Chile und seiner Hauptstadt dargestellt.

Den eigentlichen Schwerpunkt der vorliegenden Arbeit bildet die Auswertung staatlicher Wohnbauprogramme auf der Basis eigener Untersuchungen in acht verschiedenen, mit staatlicher Förderung entstandenen Siedlungen in Groß-Santiago (Kap. 7 und Kap. 8).

In die Darstellung der einzelnen Wohnbaustrategien sind auch solche aufgenommen, deren eigentliche Zielgruppen nicht zu den unteren Sozialschichten gehören. Diese Programme wurden von der Regierung aber zunächst als solche etikettiert und eingesetzt.

Die Ausführungen zu den untersuchten Maßnahmen anhand von Fallbeispielen (Kap. 7) machen dies deutlich. Die mittelschichtorientierten Wohnbaulösungen dienen hier der vergleichenden Gegenüberstellung zu denen unterer Sozialschichten.

Die Bewertung der durchgeführten Maßnahmen bezüglich der Wohnsituation der Teilnehmer staatlicher Wohnbauprogramme ist Inhalt des achten Kapitels. Ferner werden die Auswirkungen der staatlichen Wohnbaumaßnahmen auf die kommunale Entwicklung und das räumliche Wachstum von Groß-Santiago erörtert.

In einem abschließenden Kapitel werden die Grenzen und Möglichkeiten des staatlichen Wohnbaus im Hinblick auf die zukünftige Entwicklung der Wohnraumversorgung unterer Sozialschichten diskutiert (vgl. Kap. 9).

## 1.2 Problemstellung, theoretischer Ansatz und angewandte Methoden

Das Wohnraumdefizit umfaßt in Chile (1989) über 1 Mio. Wohneinheiten. Besonders betroffen von dem Wohnraummangel und der prekären Wohnsituation sind untere Sozialschichten, deren Kaufkraft nicht ausreicht, um auf dem freien Immobilienmarkt ihre Bedürfnisse nach adäquatem Wohnraum zu decken.

Die wissenschaftliche Diskussion und die planungs- bzw. anwendungsorientierte Forschung zur Reduzierung des Wohnraumdefizits für untere Sozialschichten ver-

---

1) In der vorliegenden Arbeit wird anstelle des Begriffs Wohnungsbau der Begriff Wohnbau verwendet. In Anbetracht der Tatsache, daß in Chile - wie in vielen anderen Entwicklungsländern - im Bereich des staatlich geförderten Wohnbaus für untere Sozialschichten meist keine Wohnungen, sondern Einfach-/Basishäuser, Sanitärzellen oder infrastrukturell erschlossene Grundstücke angeboten werden, ist die Bezeichnung Wohnbau der Realität angemessener.

fügt in Chile über eine weitreichende Tradition (vgl. HARAMOTO 1983 a; MAC DONALD 1982, 1983 a).

Allerdings wurde die Thematik bis in die jüngere Zeit (70er Jahre) sektoral bearbeitet, d.h. nur innerhalb verschiedener Disziplinen, wie Architektur, Soziologie, Wirtschaftswissenschaften und ohne die Beteiligung geographischer Wissenschaftler (vgl. GONZALEZ 1981).

Untersuchungen mit spezifisch stadt- oder sozialgeographischen Schwerpunkten zu gegenwärtigen Problemstellungen erschienen in Chile erstmals Anfang der 80er Jahre durch die Arbeiten von BÄHR/RIESCO (1981 und FRANCO/ORTIZ (1983). In beiden Studien nehmen Aspekte der sozialräumlichen Gliederung von Groß-Santiago einen besonderen Stellenwert ein. Innerhalb der westdeutschen geographischen Urbanisierungsforschung ist die vorliegende Arbeit sowohl der regionalen Stadtgeographie als auch der sozialgeographischen Stadtforschung zuzuordnen. Aspekte der kulturgenetischen Stadtgeographie fließen bei den Betrachtungen zur Entwicklung Groß-Santiagos, von der Kolonialzeit bis heute, mit ein (vgl. BÄHR 1976 a, 1976 b, 1978 a; BÄHR/MERTINS 1981; GORMSEN 1981; BORSDORF 1982; WILHELMY/BORSDORF 1984/85).

Die Einbindung der Studie in die sozialgeographische Stadtforschung erfolgt einerseits über "Wohnen" als raumrelevante Verhaltensweise im Bereich der Grunddaseinsfunktionen (vgl. MAIER/PAESLER/RUPPERT/SCHAFFER 1977) und andererseits über die Auswirkungen staatlicher Wohnbautätigkeit auf die sozialräumliche Entwicklung Groß-Santiagos.

Einen weiteren Forschungsschwerpunkt der sozialgeographischen Stadtforschung bildet die Analyse quantitativer wie qualitativer Wohnbedürfnisse unterer Sozialschichten. Dabei ist die Thematik 'Wohnbaulösungen für die in extremer Armut lebende Bevölkerung in Ländern der Dritten Welt' von besonderer Brisanz: Der meist unkontrolliert verlaufende, exorbitante Metropolisierungsprozeß führt zu einem Zerfall der Lebens- und Umweltqualität, was sich auf eklatante Weise in der defizitären Wohnsituation vor allem unterer Sozialschichten manifestiert. Es entstehen neue soziale Konfliktfelder und nicht zu überschauende ökologische Probleme (vgl. BRONGER 1984, 1986 a + b, MERTINS 1984, 1986 a + b, 1987).

Da Chile ein Entwicklungsland ist, müssen die staatlichen Wohnbaulösungsstrategien für untere Sozialschichten auch als Teil der in der Geographie diskutierten Entwicklungsländerproblematik behandelt werden (vgl. BLENCK 1982; LÜHRING/ SCHMIDT-WULFFEN 1982; BLENCK/TRÖGER/WINGWIRI 1985; SCHOLZ 1985; SCHMIDT-WULFFEN 1988). In dieser Diskussion eröffneten sich gerade in jüngster Zeit (seit Ende der 70er Jahre) neue Perspektiven: "Die Zeit der plakativen Analysen ist vorbei", so meint ELWERT (1985: 83), einer der Hauptvertreter des Bielefelder Verflechtungsansatzes[1].

---

1) Zum Bielefelder Verflechtungsansatz vgl. z.B. EVERS 1981, 1987; ELWERT 1984, 1985; ELWERT/EVERS/WILKENS 1983; BLENCK/TRÖGER/WINGWIRI 1985.

Die Globalität und Komplexität aller Phänomene von Unterentwicklung und Entwicklung sowie der regional- und länderspezifischen Konsequenzen für die Entwicklungs- und Industrieländer konnten weder von modernisierungs- noch von dependenztheoretischen Ansätzen erfaßt und erklärt werden[1].

Aus der Kritik an diesen theoretischen Ansätzen, vor allem an den unzureichenden Analysen der inneren Strukturen der marktwirtschaftlich orientierten Entwicklungsländer und der sich auf die Metropolen konzentrierenden Produktivkraftentwicklung sowie der damit verbundenen Interdependenzen nach innen und außen, entstehen heute neue entwicklungstheoretische Ansätze.

Die Diskussion um den Erklärungswert dieser beiden entwicklungstheoretischen Ansätze hat zu der Erkenntnis geführt: "Entwicklung und Unterentwicklung werden als historisch zu deutende Prozesse begriffen, bei denen innergesellschaftliche und externe Einflüsse zusammenfließen" (SCHMIDT-WULFFEN 1988: 6).
Die Interdependenzen von politischen, wirtschaftlichen, sozialen, kulturellen, religiösen, ökologischen Faktoren müssen aufgrund von kleinräumigen, lokal- bzw. regionalspezifischen Analysen erfaßt werden ("horizontale Verflechtungen von Produktionssektoren", vgl. SCHMIDT-WULFFEN 1988: 6).

Ferner müssen die auf lokaler/regionaler Ebene gewonnenen Untersuchungsergebnisse in ihren übergeordneten Handlungs- und Entscheidungsprozeß eingebunden werden: "Es bedarf der Ermittlung der vertikalen Verflechtungen zwischen lokal/regionaler Ebene (Produktions- und Reproduktionsbedingungen von Haushalten/Familien) sowie der nationalen Ebene (Zwänge und Hilfen seitens staatlicher Bürokratien) und der internationalen Ebene (Konsequenzen der ungleichen Weltmarktintegration)" SCHMIDT-WULFFEN 1988: 6).

Methodisch wird eine Verknüpfung übergreifender Fragestellungen mit empirischer Forschung auf der Mikroebene angestrebt: "D.h. praktisch, Entwicklungstheorie kann auf die Verbindung einer theoretischen, einer Makroperspektive, mit den Unbequemlichkeiten einer Feldforschung, die den Zugang zur Mikroperspektive eröffnet, nicht verzichten. Die Feldforschung muß bis in die kleinsten haushaltsinternen Verästelungen vorstoßen" (ELWERT 1985: 74 f).

Die Untersuchungsergebnisse bezüglich der kleinräumigen Analysen auf der Mikroebene als auch der ihnen übergeordneten Handlungs- und Entscheidungsebene können durchaus differieren. Dies erschwert zwar eine Verallgemeinerbarkeit der Untersuchungsergebnisse, führt aber zunächst zu fundierten Erkenntnissen. Spezifische länder- oder problemorientierte Lösungen können nur aus der Kenntnis der lokalen/regionalen Situation konstituiert werden.

Bisher standen innerhalb des Bielefelder Verflechtungsansatzes ökonomische und strukturelle Bedingungen der Einkommenssicherung und der Subsistenzwirtschaft und darauf bezogene Sozialorganisationen, d.h. die Organisation des täglichen "produktiven" Überlebenskampfes großer Teile der Bevölkerung in Entwicklungs-

---

1) Zur Kritik an den modernisierungs- und dependenztheoretischen Ansätzen vgl. NOHLEN/NUSCHLER 1982; LÜHRING/SCHMIDT-WULFFEN 1982; SCHMIDT-WULFFEN 1987.

ländern, im Zentrum der Untersuchungen (vgl. z.B. SCHMIDT-WULFFEN 1985 zu Mali). Die Fragestellung "nach einer systematischen Analyse des Verhältnisses von informeller zu formeller Produktion und Distribution städtischen Wohnraums" (EN-GELHARDT 1989: 638) blieb bisher weitgehend unbeachtet.

Die erst in jüngster Zeit stattfindende Auseinandersetzung konzentriert sich auf die Frage nach der Verflechtung von Selbsthilfe und marktwirtschaftlichen Produktionsformen im Wohnbau (vgl. ENGELHARDT 1989)[1]. Neben den Auswirkungen der Marktmechanismen auf die Wohnraumversorgung unterer Sozialschichten werden dabei erneut die Vor- und Nachteile der staatlich geförderten Selbsthilfe diskutiert (vgl. BURGESS 1984; LONG 1986; EVERS 1987; FIORI/RAMIREZ 1988).

Der Selbsthilfe-Ansatz wurde nach der HABITAT-Konferenz 1976 in Vancouver als die Lösung der Wohnraumprobleme für städtische Arme gesehen: Er versprach Kostenreduzierung und Wohnraumverbesserung bei sozialer Integration der Armen. Ferner ist er mit der Forderung verbunden, daß staatliche Einrichtungen statt repräsentativer, aber teurer Programme mehr und günstigeren Wohnraum erstellen sollten, der vermietet wird oder über Mietkauf erworben werden kann. "Im Kern bedeutet dies, daß neue Wege eingeschlagen werden, die Armen zur (staatlich unterstützten Selbstlösung ihrer Probleme zu bringen: Zwar gibt es Staatshilfen, Kredite und auch gewisse Subventionen, doch der Schwerpunkt liegt auf der Selbstfinanzierung" (STEINBERG 1982: 47).

In Übereinstimmung mit STEINBERG entsteht dabei eine ambivalente Einschätzung gegenüber dem staatlichen Handeln: "Prinzipiell halte ich es für begrüßenswert, wenn nationale Regierungen (z.T. auch mit Unterstützung von Entwicklungshilfe-Institutionen) sich ernsthaft um kulturell bessere und vor allem billigere Behausungsformen für die städtischen Armen bemühen. Programme wie "Sites and Services"; Legalisierung von illegalen Siedlungen und deren Verbesserung ("squatter upgrading"), die Einrichtung von Programmen zur Vergabe von günstigen Baukrediten, die Senkung der meist noch kolonialen baulichen Standards im Rahmen von billigen Neubausiedlungen - und andere Maßnahmen - mögen sehr positive Erfolgschancen für die Versorgung mit Wohnraum in sich bergen. Ihre reale Wirksamkeit ist jedoch nicht an sich selbstverständlich. Vielmehr erscheint mir der entscheidende Mangel und die Fragwürdigkeit dieser wohnungspolitischen Konzeption im Charakter dieser Maßnahmen zu liegen: ein im wesentlichen rein technisches, instrumentarielles Konzept wird zur sozialpolitischen Strategie erhoben. Der Zusammenhang zwischen Wohnraumproblematik und ihrer sozialen Frage wird bei der Erarbeitung rein technischer 'Lösungen' außer acht gelassen" (STEINBERG 1982 a: 49).

Weitere kritische Anmerkungen zu staatlichem Handeln im Bereich der Selbsthilfe im Wohnbau beziehen sich auf den Prozeß der sozialen Diversifizierung, d.h.

---

1) Auf die Verknüpfung von informellen und formellen Produktions- und Verteilungsweisen bei der Erstellung von Wohnraum hat Anfang der 80er Jahre DRAKAKIS-SMITH (1981) bereits hingewiesen. Ferner haben z.B. BRÜCHER/MERTINS (1978) bei ihrer Studie zur intraurbanen Mobilität unterer Sozialschichten in Bogotá die Vermischung von legalen, semilegalen und illegalen Formen der Landverteilung untersucht.

der Aussonderung der von staatlichen Förderungen Begünstigten nach Einkommen u.a., von staatlichen Institutionen festgelegten, Kriterien. Ferner wird kritisiert, daß der Staat[1] durch die Förderung der Selbsthilfe-Aktivitäten von seiner Verantwortung für die Sicherstellung der Reproduktionsbedingungen entbunden wird und eine Überausbeutung der marginalisierten Bevölkerungsgruppen eintritt[2].

Im Hinblick auf die Bearbeitung der vorliegenden Themenstellung folgt aus den obengenannten Ausführungen zum Bielefelder Verflechtungsansatz und dem Für und Wider staatlichen Handelns im Bereich des Einfachwohnbaus für untere Sozialschichten:

- Seit der Rezeption des Verflechtungsansatzes ist es Aufgabe der geographischen Entwicklungsforschung, den räumlichen Niederschlag der Verflechtung sozioökonomischer Sektoren zu analysieren. "Hierbei gilt es, der Verflechtung und Vermittlung globaler Konjunkturen und Krisen auf den nationalen, regionalen und lokalen Maßstab nachzugehen" (BLENCK/TRÖGER/WINGWIRI 1985: 70).

- Ein wesentlicher Bestandteil und (räumlich sichtbarer) Ausdruck der sozioökonomischen Entwicklung eines Landes ist die Produktion und Distribution von Wohnraum. Ungeachtet der berechtigten Kritik an den staatlich geförderten Wohnbaulösungen und der staatlich geförderten Selbsthilfe ist staatliche Toleranz eine Grundvoraussetzung sämtlicher Wohnbaumaßnahmen. Der Staat verfügt aufgrund seiner legislativen, judikativen und exekutiven Funktion über sämtliche Möglichkeiten, in alle mit der Wohnraumversorgung verknüpften Bereiche zu intervenieren: "So kann er die gesetzlichen Grundlagen für eine Umsetzung bestimmter Strategien und die Aufstellung spezifischer Maßnahmekataloge schaffen, durch Mittelbereitstellung und -verteilung sowie durch Kontrolle des Mitteleinsatzes die Implementierung der Maßnahmen bewirken bzw. fördern" (SCHOMAKER 1982: 111 f; vgl. auch DRAKAKIS-SMITH 1981)[3]. Bestimmt werden

---

1) Der Ausdruck "Staat" impliziert in Abhängigkeit vom historisch-gesellschaftlichen Kontext verschiedene Inhalte. Je nach ideologischem Hintergrund werden Staat, die Funktion des Staates und die Motive staatlichen Handelns unterschiedlich definiert (vgl. POULANTZAS 1973; MILIBAND 1977; SAUNDERS 1979; CASTELLS 1976, 1977, 1981; BELL 1981). Zur Bedeutung und Haltung des Staates im Bereich der Wohnraumversorgung vgl. die Beiträge von DRAKAKIS-SMITH 1981; GILBERT/WARD 1982 b, 1985 und SCHOMAKER 1982. In Fallstudien zeigte sich, daß keiner der theoretischen Ansätze der Problematik hinreichend angemessen ist (vgl. GILBERT/WARD 1982 a, 1985).
2) Zunächst bezog sich der Begriff der Marginalität auf die Bevölkerungsgruppe, die sich im Zuge der Land-Stadt-Wanderung an der Peripherie der Großstädte ansiedelte. Im Verlauf der entwicklungstheoretischen und -politischen Diskussion um die Formen und Konsequenzen von Unterentwicklung in den Ländern der Dritten Welt erfuhr der Begriff inhaltliche Erweiterungen und meint nun (zusammenfassend) die fehlende Partizipation von Bevölkerungsgruppen unterer Sozialschichten an Entscheidungsprozessen und sozialen Leistungen "aufgrund nationaler interner Desintegration, Atomisierung und Solidaritätsmangel der betreffenden Sektoren ..." (NOHLEN/NUSCHLER 1982: 511). Innerhalb der "Marginalitätsforschung" bestehen verschiedene Forschungsansätze; vgl. z.B. CORDOVA 1973, dos SANTOS 1980; SENGHAAS 1980, SUNKEL 1980, QUIJANO 1981, NOHLEN/STURM 1982.
8) DRAKAKIS-SMITH (1981), der sich mit den verschiedenen Formen und Interventionsmöglichkeiten staatlichen Handelns im Wohnbausektor ausführlich beschäftigt hat, bezeichnet die auf der Makroebene durchgeführten staatlichen Maßnahmen als "policies towards housing", d.h. vor dem

die Formen staatlichen Handelns durch die spezifischen Interessen und Möglichkeiten der jeweiligen Entscheidungsträger.

Makro- wie mikroperspektivisch ergeben sich folgende, leitende Fragestellungen für die vorliegende Arbeit:
- In welchem Kontext nationaler Entwicklungsziele stehen die wohnbaupolitischen Strategien in Chile (1973-1990)?
- Welche Wohnbaumaßnahmen werden in Chile vom Staat nach 1973 zur Minderung des Wohnraumdefizits für untere Sozialschichten eingesetzt?
- Welchen quantitativen und qualitativen Umfang erreichen die Maßnahmen?
- Welche Zielgruppe wird angestrebt, und wer nimmt an staatlichen Wohnbauprogrammen teil?
- Wie werden die Maßnahmen von den Teilnehmern staatlicher Wohnbaulösungen beurteilt, und welche Folgen ergeben sich daraus für die Durchführung staatlicher Wohnbauprogramme?
- Inwieweit werden das metropolitane Wachstum und die sozialräumliche Segregation aufgrund der staatlichen Baumaßnahmen reduziert oder verstärkt?

Zunächst wurde bei der Bearbeitung der oben genannten Fragestellungen die Beschaffung und Auswertung von Materialien des Ministeriums für Wohnbau und Stadtplanung (Ministerio de Vivienda y Urbanismo, MINVU), des Stadtentwicklungsinstituts der Universidad Católica de Chile (Instituto des Estudios Urbanos, IEU), des Nationalen Instituts für Statistik (Instituto Nacional de Estadisticas, INE) und der kommunalen Entwicklungspläne einzelner Gemeinden von Groß-Santiago vorgenommen. Begleitend dazu wurden eine Reihe von Informationsgesprächen geführt.

Hauptsächlich basiert die Datensammlung auf den Befragungen der Bewohner in acht staatlich geförderten Wohnbausiedlungen in verschiedenen Kommunen Groß-Santiagos.

Die Auswahl der Untersuchungsgebiete erfolgte nach folgenden Kriterien:
- Nach 1973 wurden in Chile vier Wohnbauprogramme für untere Sozialschichten eingesetzt. Die in die Untersuchung aufgenommenen Wohnsiedlungen entstanden innerhalb der verschiedenen Programme.
- Die Programme differieren neben Unterschieden bezüglich der finanziellen Konditionen im Hinblick auf die Bauform und Größe der Wohneinheit und die

---

Hintergrund einer politischen Philosophie (kommunistische/kapitalistische/wohlfahrtsstaatliche) werden der ländlichen oder der städtischen Entwicklung Priorität verliehen. Dies steht im Einklang mit nationalen, sozialen und wirtschaftlichen Zielsetzungen, wobei den Sektoren Wohnbau, Gesundheit, Bildung u.a. unterschiedliche Stellenwerte zugeordnet werden. Die Faktoren und Hintergründe, die eine Förderung bzw. Reduzierung von Investitionen im Wohnbausektor bewirken, sind die "policies towards housing". Die speziellen Methoden, Programme und Maßnahmen, die im Wohnbau auf der Mikroebene implementiert werden, nennt DRAKAKIS-SMITH "policies for housing". Seiner Meinung nach wurde dem Bereich der staatlichen Wohnraumversorgung auf der Makroebene bisher zu wenig Bedeutung beigemessen, und er schreibt: "Any attempt to relate housing strategies to development must therefore begin by examining some of the more pertinent macropolicies which affect overall investment" (DRAKAKIS-SMITH 1981: 199).

Selektionskriterien bei der Auswahl der Teilnehmer. Dies ermöglicht einen Vergleich der sozialen Reichweite und der Adäquanz der Programme, d.h. inwieweit werden untere Sozialschichten von den Maßnahmen erreicht und entspricht die angebotene Wohnbaumaßnahme ihren Bedürfnissen.
- Die untersuchten Wohnbausiedlungen entstanden zwischen 1973 und 1985. Angestrebt ist dabei ein Vergleich zwischen den unterschiedlichen Konsolidierungsprozessen und den zugrundeliegenden Faktoren (Beschäftigungssituation des Haushaltsvorstands, Einkommen der Familie), die die Größe und die Ausstattung der Wohneinheiten beeinflussen.
- Die Wohnbausiedlungen befinden sich in verschiedenen Kommunen und über das ganze Stadtgebiet Santiagos verteilt. Dabei gilt es zu hinterfragen, inwieweit sich die Lokalisation der Wohnsiedlungen negativ oder positiv auf die Versorgung der Bevölkerung mit Wohnfolgeeinrichtungen etc. auswirkt.

Die Erhebungen wurden zwischen November 1985 und Oktober 1986 in Groß-Santiago durchgeführt.

Nach dem Durchlauf eines Pretests wurden insgesamt 1.192 Haushalte, die alle Teilnehmer staatlicher Wohnbauprogramme sind, über standardisierte Fragebögen befragt. Bei den Bewohnern der Sanitärzellen wurden - abweichend von den Bewohnern der übigen Wohnsiedlungen - zusätzliche Informationen zu den beim Bau der Wohneinheit verwendeten Materialien gesammelt; aus diesem Grund unterscheidet sich der Aufbau der in diesen Siedlungen eingesetzten Fragebögen geringfügig von dem, mit dem die Erhebungen in den anderen Wohnsiedlungen ausgeführt wurden (vgl. im Anhang).

Die Fragebögen sind in drei inhaltliche Abschnitte gegliedert (vgl. im Anhang). Der erste beinhaltet die Erfassung demographischer und sozioökonomischer Daten. Der zweite Teil des Fragebogens dient der Sammlung von Angaben zu der Wohneinheit, ihrer Größe, ihrer Ausstattung, den verwendeten Baumaterialien und dem Umfang von Erweiterungen in Selbsthilfe. Die ökonomische Situation der Familie, die finanziellen Belastungen durch die zu leistenden Kapitaldienstzahlungen bei der Nutzung der Wohneinheit, werden in einem weiteren Abschnitt genauer untersucht. Andere Angaben beziehen sich auf die Ermittlungen zur Aufnahme von familienfremden Personen.

Die Auswertung der Befragungen erfolgte in Marburg mit Hilfe von SAS-Rechnungsprogrammen.

# 2.
## Zum Prozeß der Verstädterung, Hyperurbanisierung und Metropolisierung in Chile

### 2.1 Angaben zum Verstädterungsprozeß in Chile

Lateinamerika gehört nicht nur zu den am stärksten verstädterten Regionen der Erde, sondern zusätzlich ist hier der Verstädterungsprozeß[1] mit besonderer Intensität und Schnelligkeit verlaufen. Nach Schätzung der UN (1973, 1987; vgl. auch Tab. 1) stieg der Anteil der in Städten (Orte mit mehr als 20.000 Einwohnern) lebenden Bevölkerung von 40% in 1950 auf 63% (238 Mio. Ew.) in 1975 an und wird für das Jahr 2000 auf 75% bis 80% anwachsen.

Tabelle 1: Städtische Bevölkerung und ihre jährlichen Zuwachsraten in einzelnen Ländern Lateinamerikas

| Land | Stadtbevölkerung % der Gesamtbevölkerung | | | durchschnittlicher jährlicher Zuwachs (in %) | | |
|---|---|---|---|---|---|---|
| | 1980 | 1960 | 2000 | 1960-1970 | 1970-1980 | 1980-2000 |
| Bolivien | 34 | 45 | 58 | 3,9 | 4,1 | 4,3 |
| Mexiko | 51 | 68 | 77 | 4,8 | 4,2 | 2,3 |
| Brasilien | 45 | 69 | 83 | 4,8 | 3,7 | 3,0 |
| Chile | 68 | 81 | 87 | 3,1 | 2,4 | 1,9 |
| Uruguay | 80 | 84 | 88 | 1,3 | 0,6 | 0,9 |
| Peru | 46 | 66 | 75 | 4,9 | 4,3 | 3,2 |
| Argentinien | 74 | 83 | 88 | 2,0 | 2,1 | 1,7 |
| Kuba | 55 | 65 | 83 | 2,9 | 2,2 | 1,7 |
| Honduras | 23 | 37 | 52 | 5,4 | 5,5 | 5,1 |
| Ecuador | 34 | 46 | 65 | 4,5 | 4,5 | 4,4 |
| Kolumbien | 48 | 65 | 75 | 5,2 | 3,9 | 2,8 |
| Venezuela | 67 | 84 | 89 | 4,7 | 4,2 | 2,9 |

Quellen: UN 1987, WELTBANK 1988

Es bestehen jedoch erhebliche länderspezifische Unterschiede bezüglich des Verstädterungsgrades und/oder der Verstädterungsrate. In Chile, Argentinien und Uruguay setzte die Verstädterung - beeinflußt durch die europäische Einwanderung

---

1) Zu den definitorischen Ansätzen der Begriffe Stadt, Verstädterung, Urbanisierung und Urbanisation vgl. PACHNER 1982; BÄHR 1983; BRUNN/WILLIAMS 1983; HEINEBERG 1983, 1986; GAEBE 1987. Im folgenden bezieht sich der Begriff der Verstädterung auf quantitative Aspekte wie Verstädterungsgrad, Verstädterungsrate, Städtewachstum und Städteverdichtung und unterscheidet sich damit von dem häufig synonym verwendeten Begriff der Urbanisierung, d.h. die Diffusion und Übernahme von städtischen Lebens- und Wirtschaftsformen.

- bereits im vorigen Jahrhundert ein. Hier leben seit Anfang der 80er Jahre bereits über 80% der Menschen in Städten. Andere Länder wie Brasilien, Peru, Mexiko, Honduras und Puerto Rico wurden erst nach dem Zweiten Weltkrieg von einem Verstädterungsprozeß größeren Ausmaßes erfaßt, der teilweise mit ungeheurer Geschwindigkeit voranschritt. So lag beispielsweise 1930 in Venezuela der Verstädterungsgrad noch bei ca. 30%, und er beträgt heute (1989) bereits ca. 85%. Nur vereinzelt, wie in Kuba[1], haben die Regierungen lateinamerikanischer Länder erfolgreich versucht, die Konzentration der Bevölkerung in den urbanen Zentren und die Entleerung des ruralen Raumes zu verhindern.

In Chile vollzog sich die Umkehrung der Anteile der in ländlichen und städtischen Gemeinden Wohnenden innerhalb eines Jahrhunderts: 1875 lebte nur ein Viertel aller Chilenen in den als städtisch eingestuften Siedlungen, 1970 waren es drei Viertel und heute sind es 84% der gesamtchilenischen Bevölkerung (vgl. Abb. 1; BÄHR 1981: 65).

Der Anteil der ländlichen Bevölkerung nimmt seit 1940 relativ und absolut ab. In den kleineren Städten (unter 20.000 Ew.) liegt das Bevölkerungswachstum seit den

**Abbildung 1:** Städtische und ländliche Bevölkerung in Chile, 1875-1986 (in %)

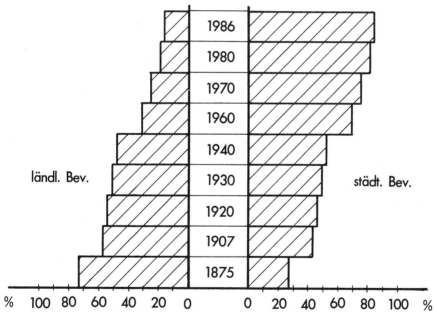

Quellen: BÄHR 1981; INE 1987, Entwurf und Kartographie: A. NICKEL-GEMMEKE

---

[1] Zu den Maßnahmen und Zielsetzungen kubanischer Raum-, Regional- und Stadtplanung vgl. GUGLER 1980, MOREJON 1984, WHITE 1987 und BÄHR/MERTINS 1989.

60er Jahren bei 0,1% und damit weit unter der nationalen Bevölkerungszuwachsrate. Demgegenüber wuchsen die städtischen Zentren mit mehr als 20.000 Einwohnern in den 60er und 70er Jahren um durchschnittlich 5,2% bzw. 4,5% (vgl. Abb. 2).

**Abbildung 2: Bevölkerungswachstum in Chile, 1930-1982**

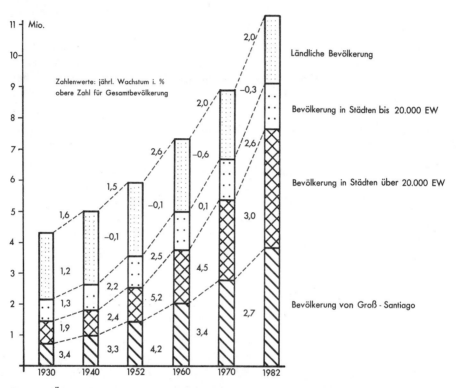

Quelle: BÄHR-MERTINS 1985; Kartographie: A. NICKEL-GEMMEKE

Ferner kennzeichnen den chilenischen Verstädterungsprozeß zwei weitere Merkmale: Zum einen die sogenannte Überverstädterung (Hyperurbanisierung) und zum anderen die Metropolisierung in Verbindung mit einer ausgeprägten Primacy, d.h. Vorrangstellung einer Metropole[1] oder mehrerer Agglomerationen (vgl. KOHLHEPP 1982, MERTINS 1987).

---

1) Zur Definition der Metropole wird eine Mindesteinwohnerzahl von 1 Million angegeben (vgl. BRONGER 1984: 141). Daneben umfaßt der Begriff der Metropole auch "die entsprechende Zona Metropolitana oder den Distrito Especial bzw. Federal, die - unter Zusammenfassung mehrerer umliegender Gemeinden - zu Planungszwecken vermehrt seit den 60/70er Jahren geschaffen wurden" (MERTINS 1987: 156 f).

## 2.2 Hyperurbanisierung in Chile

Unter Hyperurbanisierung (vgl. FRIEDMANN/LACKINGTON 1967; HEINEBERG 1983, 1986) versteht man das Ungleichgewicht zwischen dem Verstädterungsgrad eines Landes und seiner wirtschaftlichen Entwicklung. Die erste Variable bezieht sich auf den Bevölkerungsanteil, der in Städten mit mehr als 20.000 Einwohnern lebt, die zweite auf das Pro-Kopf-Einkommen (vgl. Abb. 3).

Abbildung 3: Verstädterungsgrad und wirtschaftliche Struktur einzelner Länder Lateinamerikas

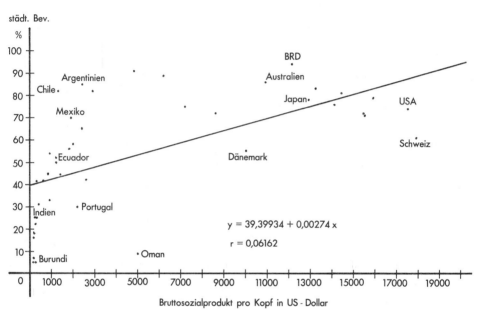

Quellen: BÄHR 1983; World Population Data Sheet 1988; Kartographie: A. NICKEL-GEMMEKE

"Chile steht zusammen mit Argentinien und Uruguay an der Spitze der im Verhältnis zum Pro-Kopf-Einkommen am stärksten verstädterten Länder, wobei sich in allen Fällen zudem noch eine außergewöhnlich hohe Konzentration dieser städtischen Bevölkerung auf ein überragendes Ballungszentrum bemerkbar macht" (BÄHR 1981: 69). Dieses Ballungszentrum ist meist - zumindest im lateinamerikanischen Raum - identisch mit der Landeshauptstadt, der nationalen Metropole (vgl. MERTINS 1987: 156). Eine der gravierendsten negativen Konsequenzen dieses ungleichen Prozesses industrieller, wirtschaftlicher Entwicklung und eines überproportionalen Verstädterungsgrades ist die Entstehung großer, marginalisierter Bevölkerungsgruppen in den urbanen Großzentren.

## 2.3 Angaben zum Prozeß der Metropolisierung in Chile

Was den Begriff der Metropolisierung zum einen als auch die damit verbundenen Prozesse und Auswirkungen zum anderen betrifft, so sind sie in jüngster Zeit Thema einer Reihe von Einzelstudien innerhalb der geographischen, wirtschafts- und sozialwissenschaftlichen Forschung.

Dabei findet sich aber keine einheitliche Begriffsverwendung, und zwar weder im Hinblick auf quantitative noch auf qualitative Aspekte der Metropolisierung. Darauf weist besonders BRONGER (1984, 1986 a + b) hin, der sich ausführlich mit dem Phänomen der Metropolisierung beschäftigt hat.

In der Regel wird der Begriff der Metropolisierung unter den der Urbanisierung subsumiert und ist somit Bestandteil einer seit Jahren andauernden Kontroverse um definitorische Abgrenzungskriterien zu den Themenkomplexen Stadt, Verstädterung, Urbanisierung, Urbanisation und Metropole.

Im folgenden wird, in Anlehnung an BRONGER (1984, 1986) und MERTINS (1987: 155 f) unter Metropolisierung der noch anhaltende Konzentrationsprozeß von Bevölkerung, Industrie- und Dienstleistungseinrichtungen auf eine Agglomeration oder mehrere Großzentren - mit mindestens 1 Million Einwohner - verstanden.

Da die wesentlichsten Determinanten der metropolitanen Entwicklung Santiago de Chiles noch ausführlich dargestellt werden (vgl. Kap. 3), sei zunächst lediglich auf den überproportional hohen Bevölkerungsanteil Santiago de Chiles an der Gesamtbevölkerung Chiles und im Vergleich zu anderen Großzentren hingewiesen (vgl. Tab. 2).

Tabelle 2: Einwohnerzahl chilenischer Großstädte und deren Anteil an der Gesamtbevölkerung (12.431.211 Ew.) 31.12.1986 (in %)

| Stadt | Einwohner | Anteil an Gesamtbevölkerung (%) |
|---|---|---|
| Antofagasta | 204.577 | 1,6 |
| Temuco | 217.789 | 1,7 |
| Concepción | 294.375 | 2,4 |
| Talcahuano | 231.356 | 1,8 |
| Santiago de Chile (Región Metropolitana) | 4.858.432 | 39,1 |
| Valparaiso | 278.762 | 2,2 |
| Viña del Mar | 297.294 | 2,4 |

Quelle: INE 1987

Heute leben ca. 40% aller Chilenen in der Hauptstadtregion. Faßt man die beiden nächstgrößeren Stadtzentren in Viña del Mar und Valparaiso zusammen, so leben in dieser Agglomeration ca. 580.000 Menschen oder 4,6% der chilenischen Bevölkerung. Der "Index of Primacy"[1] lag 1960 bei 7,5, 1970 betrug er 10,6, und 1986 ist er auf 14,6 angewachsen (vgl. Tab. 3).

Tabelle 3: Der Index of Primacy für einzelne südamerikanische Länder, 1960-1990

| Land | 1960 | 1970 | 1980 | 1990 |
|---|---|---|---|---|
| Uruguay* | 20,0 | 17,1 | 15,8 | 15,1 |
| Chile | 7,5 | 10,6 | 13,8 | 14,6 |
| Argentinien | 10,2 | 10,4 | 10,4 | 10,9 |
| Peru | 9,8 | 9,4 | 11,5 | 12,9 |
| Kolumbien | 2,4 | 2,5 | 1,5 | 1,5 |
| Venezuela | 1,9 | 1,6 | 3,5 | 3,5 |
| Ecuador | 1,4 | 1,4 | 1,3 | 1,3 |
| Brasilien | 1,0 | 1,2 | 1,4 | 1,6 |

* Die Angaben beruhen auf Schätzungen nach UN 1987

Quellen: BÄHR 1981; BÄHR/MERTINS 1985; UN 1987

Neben Uruguay, Peru und Argentinien ist somit die Primatstruktur der Hauptstadt in Chile am stärksten ausgeprägt im Vergleich zu allen anderen südamerikanischen Ländern.

## 2.3.1 Die Dynamik der Metropolisierung

Nach BRONGER (1984, 1986 a + b) wird die Brisanz der Metropolisierung in den Ländern der Dritten Welt zunächst anhand folgender demographischer Aspekte deutlich:
- Die Entstehung von Metropolen. Um die Jahrhundertwende existierten weltweit 13 Millionenstädte, in denen 2% der Erdbevölkerung lebten; bis 1940 hatte sich der Anteil der metropolitanen Bevölkerung verdreifacht. Zwischen 1940 und 1960 entstanden alle drei Jahre zehn neue Metropolen und zwischen 1960 und 1980 jedes Jahr sechs. Im Jahr 2000 wird es nach Schätzung der UN (1987: 26) 408 Millionenstädte geben, von denen sich 87% in der Dritten Welt befinden werden.
- Eine seit 1940 einsetzende intensive Konzentration der Bevölkerung der Länder der Dritten Welt in den Metropolen. Lebten 1940 2% aller Dritte-Welt-Bewohner in einer Millionenstadt, so waren es 1980 bereits 10%; im Jahr 2000 werden es 25% sein (vgl. BRONGER 1984: 148) und nur fünfundzwanzig Jahre später "almost half of the urban population in the developing countries, some 2,2 billion people, is projected to be living in cities with more than 1 million people" (UN 1987: 27).

---

1) Mit dem Index of Primacy werden die beiden größten nationalen Städte in Beziehung gesetzt, indem der Quotient der beiden Einwohnerzahlen errechnet wird. Zur Entwicklung des Index of Primacy für Santiago de Chile vgl. MORALES/LABRA 1980: 202; eine Rangliste der Primatstädte Südamerikas erstellten WILHELMY/BORSDORF 1984: 175.

- Das Bestehen einer hohen Bevölkerungswachstumsrate in den Metropolen der Entwicklungsländer.
  Allerdings weist MERTINS (1987: 164) in diesem Zusammenhang darauf hin, daß sich für den lateinamerikanischen Raum erhebliche Unterschiede ergeben. Denn: "Die Bevölkerungsexplosion hat nicht alle heutigen Metropolen Lateinamerikas zum gleichen Zeitpunkt erfaßt, da die Metropolisierung raum-zeitlich differierend mit unterschiedlicher, im Zeitablauf zudem noch variierender Intensität einsetzte und ablief bzw. abläuft."
  Auf der Basis von Zensus-Daten von 1970 bis 1980 unterscheidet er vier metropolitane Wachstumstypen, wobei die Wachstumsraten zwischen mehr als 5,6% pro Jahr (extrem hoch) und 2,0% pro Jahr (sehr niedrig) schwanken.
  Santiago de Chile wird hier neben Lima, Rio de Janeiro u.a. in die dritte Kategorie der Metropolen mit mittleren Wachstumsraten (2,1%-3,7% pro Jahr; vgl. auch Abb. 2) eingeordnet.
- Der anhaltende innerstädtische Verdichtungsprozeß in den Metropolen der Dritten Welt (vgl. BRÜCHER/MERTINS 1978; Mertins 1985).

### 2.3.2 Der Prozeß der Metropolisierung und seine entwicklungspolitische Brisanz

Unter der Prämisse, daß die Metropolisierung in den Ländern der Dritten Welt zum wesentlichen raumstrukturierenden Moment wurde und ein entscheidender Träger regionaler Disparitäten ist, ist es um so erstaunlicher, wie wenig explizit sie bisher analysiert wurde.

Eine Ursache für die bisher qualitativ unzureichenden Erklärungsansätze zur Metropolisierung stellt sicher der Mangel nicht nur an "ausgewogenem Vergleichsmaterial, sondern auch an einer solchen Forschungsmethodik, die ein umfassendes, vielleicht sogar allgemeingültiges Urteil zu diesen Phänomenen ermöglicht" (BRONGER 1984: 143), dar.

In Zusammenhang mit der Analyse der Folgen zunehmender metropolitaner Primacy stellt sich bezüglich länder- und regionalspezifischer Studien zu räumlichen Disparitäten die besonders dringliche Frage nach der Dynamik der Metropolisierung, d.h. wodurch und inwieweit sich das nationale/regionale/intraregionale Entwicklungsgefälle zugunsten einer wachsenden Dominanz der Metropole verschärft (vgl. HENNINGS/JENSSEN/KUNZMANN 1980).

Innerhalb entwicklungstheoretischer Ansätze lassen sich im Hinblick auf eine Bewertung der Rolle der Metropolen innerhalb des räumlichen, nationalen Entwicklungsprozesses - vereinfachend dargestellt - grundsätzlich zwei Positionen unterscheiden[1]: Zum einen gelten die großstädtischen Zentren als "Katalysatoren" für

---

1) Vorläufer der nun einsetzenden Diskussion um die Metropolisierung ist HOSELITZ (1953, 1955), der bereits vor mehr als dreißig Jahren mit der Einführung des Paradigmas der "generative city" versus "parasitic city" auf die Interdependenz von Metropolisierung und Entwicklung hingewiesen hat (vgl. BRONGER 1986 a). Einen Überblick über die Bewertung des Verstädterungs- und Metropolisierungsprozesses vor dem Hintergrund entwicklungstheoretischer Ansätze bieten WILHELMY/BORSDORF 1984: 197-201 und PAVIANI 1985.

ökonomischen und sozialen Fortschritt, der sich aufgrund von "spread-" oder "spillover" Effekten auf gesamtnationaler Ebene fortsetzen würde und zu nationaler Integration und (wirtschaftlicher) Entwicklung führe (vgl. DWYER 1972).

Im Gegensatz zu dieser, mittlerweile durch die Realität überholten, Position gelten die Metropolen als "parasitär", d.h. auf internationaler Ebene sind sie die Zentren eines Systems internationaler Ausbeutungs- und Abhängigkeitsbeziehungen, und auf nationaler Ebene führt ihr Wachstum zu Disparitäten in räumlicher, wirtschaftlicher und sozialer Hinsicht.

Mit dem übermäßigen innermetropolitanen Wachstum sind langfristige, umfassende soziale, ökonomische, räumliche und ökologische Probleme verbunden, die bereits zu einem alarmierenden Verfall der Umwelt- und der Lebensqualität geführt haben.

Ungeachtet der Tatsache, daß von urbanen Zentren "innovative" Wirkungen ausgehen, hat sich heute weitgehend die Ansicht durchgesetzt, daß, besonders im Hinblick auf die intrametropolitanen Konflikte, eine regionalintegrative Raumpolitik und -entwicklung erstrebenswert sei (vgl. WALLER 1984, COY 1988)[1]. Allerdings ist eine auf Dezentralisierung ausgerichtete Entwicklung unter den momentan existierenden ökonomischen und politischen Bedingungen in den meisten lateinamerikanischen Ländern - und besonders in Chile - nicht denkbar (vgl. NUHN 1981, 1987, WARD 1981).

Um zu länderspezifisch profunden Erklärungsansätzen und Lösungsmöglichkeiten für einzelne Problemfelder zu gelangen, müssen die bislang an Einzelphänomenen gemessenen Erkenntnisse über externe und interne Faktoren und Konsequenzen der metropolitanen Entwicklung miteinander verbunden werden.

Zu den metropolitan internen Faktoren gehören auch das überproportionale Bevölkerungswachstum und die damit verbundenen Folgen, die z.B. unter dem weitläufigen Begriff der Marginalisierung zusammengefaßt werden und sich deutlich sichtbar in der defizitären Wohnsituation, vor allem unterer Sozialschichten, manifestieren.

Daraus folgt, daß die sich stetig zuspitzende Problemsituation in den Metropolen nicht nur auf das hypertrophe Bevölkerungswachstum zurückzuführen ist. Sie ist auch - neben der Inkompetenz, die urbanen Probleme durch gezielte Maßnahmen zu lösen - die Konsequenz einer sozial ungleichen Verteilung von ökonomischer und/oder politischer Macht.

---

1) Raum- und Regionalplanung wurden in den meisten lateinamerikanischen Ländern erst in jüngster Zeit, d.h. ab 1960 institutionalisiert, wobei Chile, neben Peru und Brasilien, zu den Ländern mit zeitlich weitreichenden und profunden Bemühungen um Regionalanalyse und -politik gehört (vgl. dazu SASSENFELD 1977; BORSDORF 1980, 1987; GAJARDO 1981). Ausgangspunkt der regionalplanerischen Ansätze in Chile, wie sie bereits unter der Mitarbeit STÖHRs und FRIEDMANNs in den 60er Jahren entwickelt wurden, waren das übermäßige Bevölkerungswachstum der Metropole Santiago de Chile und die demographische und wirtschaftliche Verarmung der peripheren Regionen (vgl. STÖHR 1967; GAJARDO 1981: 46-49).

Für eine Analyse der Wohnraumversorgung unterer Sozialschichten ist dies von entscheidender Bedeutung. Von der Nutzung der Vorteile, die der Agglomerationsprozeß bietet und die sich u.a. in einem umfassenden Angebot von Produkten und Dienstleistungen äußern, bleiben einkommensschwächere Bevölkerungsgruppen weitgehend ausgeschlossen. Dies gilt auch für den Wohnungsmarkt.

An dieser Stelle wird die entwicklungspolitische Bedeutung staatlichen Handelns deutlich. Allein der Staat ist aufgrund seiner legislativen, judikativen und exekutiven Befugnisse in der Lage, in allen für die Versorgung der Gesamtbevölkerung notwendigen Sektoren zu intervenieren.

Für den Bereich Wohnbau heißt das: Der Staat kann sowohl auf der Makroebene durch die Schaffung von Voraussetzungen zur Bereitstellung eines Wohnraumangebots als auch auf der Mikroebene durch direkte, unmittelbar mit der Wohnraumversorgung zusammenhängende Interventionen eingreifen (vgl. DRAKAKIS-SMITH 1981).

Zusammenfassend heißt das: Bei der Untersuchung metropolitaner Entwicklungsprozesse müssen, neben den historischen Determinanten des Verstädterungs- und Metropolisierungsprozesses, auch die gegenwärtigen politischen und ökonomischen Entscheidungsträger und ihre Maßnahmen - wobei den staatlichen Interventionen eine besondere Bedeutung zukommt - im Hinblick auf die Stadtentwicklung und den Wohnbau berücksichtigt werden.

Zunächst seien die wesentlichsten historischen und damit verbundenen ökonomischen und räumlichen Entwicklungsabschnitte Santiagos de Chile dargestellt.

# 3.
## Verstädterung und Metropolisierung in Chile, ihre Determinanten und Auswirkungen

### 3.1 Die Hauptstadtfunktion in der Kolonialzeit

Eine grundlegende Ursache der ausgeprägten Dominanz der Metropolen ist eine historisch angelegte räumliche Primatstruktur als Folge der kolonialen Durchdringung und Abhängigkeit (vgl. SANDNER/STEGER 1973: 62 ff; Gilbert/Gugler 1982). Sie fungierte als ein tragendes Moment der kapitalistischen Akkumulationsbedingungen im Rahmen des peripheren Kapitalismus (vgl. SENGHAAS 1974; SUNKEL 1980)[1].

Die zur Zeit der Kolonisation Lateinamerikas im 16. Jahrhundert angelegte Vorrangstellung städtischer Zentren gegenüber dem umliegenden Hinterland zeigen ihre Nachwirkungen bis in die heutige Zeit. "Despite their often shaky beginnings, Latin American cities remained the effective seats of power in their respective societies throughout the colonial period, as they do today" (BUTTERWORTH/CHANCE 1981: 12).

Gemäß der Zielsetzung der spanischen und portugiesischen Kolonisierung entstand eine Hierarchie städtischer Zentren, wobei die Provinzstädte zur Kontrolle des Marktes und der Verwaltung dienten. Die großen Städte fungierten als politische, kulturelle und geistige Mittelpunkte, "Träger und Hort der europäischen Kultur" (WILHELMY 1952: 68)[2]. Wirtschaftlich waren sie fast ausschließlich auf das Mutterland ausgerichtet. Über sie und über die Hafenstädte wurden die in der Kolonie erbeuteten und produzierten Güter an das Mutterland abgegeben.

Die Orientierung der lateinamerikanischen Städte nach dem jeweiligen europäischen Herrschaftszentrum führte zu einem Wechsel der städtischen Funktionen und einer Überformung der Physiognomie der Städte durch die Übernahme europäischer Wirtschafts- und Kulturelemente. Zudem änderten sich die Lebens- und Handelsformen in den Städten. Dies hatte eine starke Abgrenzung der Stadt zum Hinterland zur Folge: "The spanish colonial capitals looked to Europe rather than to the native and alien hinter-land for their cultural stimulation and economie orientation. A great gulf therefore came to seperate them from the vaste, crude domain over which they ruled. This concentration of all major functions in the dominant cities, this gulf between the city and the hinterland, has characterised Latin Amerika urbanisa-

---

1) Zur Diskussion um die dependenztheoretischen Ansätze und deren Erklärungswert vgl. EHLERS/v.WOGAU 1977; WOEHLKE 1977; SCHMIDT-WULFFEN/LÜHRING 1982; SCHMIDT-WULFFEN 1988.
2) Zur Entstehung, Physiognomie, Funktion und Entwicklung der kolonialspanischen Stadt vgl. WILHELMY 1952; HAROY 1982; de SOLANO 1983; WILHELMY/BORSDORF 1984.

tion to this day. Curiously, it is one of the factors that has retarded economic advancement and, as a consequence, urbanisation itself" (DAVIS 1974: 42).

### 3.1.1 Santiago de Chile in der kolonialspanischen Zeit (1541-1818)

Santiago de Chile wurde am 12. Februar 1541 von Pedro de Valdivia im nördlichen Teil der chilenischen Längssenke gegründet.

Die Siedlung entstand auf einem Schwemmkegel des aus den Anden kommenden Rio Mapocho. Strategisch gesehen bedeutete dies eine Gunstlage: Im Norden und Süden wurde die Siedlung von den beiden Armen des Rio Mapocho begrenzt; im Osten, am Scheitelpunkt der beiden Flußarme, ragt der 55 Meter hohe Cerro Santa Lucia auf.

Wie alle anderen kolonialzeitlichen spanischen Gründungen - zunächst pueblos aus Holz- und Adobebauten - lagen dem Grundriß und dem Aufbau Santiagos die königlichen spanischen "Generalinstruktionen" von 1521 zugrunde (vgl. WILHELMY 1952, 1963; BORSDORF 1984: 56). Die Stadt wurde schachbrettartig angelegt: 125 x 125 Meter große manzanas (Häuserblöcke) mit senkrecht sich schneidenden Straßenzügen und der Plaza Mayor als Zentrum. Um diese gruppierten sich die wichtigsten Repräsentationsbauten, die Regierungssitze, das Rathaus und die Kathedrale sowie der später erbaute Bischofspalast und die Gebäude des Obersten Gerichtshofs. Unter den schattigen Arkaden wurden weitläufige Läden der Kaufleute eingerichtet.

**Abbildung 4: Santiago de Chile zur Zeit der Gründung 1541**

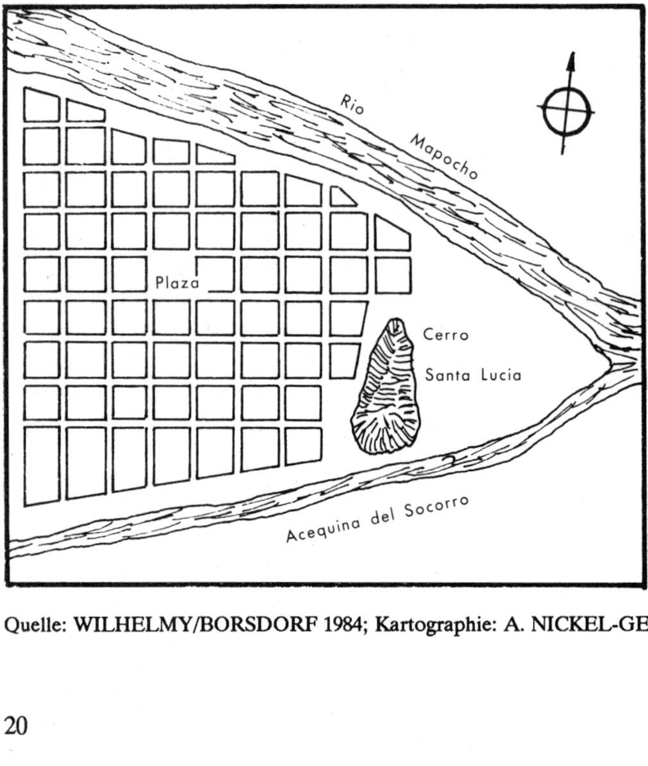

Quelle: WILHELMY/BORSDORF 1984; Kartographie: A. NICKEL-GEMMEKE

Durch Angriffe der Araukaner, der indianischen Ureinwohner aus Zentralchile, mehrfach abgebrannt und durch Überschwemmungen des Rio Mapocho überflutet, verlief die bauliche Entwicklung Santiagos nur zögernd. Zudem stand die Stadt in Konkurrenz zu Concepción, der 'zweiten Hauptstadt' des Generalkapitanats Chile bis zu Beginn des 17. Jahrhunderts (vgl. WILHELMY 1952: 193).

Bis zum Ende der Kolonialzeit (1818) blieb Santiago mit ca. 35.000 Einwohnern eine relativ unbedeutende Stadt. Lima zählte damals bereits 90.000 Einwohner. Erst 1743 erhielt Santiago die erste Universität, die heutige Universidad de Chile; 1888 wurde ferner die katholische Universität gegründet.

Die räumliche und städtebauliche Struktur der kolonialspanischen Anlage blieb bis zur Erlangung der Unabhängigkeit bestehen (vgl. Abb. 8). Sowohl das räumliche Wachstum als auch die sozialräumliche Gliederung wurden wesentlich durch die Kanäle (aguas corrientes) des bis in das 20. Jahrhundert hinein offenen Entwässerungssystems bestimmt. Nördlich der Avenida de Las Delicias (der heutigen Avenida del Libertador Bernardo O'Higgins, im Volksmund Alameda genannt) verliefen die Kanäle, dem natürlichen Gefälle folgend, von Osten nach Westen. Hier entwickelten sich die Wohnviertel der Oberschicht. Südlich der Alameda, wo die Abwässer in einem weitverzweigten, diagonal verlaufenden Kanalsystem stagnierten (bei entsprechender Geruchsentwicklung und gesundheitsbedrohenden Infektionsherden), lebte die ärmere Bevölkerung.
Wie in anderen kolonialspanischen Städten zeigte sich auch in Santiago das typische sozialräumliche Gefälle von der Plaza Mayor zur Peripherie.

## 3.2 Erste Verstädterungsphase in Chile und beginnende wirtschaftliche Integration in den Weltmarkt (1820-1920)

Erste Veränderungen und Auflösungserscheinungen der kolonialspanischen Stadt in Lateinamerika setzten ab 1840 ein, und zwar in Zusammenhang mit der Integration Lateinamerikas in eine von Europa aus gelenkte, an liberalen Prinzipien orientierte Weltwirtschaft. Dieser Prozeß wurde bestimmt durch die verstärkte europäische Nachfrage nach agrarischen und bergbaulichen Produkten.
Ferner suchte im Zuge der imperialistischen Politik der Großmächte zunächst britisches, nach dem Ersten Weltkrieg vor allem nordamerikanisches Kapital nach Investitionsmöglichkeiten.

Diese erste Modernisierungsphase, die auch als Phase der Entwicklung "nach außen" (desarrollo hacia afuera) bezeichnet wurde, setzte in Lateinamerika in der zweiten Hälfte des vorigen Jahrhunderts ein (vgl. SANDNER 1975).
Lag die Kupferproduktion in Chile Anfang des 19. Jahrhunderts bei ca. 10.000 Tonnen jährlich, so stieg sie im Jahr 1989 auf ca. 51.000 Tonnen; Chile stellte damit 61% der Weltkupferproduktion (vgl. BORIS/BORIS/EHRHARDT 1971: 33). Haupthandelspartner Chiles war Großbritannien.

"Die Gesamtausfuhr Chiles nahm in dieser Periode (1845 bis 1875 [Anm. d.Verf.] um 372% zu, die Ausfuhr nach Großbritannien um 553%; die chilenische Gesamteinfuhr stieg um 318%, die aus Großbritannien um 395%. Von der Gesamtkupferproduktion Chiles im Jahr 1870 von ca. 52.000 Tonnen wurden ca. 47.000 Tonnen nach Großbritannien exportiert, was etwa 70% des gesamten von Großbritannien in diesem Jahr importierten Kupfers ausmachte" (BORIS/BORIS/EHRHARDT 1971: 31).

In Chile führte, neben der Kupferproduktion, in erster Linie die starke Ausrichtung und Abhängigkeit der Wirtschaft vom Salpeterbergbau Ende des 19. Jahrhunderts zu einem Verstädterungsschub. Der chilenische Salpeter deckte in der zweiten Hälfte des vorigen Jahrhunderts weltweit bis zu 70% des Gesamtbedarfs des Stickstoffdüngers. "Der Salpeterboom ermöglichte es der chilenischen Regierung, auf eine Besteuerung von Besitz und Einkommen weitgehend zu verzichten (Einkommensteuer erst ab 1924) und sich mit dem aus dem Außenhandel resultierenden Einkommen zu begnügen (1895: 79% der Staatseinnahmen). Diese wiederum wurden in erster Linie für Infrastrukturmaßnahmen und den Ausbau der staatlichen Verwaltung und anderer öffentlicher Einrichtungen ausgegeben" (BÄHR 1979: 146). Der größte Anteil kam der Hauptstadt zugute (vgl. auch MAMALAKIS 1976).

Die Städte wurden Schaltstellen eines blühenden Außenhandels in einer Weltwirtschaft, "die das Verhältnis zwischen Handelsmetropole und Hinterland tiefgreifend umgestaltete und die bereits früher angelegten Züge eines immanenten Kolonialismus wesentlich verstärken mußte" (SANDNER 1971: 313).

Die erste Verstädterungswelle in Chile war von starker Dynamik geprägt. Nach dem Bevölkerungszensus von 1835 lebten von 1 Mio. Chilenen 10% in den Städten. Bis 1843 wuchs die Bevölkerung nur langsam, bei einer jährlichen Bevölkerungswachstumsrate von unter 1%. Jedoch: "Zwischen 1843 und 1854 begann die europäische Einwanderung nach Chile, die Zuwachsrate betrug nun 3,6% jährlich; 1854 wohnten 1,44 Millionen Chilenen im Westandenstaat. 1907, auf dem Höhepunkt der ersten Verstädterungsphase, hatte Chile bereits 3,2 Millionen Einwohner, 37% der Bevölkerung lebten nun in den Städten" (WILHELMY/BORSDORF 1984: 150; vgl. auch Abb. 1).

### 3.2.1 Santiago de Chile: Von der Unabhängigkeit (1818) bis zur Weltwirtschaftskrise (1920)

Nach der Unabhängigkeit (1818) wuchs Santiago bevölkerungsmäßig sehr schnell. Zwischen 1820 und 1844 stieg die Bevölkerungszahl von 46.000 Einwohner auf 86.000 Einwohner an, ohne daß eine umfassendere räumliche Expansion eingesetzt hätte, die im gesamten 19. Jahrhundert nur gering war, obwohl sich die Bevölkerung verzehnfachte (vgl. Tab. 6). So lagen 1850 die Bevölkerungsdichtewerte innerhalb des städtischen Areals noch über denen zu Beginn des 20. Jahrhunderts (vgl. MUNIZAGA 1978; GROSS/PEREZ DE ARCE/VIVEROS 1982: 21; BÄHR/MERTINS 1985: 222).

Den Anfang einschneidender stadtplanerischer Akzente setzte Bernado O'Higgins, "oberster Direktor" des unabhängig gewordenen Landes, im ersten Drittel des 19. Jahrhunderts. Er veranlaßte die Zuschüttung des südlichen Mapocho-Armes und dessen Ausbau zur Prachtstraße Avenida de las Delicias (Alameda). An diesem paseo único entstanden um 1840 massive, stuckverzierte Prachtbauten der chilenischen Oligarchie, architektonisch nach französischen und italienischen Vorbildern erbaut, die die ursprünglichen, eingeschossigen Adobebauten verdrängten (vgl. ROMERO 1984: 39). Der paseo trennt die im Süden gelegene Neustadt von der in Richtung Mapocho gelegenen Altstadt.

Mit der Eröffnung des Parque Cousiño (1873) und des Club Hipico südlich der Alameda verlagerte sich die Oberschicht aus dem alten Kernstadtbereich in Richtung Süden, entlang der von der Alameda abzweigenden Verbindungsstraßen, die zum Parque Cousiño führten.

"Jedenfall wächst die Bevölkerung in der zweiten Hälfte der Periode (des vorigen Jahrhunderts [Anm. d.Verf.]) rasch an, und neue Flächen werden erschlossen. Der Staat spielt dabei eine entscheidende Rolle, da aufgrund der von ihm eingeleiteten Investitionen der Wert des Bodens beträchtlich steigt und dies auf längere Sicht die Besitzer angrenzender Grundstücke begünstigt. Die dort lebende Bevölkerung unterer Einkommensklassen ist zur Abwanderung in andere Stadtteile gezwungen" (GROSS/PEREZ DE ARCE 1982: 22; vgl. auch DE RAMON 1978).

Die von der Oberschicht verlassenen Wohnhäuser im Kernstadtbereich wurden in Unterkünfte für die sozial schwächeren Bevölkerungsgruppen umgewandelt. Dabei wurden in den Adobebauten mit ihren hintereinandergesetzten Innenhöfen einzelne Zimmer oder auch nur Betten vermietet. Hinter den prächtigen Fassaden entstanden die Massenquartiere der Arbeiter, die conventillos (zu dt. 'Klösterchen', vgl. Abb. 5), die von einem Reisenden um die Jahrhundertwende wie folgt beschrieben wurden: "Dort, eingeschlossen wie die Chinesen, versammeln sich die Elenden in einem Innenhof, wo jede Familie einen Raum hat. Man nennt das conventillo, eine Art falansterio, wo Schweine, Hühner und Kinder sich mit Abfall mischen. Wolken von Fliegen sitzen auf den Mündern der Neugeborenen. Alle schlafen auf der festgestampften Erde. Das Essen wird in einem alten Steintopf gekocht, und es gibt kein anderes Wasser als das der Kloaken, die Typhus und Tod mit sich bringen" (MALSCH 1907: 53; zitiert nach DE RAMON/GROSS 1984: 73).

Im Zuge des Salpeterbooms, ab 1880, wurden auf diese Weise Massenquartiere für Arbeiter planmäßig angelegt, und zwar verstärkt in den peripheren Zonen im Westen, Norden und Süden der Kernstadt.

"Nicht sehr weit vom Zentrum entfernt wuchsen die Vorstädte ungeordnet und vergessen von den reformistischen Verwaltern. Ohne Straßenpflaster, fast ohne Verkehrsmöglichkeiten, die verpesteten und stinkenden Gewässer des Kanals San Miguel, mußten die Bewohner dieser peripheren Stadtteile in diesen schmutzigen Zimmern oder in den kleinen Räumen der modernen conventillos leben" (ROMERO 1984: 59).

1906 exiertierten in Santiago ca. 1.600 solcher conventillos, in deren 27.000 "Zellen" ungefähr 75.000 Menschen lebten, bei einer Gesamtbevölkerung Santiagos von ca. 300.000 Menschen (WILHELMY 1952: 197). Noch bis in die 50er Jahre lebten 30% der Stadtbevölkerung Santiagos (350.000 Menschen) in diesen innerstädtischen

**Abbildung 5: Beispiel eines "conventillo" in Santiago de Chile**

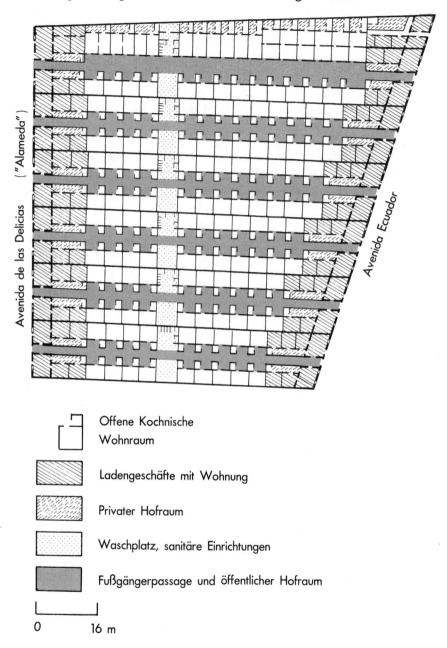

- Offene Kochnische / Wohnraum
- Ladengeschäfte mit Wohnung
- Privater Hofraum
- Waschplatz, sanitäre Einrichtungen
- Fußgängerpassage und öffentlicher Hofraum

0    16 m

Quellen: WILHELMY-BORSDORF 1985; Kartographie: A. NICKEL-GEMMEKE

Wohnquartieren. Aufgrund von Sanierungsmaßnahmen sank die Zahl bis 1970 auf 64.400 Menschen (2,5% der Gesamtbevölkerung Santiagos; vgl. Kap. 5.3.1).

So wie in Chile wuchsen auch in anderen Ländern Lateinamerikas länder- oder regionalspezifische innerstädtische Armenviertel; die casas de vecinidad in Panama oder die callejones in Lima (vgl. HARDOY/SATTERHWAIT 1986: 255).

In diesen Vierteln hausten diejenigen, "die die Wirtschaftsentwicklung zwar mit zu tragen hatten, am wirtschaftlichen Fortschritt aber nicht partizipieren konnten" (WILHELMY/BORSDORF 1984: 157).

Trotz der architektonischen Veränderungen, der Entstehung neuer schichtenspezifischer Wohnareale, wurde in der nach der Unabhängigkeit einsetzenden Verstädterungsphase weder das räumliche Grundmuster der kolonialen Stadt noch das sozialräumliche Bevölkerungsverteilungsmuster grundlegend verändert.

Eine umwälzende Überformung des kolonialzeitlichen Raummusters und ein starkes expansives Wachstum setzten in den lateinamerikanischen Großstädten erst ca. 1930 ein, und zwar im Zusammenhang mit einer völligen Umstrukturierung der lateinamerikanischen Volkswirtschaften.

## 3.3 Binnenmarktorientierte Industrialisierung und zweite Verstädterungsphase in Chile (1920-1960)

Schon vor 1929 hatte eine schwankende Nachfrage der europäischen Länder nach den Exportprodukten Lateinamerikas, bei steigender Nachfrage nach Fertigprodukten aus Europa und den USA in diesen Ländern, eine kontinuierliche wirtschaftliche Entwicklung erschwert. Auslösendes Moment für die Abkehr von einer ausschließlich auf einige wenige Exportgüter konzentrierten Wirtschaft zu einer binnengerichteten industriellen Entwicklung war die Weltwirtschaftskrise.

Sie wirkte sich in den lateinamerikanischen Ländern besonders drastisch aus; von 1928/1929 bis 1933 sanken die Exporterlöse der lateinamerikanischen Staaten von ca. 5 Millionen Dollar auf 1,5 Millionen Dollar; in Chile schmolzen sie allein zwischen 1929 und 1932 auf ein Viertel des ursprünglichen Wertes (vgl. GWYNNE 1985: 23). In Argentinien verringerte sich die Menge der Exporte von 1930 bis 1939 um 19%, in Chile sogar um 34%. Im gleichen Zeitraum verschlechterten sich die "terms of trade" in Argentinien um 20%, in Chile um 63% und in Brasilien sogar um 73% (vgl. WILHELMY/BORSDORF 1984: 158).

Begleitet wurde der Prozeß der binnenzentrierten Industrialisierung von der Abkehr von der liberalen Wirtschaftspolitik und von einem forcierten Eingreifen des Staates. "Dabei setzte der Staat in zunehmendem Maße die Akzente im Wachstumsprozeß, einerseits durch den Aufbau von Planungsbehörden, andererseits dadurch, daß er faktisch in fast jeder Hinsicht seine volkswirtschaftliche Bedeutung gegenüber der Privatindustrie ausdehnen konnte, sei es im Anteil des staatlichen Sektors am Bruttoinlandprodukt, sei es in der Schaffung neuer Arbeitsplätze oder im Anteil des Staates an der Kapitalbildung" (NOHLEN 1983: 184 f).

In Chile übernahm die - unter dem ersten von der radikalen Partei gestellten Präsidenten, Aguirre Cerda - 1939 gegründete Corporación de Fomento de la Producción (CORFO) die Planung und Förderung der wirtschaftlichen Entwicklung, wobei die Gründung der staatlichen Elektrizitätsgesellschaft (ENDESA) und der Ölgesellschaft (ENAP) von besonderer Bedeutung waren (vgl. MUNOZ 1972; BÄHR 1981; GWYNNE (1965).

Mit der Reduktion der Importe und dem Schutz der einheimischen Industrie durch hohe Importzölle erlebte Chile seit dem Ende der 39er Jahre einen ungeheuren wirtschaftlichen Aufschwung, der bis in die Mitte der 50er Jahre anhielt und sich vor allem auf die Hauptstadt konzentrierte. In dem Zeitraum zwischen 1928 und 1957 stieg die Anzahl der in der Industrie Beschäftigten von 88.464 auf 216.605[1]. Von ihnen arbeiteten 1927 42,9% in Santiago. Im Jahr 1957 lag der Anteil der in Santiago beschäftigten Industriearbeiter bei 57,1% (vgl. Tab. 4).

Tabelle 4: Industriebeschäftigte in industriellen Zentren Chiles 1928/1957

| Region | 1928 Industriebeschäftigte | Anteil in % | 1957 Industriebeschäftigte | Anteil in % |
|---|---|---|---|---|
| Santiago | 37.970 | 42,9 | 123.594 | 57,1 |
| Valparaiso | 16.639 | 18,8 | 19.578 | 9,0 |
| Concepción | 7.377 | 8,3 | 22.054 | 10,2 |
| übriges Land | 26.478 | 30,0 | 51.379 | 23,7 |
| Gesamt | 88.464 | 100,0 | 216.605 | 100,0 |

Quelle: GWYNNE 1985

Nach 1957 folgte eine Periode der Stagnation, die zunächst nicht überwunden werden konnte, was dazu führte, daß viele Länder - so auch Chile unter der Regierung Frei - nach neuen Konzepten der wirtschaftlichen Entwicklung suchten. Zunächst wurde dabei im Fall Chile ein verstärktes Eingreifen des Staates auf die wirtschaftliche Entwicklung und eine sogenannte "Nationalisierung" der Industrie angestrebt. "Das Land sollte mittels Spezialisierung der industriellen Produktion nach dem Prinzip der komperativen Kosten in den Weltmarkt eingegliedert werden" (ESSER 1972: 79).

Während seit 1939 CORFO mit der Förderung der Industrialisierung betraut war, übernahm 1966 das nationale Planungsinstitut ODERPLAN die gesamte sektorale Rahmenplanung auf nationaler Ebene.

---

1) Ähnliche Entwicklungen der industriellen Produktion, verbunden mit einer steigenden Anzahl von Beschäftigten in der Industrie in der Hauptstadt, hat es zur gleichen Zeit auch in anderen Ländern Südamerikas gegeben. Vgl. z.B. für Montevideo MERTINS 1987 b: 61.

Sowohl in Chile als auch in anderen lateinamerikanischen Ländern blieben die erhofften positiven Folgen einer raschen Industrialisierung in vier wichtigen Punkten hinter den Erwartungen zurück (vgl. SANDNER 1971):
1. Im sekundären Sektor konnten weit weniger Arbeitsplätze geschaffen werden, als angesichts des wachsenden Bevölkerungsdrucks und der Überbevölkerung besonders in den Großstädten notwendig gewesen wäre. Dies bewirkte eine hohe Arbeitslosigkeit, niedrige Löhne und eine geringere Massenkaufkraft der Bevölkerung. So sank der Anteil der Industriebeschäftigten in Chile von 21% im Jahr 1952 auf 19% im Jahr 1965, in anderen Ländern wie Brasilien und Argentinien um weitaus mehr (vgl. CEPAL 1965). "Die Industrialisierungspolitiken orientierten sich einseitig an der Kaufkraft der reichsten 20%, ... Die Lebensbedingungen von weiteren 40% verbesserten sich mit der Zeit, allerdings im Verhältnis zu steigenden Erwartungen und Ansprüchen unzureichend" (ESSER 1982: 177). 60%-80% der lateinamerikanischen Bevölkerung verfügen nach den Untersuchungen von ESSER (1982) noch heute über eine sehr geringe Kaufkraft für Massenkonsumgüter.
2. Die Ausfuhr von einheimischen Industrieprodukten wurde unter anderem durch hohe Produktionskosten, hohe Preise und damit mangelnde Konkurrenzfähigkeit auf dem Weltmarkt, vielfach auch durch Auflagen der ausländischen Muttergesellschaften oder Patentgeber erschwert und nimmt erst seit einigen Jahren wieder zu. Eine moderne Exportdiversifizierung setzte nur zögernd ein, da man auf die traditionellen Exporte angewiesen war.
3. Trotz einer steigenden Nachfrage der wachsenden städtischen Bevölkerung nach landwirtschaftlichen Produkten ging der Ausbau des industriellen Sektors auf Kosten des Agrarbereichs. Die Agrarproduktion stagnierte, was zu einer Verteuerung der landwirtschaftlichen Erzeugnisse führte. Die Preissteigerungen bei Nahrungsmitteln schwächten die Kaufkrft der städtischen Bevölkerung für Industrieerzeugnisse. Durch die Mechanisierung der agrarischen Großbetriebe wurden Arbeitskräfte freigesetzt, die größtenteils in die Hauptstadt oder andere städtische Zentren abwanderten. Da sie dort aber kaum eine Beschäftigung finden konnten, verfügten auch sie nur über eine geringe Kaufkraft (vgl. GALEANO 1980).
4. Durch die Industrialisierung wurden die regionalen Entwicklungsunterschiede sowohl innerhalb als auch zwischen einzelnen lateinamerikanischen Ländern noch verschärft[1].

Die Großstädte blieben die bevorzugten Orte des Aufbaus industrieller Sektoren. Eine Ausnahme stellten die auf Bodenschätzen aufbauenden Industrien und Teile der Schwerindustrie dar. Sie siedelten sich abseits der älteren Großstädte an, und aus einigen ergaben sich neue Verdichtungskerne (z.B. Ciudad Guayana in Venezuela [vgl. CHAVES 1975: 1881]).

---

1) ESSER (1982: 172) sieht in diesem Differenzierungsprozeß, "der aus dynamischer Industrialisierung in Brasilien und Mexiko, sowie der gleichzeitigen Stagnation und Krise in vielen anderen Ländern Lateinamerikas resultiert", das zunehmend prägende Element für die untereinander bestehenden Beziehungen der Länder.

Alle anderen Industriebetriebe suchten ihre Standorte in den Metropolen oder in ihrer unmittelbaren Nähe[1].

Im Hinblick auf die Prozesse der Verstädterung und Metropolisierung läßt sich zusammenfassend feststellen:

Die räumliche Konzentration des industriellen Entwicklungsprozesses auf einige wenige urbane Zentren, bei gleichzeitiger Vernachlässigung des ruralen agraren Sektors, hat eine verstärkte Land-Stadt-Migration verursacht.

"Tatsächlich wird der Beginn der Politik importsubstituierender Industrialisierung allgemein als Startschuß für die Hyperurbanisation angesehen, die heute als Kennzeichen des südamerikanischen Städtewesens gilt" (WILHELMY/BORSDORF 1984: 159).

Die sich steigernde Dominanz der Hyperzentren innerhalb der jüngsten Verstädterungswelle wurde durch das Zusammentreffen verschiedener Faktoren ausgelöst und gesteuert. Die wesentlichsten sind:
- Eine auf großurbane Räume gerichtete binnenzentrierte wirtschaftliche Entwicklung nach der Weltwirtschaftskrise,
- ein rapider Anstieg der Geburtenüberschüsse und, bei verbesserter Kommunikation durch Massenmedien,
- eine zunehmende Mobilisierung der Bevölkerung.

Besonders die Massenabwanderung der Bevölkerung aus dem ruralen Raum in die Metropolen forcierte deren überproportionales Wachstum.

In Chile stieg der Anteil der städtischen Bevölkerung an der Gesamtbevölkerung zwischen 1930 und 1960 von 48% auf 64%; 30% der städtischen Bevölkerung lebten in Santiago (vgl. Abb. 2). Die Bevölkerungszahl wuchs von 710.000 auf 2.060.000 Einwohner, die Stadtfläche verdoppelte sich und stieg von 6.097 ha (1930) auf 15.574 ha (1940). Bis 1952 hatte sie sich verdreifacht und umfaßte 22.988 ha (vgl. Abb. 8). Auch die Provinzstädte, wie z.B. Valdivia und Osorno, weisen ab 1940 ein sprunghaft ansteigendes Bevölkerungswachstum auf, wenngleich sie oft nur als erste Station einer auf die Hauptstadt gerichteten Migration (step-wise-migration) fungieren (vgl. BORSDORF 1976, 1983).

### 3.3.1 Die Entstehung der modernen lateinamerikanischen Großstadt (1940-1960)

Im Zusammenhang mit dem Industrialisierungsprozeß, der Bevölkerungszuwanderung in die Großstädte und dem relativ hohen natürlichen Bevölkerungszuwachs

---

1) SANDNER (1971: 318) schreibt dazu: "Ein Drittel des gesamten industriellen Produktionswertes von Lateinamerika entstammt den großstädtischen Ballungsräumen von Buenos Aires, Sao Paulo und Mexiko-Stadt ... In Uruguay sind 75% der industriellen Produktion auf die Hauptstadt Montevideo konzentriert. In Chile sind es Santiago und Valparaiso mit zusammen 66% der Industrieproduktion, in Mexiko die Hauptstadt und das Schwerindustriegebiet von Monterrey (zus. 45%) und in Peru Lima mit dem Vorhafen Callao (56%), die neben ihrer Funktion als Handels- und Verwaltungsstädte zu den bestimmenden industriellen Schwerpunkten wurden".

wurde die innere Differenzierung der lateinamerikanischen Metropolen in physiognomischer, funktionaler und sozialräumlicher Hinsicht modifiziert[1].

Der historische Stadtkern hat durch Flächen- und Gebäudenutzungsänderungen mehr und mehr die Funktion eines Geschäfts- und Bankenzentrums erhalten, z.T. verbunden mit einer Hochhausüberbauung der Altstadt. "In a number of Latin American urban centers in recent decades, streets have been widened, old mansions demolished, parking garages and lots carved out, skyscraper office towers built, shopping malls created, bus terminals constructed, and a variety of hotels, restaurants, and arenas put up in and around the downtown. In short, the sleeply, stable central plaza has become the node around which a very Northern American-style CBD has evolved" (GRIFFIN/FORD 1983: 208).

Diese Modifikationen treten nicht in allen lateinamerikanischen Metropolen in gleichem Ausmaß und gleicher Intensität auf; auch ist der beschriebene städtische Funktionswandel geringer einzuschätzen, als dies in Nordamerika und Mitteleuropa der Fall ist (vgl. BÄHR 1978: 18). Dennoch macht sich auch in den lateinamerikanischen metropolitanen Stadtzentren eine Verdrängung der Wohnfunktion bemerkbar. So konstatiert BÄHR (1978: 52) für Santiago de Chile: "... und die Einwohnerzahlen gingen zurück, so beispielsweise in den Distrikten, die ungefähr das Hauptgeschäftszentrum ausmachen ... von 45.549 (1940) auf 37.384 (1970), d.h. um 18%." Von einer Verdrängung der Wohnbereiche sind in erster Linie die innerstädtischen Slumbewohner betroffen (vgl. BÄHR/MERTINS 1981: 9).

In den 30er Jahren, besonders aber seit den 40er Jahren, setzte ein Suburbanisierungsprozeß, d.h. eine ungeplante und unkontrollierte Expansion städtischer Siedlungsflächen, ein (vgl. Abb. 8)[2].

Das ringförmige koloniale Raumordnungsschema wurde durch ein sektorales Wachstum (HOYT 1959) überlagert. Zum einen basierte dies auf der Ansiedlung von Industrie an Eisenbahnlinien, Ausfallstraßen oder Flüssen, zum anderen entstehen und expandieren deutlich abgegrenzte Oberschichtswohnviewrtel und "Nebencities" mit entsprechenden Geschäften des gehobenen Bedarfs, administrativen Einrichtungen, Restaurants etc. Dieses sektorale Wachstum wird ergänzt durch zellenhafte Erweiterungen an der städtischen Peripherie, und zwar durch das rasche Wachstum legaler (oft staatlich geförderter), semilegaler und illegaler Wohnviertel der unteren Sozialschichten (vgl. BÄHR 1978; BÄHR/MERTINS 1981; MERTINS 1984: 4).

---

1) Zum räumlichen Wachstum und der inneren Differenzierung der lateinamerikanischen Stadt sei auf die Diskussionen und die Darstellung des Idealschemas der lateinamerikanischen Stadt verwiesen. Vgl. BÄHR 1976 a, 1978; MERTINS 1980; BÄHR/MERTINS 1981; GORMSEN 1981; WILHELMY/BORSDORF 1984.

2) Neben den Erläuterungen zum Begriff der Suburbanisierung gibt GAEBE (1987: 45 f) einen Überblick über den Suburbanisierungsprozeß in Entwicklungs- und Schwellenländern. Generell mangelt es an detaillierten Studien zu Suburbanisierungsprozessen in Entwicklungsländern unter Berücksichtigung z.B. kommunalpolitischer Entscheidungen in den Bereichen Wohnbau, Transport oder der Privatisierung von Dienstleistungen, des Einflusses technischer Innovationen etc.

### 3.3.2 Santiago de Chile auf dem Weg zur Metropole (ab 1940)

Die eigentliche explosión urbana, d.h. die Auflösung der relativ kompakten postkolonialen Stadt und die Entwicklung zum ausufernden Ballungsraum, setzte in Santiago ansatzweise um 1920 ein (GROSS/PEREZ DE ARCE/VIVEROS 1982: 25).

Die vom Kupferabbau profitierende Oberschicht verlagerte ihre Wohnviertel vom Stadtzentrum in Richtung auf die Kommune Providencia (vgl. kommunale Gliederung Santiagos in Abb. 10) entlang der Avenida Providencia. Dieser Abwanderungsprozeß aus dem durch Verkehrslärm, Abgasen u.a. unattraktiv gewordenen Innenstadtbereich verstärkte sich in den 30er Jahren erheblich (vgl. Kap. 3.2.1).

"Mit der Entwicklung der Industrie- und Finanzwirtschaft in Zusammenhang mit dem Modell der Importsubstitution, die wesentlich gefördert wurde durch die Gründung der Corporación de Fomento de la Producción (CORFO 1939), beginnt eine neue Etappe der Expansion der Stadt. Sie basiert auf Spekulationen mit den Flächen im Osten des Kanals San Carlos. Das ist der Beginn für den Aufschwung der Kommune Las Condes - besonders der Sektoren El Golf und Vitacura - den Verkehrsachsen der Avenida Apoquindo und Vitacura folgend" (GROSS/PEREZ DE ARCE/VIVEROS 1982: 26).

In den Kommunen Providencia und Las Condes entstanden moderne Nebencities, die den gehobenen Ansprüchen des alltäglichen Bedarfs der Oberschicht gerecht werden. Die Mittelschichtbevölkerung siedelte sich in der Nähe der Oberschichtswohngebiete an (Nuñoa, La Reina).

Die Wohnviertel ärmerer Bevölkerungsgruppen verteilten sich über das ganze Stadtgebiet. In einzelnen Stadtteilen der Kernstadt setzte ein Prozeß baulicher Degradierung ein (vgl. GROSS/PEREZ DE ARCE/VIVEROS 1982: 25).

Die eigentliche Ausuferung der Stadtflächen begann jedoch erst nach dem Zweiten Weltkrieg. Zwischen 1930 und 1950 wuchs die städtische Fläche jährlich um durchschnittlich 900 ha; zwischen 1950 und 1970 sank der jährliche Flächenzuwachs auf 700 ha.

Innerhalb von vierzig Jahren verdreifachte sich die Stadtfläche und stieg von 6.800 ha im Jahr 1930 auf 27.260 ha im Jahr 1970 an (vgl. GROSS/PEREZ DE ARCE/VIVEROS 1982: 31; Abb. 8)[1]. Im gleichen Zeitraum verdreifachte sich auch die Bevölkerung und wuchs von 0,99 auf 2,82 Millionen Einwohner an (vgl. BÄHR/MERTINS 1985: 224; vgl. auch Tab. 6). Entscheidend haben zu diesem Mißverhältnis zwischen Bevölkerungsanstieg und räumlicher Ausdehnung staatliche Interventionen beigetragen, und zwar besonders durch die Maßnahmen der 1953 gegründeten staatlichen Wohnungsbaugenossenschaft Corporación de la Vivivenda (CORVI), die zwischen 1960 und 1973 ca. 60% aller im Land gebauten Häuser oder Wohnungen erstellte. Bevorzugt wurden die westlichen und südlichen Stadtgebiete, in denen die einst agrargenutzten Flächen in Einfamilienhaussiedlungen umgewandelt wurden (vgl. GROSS/PEREZ DE ARCE/VIVEROS 1982: 31; TRIVELLI 1987: 126).

---

1) Die negativen Folgen dieses Flächenwachstums werden bei MARTINEZ (1978) analysiert, der besonders auf die Zerstörung wertvoller landwirtschaftlicher Nutzflächen eingeht.

Aufgrund der ständigen Erdbebengefahr wurde meist nur einstöckig gebaut. Für mehrstöckige Bauten waren aufwendige Stahlbetonkonstruktionen notwendig, so daß man im staatlichen Wohnbau aus Kostengründen auf den Bau mehrgeschossiger Wohneinheiten weitgehend verzichtete.

Um der Flächenexpansion Einhalt zu gebieten, bemühte sich die 1965 gegründete, dem MINVU unterstehende Stadtplanungsinstitution CORMU (Corporatión de Mejoramiento Urbano) um eine Bevölkerungsverdichtung innerhalb des bebauten Stadtareals (vgl. ATHEY 1973). Es wurden Stadterneuerungsprogramme durchgeführt, wobei es in erster Linie um die Sanierung degradierter Stadtteile ging, wie zum Beispiel in der Ende der 60er Jahre in Hochhausbauweise entstandenen Siedlung San Borja, die in der Nähe der Innenstadt liegt. Ähnliche Projekte wurden in Las Condes und anderen Kommunen durchgeführt[1].

Das Mißverhältnis zwischen Bevölkerungsanstieg und räumlicher Ausdehnung ist in der Zeit zwischen dem Ende des Zweiten Weltkriegs und 1973 jedoch vor allem auf die illegalen und semilegalen Siedlungstätigkeiten zurückzuführen, die Anfang der 70er Jahre ihren Höhepunkt erreichten. "Die bebaute Fläche stieg zwischen 1960 und 1970 um 47%, während sich die Zahl der Bewohner nur um 37% erhöhte" (BÄHR/MERTINS 1985: 224, vgl. auch Tab. 6 und Abb. 8).

### 3.4 Tendenzen der jüngeren Wirtschaftsentwicklung seit den 60er Jahren

In den 60er Jahren erkannte man in Lateinamerika, daß die importsubstitutive Wirtschaftspolitik neben den positiven Errungenschaften, wie z.B. die Steigerung des Produktionsvolumens und die wachsende Eigenbedarfsdeckung in einzelnen Sektoren, tiefgreifende Nachteile in sich barg. "Mit dem Ausbau der Verbrauchsgüterindustrie zur Inlandsversorgung nahm der Einfuhrbedarf an Investitionsgütern wie Werkzeugmaschinen, an ergänzenden Rohstoffen und Halbfabrikaten zu. Zur Einsparung der dafür benötigten Devisen mußte die Einfuhr anderer Industrieprodukte eingeschränkt werden, was wiederum den Aufbau entsprechender Produktionszweige im Land und den nachfolgenden Einfuhrbedarf an Investitionsgütern zur Folge hatte" (SANDNER 1971: 315).

Entscheidende Anstöße bei der Analyse der wirtschaftlichen Entwicklung der Länder Lateinamerikas gaben die entwicklungsstrategischen Folgerungen der strukturalistischen Schule lateinamerikanischer Ökonomen. Sie stellten die Forderungen nach strukturverändernden Reformen, die NOHLEN/STURM (1933: 108) wie folgt zusammenfassen: "In den externen Beziehungen eine Reform des Welthandels zum Zwecke der Aufhebung der die Entwicklungsländer belastenden terms of trade (Aufgabe des Theorems der komperativen Kosten); im Inneren ein Bündel strukturverändernder Maßnahmen (Agrarreformen, Diversifizierung der Produktionsstruktur, Industrialisierung, Steigerung des Beschäftigungsniveaus) unter starker staatlicher Beteiligung (Aufgabe des Konzeptes des freien Spiels der Marktkräfte)."

---

1) In Montevideo und Caracas wurde ein vertikales Flächenwachstum bereits ab Mitte der 40er Jahre gefördert (vgl. MERTINS 1987 b; PACHNER 1982).

Entwickelt und gefördert wurde dieses Konzept des "desarrollismo" von der in Santiago de Chile ansässigen UN-Wirtschaftskommission für Lateinamerika (CEPAL) (vgl. CEPAL 1969; BOECKH 1983; NOHLEN/STURM 1983). Die von CEPAL entwickelten Empfehlungen wurden in den 60er Jahren von einigen lateinamerikanischen Regierungen (unter Goulart in Brasilien, unter Frei in Chile) aufgegriffen. Agrarreformen, Alphabetisierung, Gesundheitsreformen, Familienplanung und Wohnbau standen dabei im Vordergrund.

Die Erfolge dieser einzelnen Maßnahmen zur Herbeiführung struktureller Veränderungen sind gemessen an ihren Zielen als gering einzuschätzen und werden in der Literatur heftig kritisiert[1].

In den meisten Ländern Lateinamerikas übernahmen Anfang der 70er Jahre Militärdiktaturen die politische Macht und verfolgten wirtschaftlich das Ziel einer Überwindung der Unterentwicklung auf der Basis einer exportorientierten und -diversifizierten Industrialisierung (vgl. CARTAS 1984)[2].

Als entwicklungspolitisches Konzept diente dabei das Wirtschaftsmodell des Monetarismus der Chicagoer Schule um Milton Friedman, an dem in Chile, wenn auch abgeschwächt, bis heute trotz einer Verschärfung des Stadt-Land-Gegensatzes und steigender Arbeitslosigkeit festgehalten wird (vgl. Kap. 4.2)[3].

### 3.5 Die heutige Metropole Santiago de Chile

Santiago de Chile ist heute eine typische lateinamerikanische Metropole. Hier befindet sich der Hauptsitz der politischen und administrativen Verwaltung. Santiago bildet den Mittelpunkt kulturellen, geistigen und gesellschaftlichen Lebens. Als Beispiel für den modernen Charakter der Innenstadt seien die Mitte der 70er Jahre errichtete Fußgängerzone und die Metro genannt, bei der bisher nur zwei Linien statt der bis 1985 geplanten fünf Linien fertiggestellt wurden.

Ferner fungiert Santiago de Chile als das entscheidende industrielle Zentrum des Landes: "Auf die Zentralregion, besonders auf die Hauptstadt Santiago, und auf Valparaiso als dem wichtigsten Hafen, konzentrieren sich 1979 5.628 Betriebe (entsprechen 56,6%) mit 192.000 Beschäftigten (57%) bzw. 634 Betriebe (entsprechen 6,3%) mit 20.401 Beschäftigten (6,0%)" (EGGERS 1988: 48).

---

1) Besonders die Agrarreformen wurden heftig kritisiert; SENGHAAS (1977) sieht die Ursache für das Scheitern in der nichterfolgten Abkopplung vom Weltmarkt. Andere Autoren machen die Art der Durchführung der Agrarreformen für den Mißerfolg derselben verantwortlich. Vgl. für Chile: WEISCHET 1974; ROTHER 1973, 1974; vgl. auch ELSENHANS 1979.
2) Zur (umstrittenen) politischen und wirtschaftlichen Rolle des Militärs in der Dritten Welt und besonders in Lateinamerika vgl. LINDENBERG 1982.
3) Die Ziele monetaristischer Wirtschaftspolitik, wie z.B. eine rigorose Inflationsbekämpfung, eine Reduzierung staatlicher Eingriffe in wirtschaftliche Bereiche und eine Öffnung des Binnenmarktes, wurden von den einzelnen Regierungen lateinamerikanischer Länder auf unterschiedliche Weise verfolgt. So schreibt GANS (1988: 130) zu den Entwicklungen in Uruguay: "Im Gegensatz zu Chile, wo man versuchte, die neuen wirtschaftspolitischen Ziele durch abrupte und schockartige Änderungen der Rahmenbedingungen zu erreichen, gingen die Militärs in Uruguay schrittweise vor".

Die chilenische Hauptstadt ist heute das wichtigste Zentrum des industriell verarbeitenden Gewerbes. Hier sitzen die bedeutendsten Unternehmen der chilenischen Nahrungs-, Genußmittel-, Textil-, Bekleidungs-, Metall-, Elektro-, Gummi-, Glas-, Papier- und chemischen Industrie sowie der Holzverarbeitung (vgl. LÜCK 1970).

Die Industrieviertel konzentrieren sich an den Ausfallstraßen in Richtung des für den nationalen Flugverkehr zuständigen Flughafens Los Cerillos, der Carretera Panamericana Sur und in der südöstlich der Innenstadt gelegenen Kommune San Miguel. Jedoch sind die Kommunen Quilicura, Maipú, San Bernado und Puente Alto sowie Conchali und Renca bei der Suche nach Expansionsflächen und der Ansiedlung jüngerer Betriebe, die überwiegend der Grundstoff- und Investitionsgüterindustrie angehören, miteinbezogen.

Die besondere Vorrangstellung Santiagos gilt nicht nur im nationalen Kontext, sondern wirkt sich auch intraregional innerhalb der Metropolitanregion aus.

Nach dem Zensus von 1982 konzentrierten sich in der Región Metropolitana 38,1% der chilenischen Bevölkerung (vgl. Kap. 2.3) und 37,5% der Erwerbstätigen; hier befinden sich 57% der industriellen Arbeitsplätze; es werden 43,8% des Bruttoinlandsprodukts erwirtschaftet, und 60% aller staatlich geförderten Wohnungen werden in dieser Region erbaut (vgl. LARRAIN/MOLINA 1986: 69).

Der gleichen Quelle ist zu entnehmen, daß sich 90% der in der Región Metropolitana lebenden Bevölkerung auf die Stadt Santiago konzentrieren. Dort befinden sich 95% der Bank- und Finanzinstitute, ebenso wie fast alle weiterführenden (berufsbildenden) Schulen, alle Universitäten und 95,2% der Stellen für besondere Beschäftigungsprogramme. Mehr als 75% aller staatlichen Zuschüsse für junge Familien und Schulkinder werden in der Hauptstadt verteilt.

Was die gesamten staatlichen Investitionen im Jahr 1986 betrifft, so richteten sie sich zu 90,5% an die Gemeinden Santiagos. Auf einzelne Sektoren bezogen heißt das, daß die hauptstädtischen Kommunen 90% aller der Región Metropolitana zur Verfügung stehenden Gelder für den Ausbau der Be- und Entwässerungsanlagen erhalten haben und 61% der Gelder für die im staatlichen Wohnbausektor durchzuführenden Maßnahmen. Innerhalb Santiagos werden die einzelnen Gemeinden allerdings in unterschiedlichem Ausmaß bei der Verteilung der Gelder berücksichtigt (vgl. Kap. 8.2).

### 3.5.1 Bevölkerungswachstum und Metropolisierung von Santiago de Chile

Der verstärkte Bevölkerungszuwachs setzte in Santiago erst in den 20er Jahren ein. Die hohen Zuwachsraten Santiagos müssen jedoch relativ gesehen werden (vgl. Abb. 2), denn:
- Die jährliche Wachstumsrate ist seit dem letzten Jahrzehnt rückläufig und liegt mit 2,5% weit unter denen anderer lateinamerikanischer Ballungsräume. Nur in Uruguay und Argentinien vollzieht sich das Wachstum der Metropolen noch langsamer (vgl. MERTINS 1987: 165).

- Im innerchilenischen Vergleich haben kleinere Regionalzentren, wie z.B. Arica, einen weitaus stärkeren Bevölkerungsanstieg zu verzeichnen, welcher zwischen 1960 und 1970 102% betrug (vgl. BÄHR 1979: 69; vgl. auch BORSDORF 1976).

Das anhaltende Bevölkerungswachstum ist heute nicht nur Ausdruck von Migrationsgewinnen, sondern steht in Interdependenz mit:
- einem Sinken der Sterberaten aufgrund verbesserter medizinisch-sanitärer und hygienischer Versorgung (die Sterberate lag 1983 in Chile bei 6,2%, in der Región Metropolitana bei 5,6% [vgl. LARRAIN/MOLINA 1986: 70]; die Säuglingssterblichkeit sank zwischen 1970 und 1985 von 82,2% auf 19% [vgl. Tab. 5]);
- den, wenn auch abnehmenden, so doch relativ hohen Geburtenraten, die auf nationaler Ebene in Chile 22% und in der Hauptstadtregion 22,9% betragen (vgl. LARRAIN/MOLINA 1986: 70);
- einer Erhöhung der Lebenserwartung, die zwischen 1965 und 1985 für Männer von 57 Jahre auf 67 Jahre und für Frauen von 62 Jahre auf 74 Jahre stieg;
- einem hohen Anteil junger Bevölkerung (zwischen 15-30 Jahre) von ca. 22% (vgl. Abb. 6);
- der Zuwanderung relativ junger Bevölkerung.

**Tabelle 5: Geburten- und Sterbeziffern in Chile, 1970-1985**

| Gegenstand der Nachweisung | Einheit | 1970 | 1975 | 1980 | 1984 | 1985 |
|---|---|---|---|---|---|---|
| Geborene | je 1.000 Ew. | 26,8 | 24,6 | 22,2 | 22,3 | 21,7 |
| Gestorbene | je 1.000 Ew. | 8,9 | 7,3 | 6,7 | 6,3 | 6,1 |
| Gestorbene im 1. Lebensjahr | je 1.000 Lebendgeborene | 82,2 | 57,6 | 33,0 | 19,6 | 19,5 |

Quelle: STATISTISCJHES BUNDESAMT 1988

Generell sind zu Beginn der Metropolisierung die hohen Wanderungsgewinne maßgeblich an der im nationalen Vergleich überproportional hohen Bevölkerungszunahme beteiligt gewesen.

So betrug der Anteil der Wanderungsgewinne an der Bevölkerungszunahme in den 50er und 60er Jahren in Buenos Aires 72% (1950-1960), in Bogotá 66% (1951-1964), in São Paulo 60% (1950-1970) und in Rio de Janeiro 69% (1940-1950). In Santiago de Chile sind zwischen 1960 und 1970 ca. 650.000 Menschen in die Hauptstadt gezogen (vgl. ZSILINCSAR 1971: 456; BÄHR 1975; BÄHR/GOLTE/LAUER 1975; BÄHR 1983; MERTINS 1986: 160).

Die Ursachen der Land-Stadt- und Stadt-Stadt- oder Stadt-Metropole-Migration sind auf die auf dem Lande wirkenden Push- und im städtischen Raum wirkenden Pull-Faktoren zurückzuführen. Diese Faktoren bilden ein komplexes Ursache-Wirkung-Gefüge und gewinnen durch das Zusammenfallen mit Veränderungen im generativen Verhalten der Bevölkerung an Bedeutung. Zum Teil müssen sie in einem

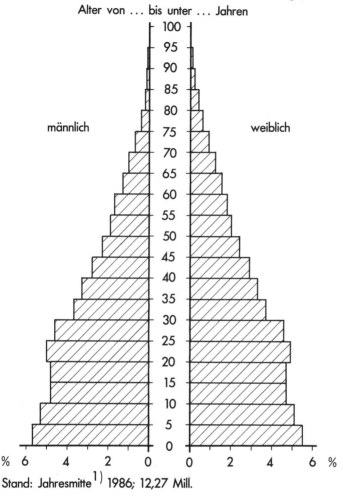

Abbildung 6: **Altersaufbau der chilenischen Bevölkerung (Stand: Mitte 1986)**

Stand: Jahresmitte[1]) 1986; 12,27 Mill.

1) Schätzung

Quellen: STATISTISCHES BUNDESAMT 1988; Kartographie: A. NICKEL-GEMMEKE

übergreifenden nationalen Zentrum-Peripherie-Abhängigkeitssystem gesehen werden (vgl. KOHLHEPP 1982 a: 342; MERTINS 1982: 353)[1].

Neben der - im Vergleich zu den Lebensbedingungen auf dem Land - scheinbaren wirtschaftlichen Attraktivität der Stadt existieren noch andere Abwanderungsmotive. So wirken auch psychologische Faktoren mit. Und mit der Propagierung der

---

1) Die Migrationen (länderübergreifende und regionale) sind Untersuchungsgegenstand zahlreicher Studien. Vgl. HERRICK 1965; KRÜGER 1978; WILKIE 1980; KOHLHEPP 1982 a + b; LEWIS 1982; MERTINS 1982; SABOT 1982; BÄHR 1983.

Modernisierung des Lebens wird die Attraktivität städtischer Lebensformen ein bedeutendes Abwanderungsmotiv (vgl. GATZWEILER 1975; WHITE/WOODS 1980). "Ir a Chile", so bezeichnete heute wie früher die nicht in Santiago ansässige Bevölkerung eine Reise in die Hauptstadt.

Vordergründig dominiert bei der Angabe zur Abwanderungsmotivation aus dem ländlichen Raum die Suche nach einem besseren Arbeitsplatz. Nach einer Studie von ELIZAGA (1970) über Santiago de Chile gaben 62% der von ihm befragten Männer und 55,9% der befragten Frauen an, daß dies der bedeutendste Wanderungsgrund in die chilenische Hauptstadt gewesen sei. Sekundär wirken Erwartungen und Motivationen, wie ein verbessertes Ausbildungsniveau, bessere Wohnverhältnisse und "sozialer Aufstieg".

Ein besonderes Merkmal der Migration ist ihre Selektivität (vgl. BÄHR 1983: 353; LEWIS 1982), d.h. die Migrationsbevölkerung läßt sich wie folgt charakterisieren:
- Es wandern vorwiegend jüngere Menschen ab. Dies führt zu einem übermäßig hohen Anteil von Einwohnern im Alter von 15-39 Jahren in den lateinamerikanischen Metropolen.
- Der Anteil von Nichtverheirateten (Junggesellen, Geschiedene etc.) ist überdurchschnittlich hoch.
- Die Zuwanderer konzentrieren sich auf einige wenige Berufsgruppen, und zwar vorwiegend im sogenannten "informellen" Sektor.
- Es besteht ein hoher Anteil weiblicher Migrationsbevölkerung. Dies gilt jedoch nur für Lateinamerika, denn in den Entwicklungsländern Afrikas und Asiens überwiegt der männliche Teil der Migranten.

BÄHR/GOLTE/LAUER (1975) wiesen nach, daß ein Drittel der Bevölkerungszunahme Santiagos auf Wanderungsgewinne zurückzuführen ist.
40% aller Zuwanderer kamen aus den Gebieten zwischen Aconcagua und Concepción. Aus den nördlichen Provinzen (Provinzen Tarapacá bis Coquimbo) und den südlichen Provinzen (Provinzen Arauco bis Magallanes) entstammen lediglich 12,9% bzw. 26,8% der Immigranten.
Fast die Hälfte aller Zugezogenen kommt aus Städten mit über 20.000 Einwohnern und nur 12,7% kommen direkt vom Land (vgl. MORALES/LABRA 1980: 204).

Nach Schätzung von ODEPLAN (1985) sind zwischen 1970 und 1982 78% aller Migranten in die Metropolitanregion gewandert. Die Region verzeichnete in der genannten Zeitspanne einen Nettozuwachs an Migranten von 193.000 Personen und in der Zeit zwischen 1952 und 1960 von 225.000 Personen (vgl. HURTADO 1966).

Heute strömen jährlich 34.000 Immigranten aus den Provinzen außerhalb der Región Metropolitana nach Groß-Santiago (vgl. ODEPLAN 1985). Dazu kommen noch jene, die innerhalb der Región Metropolitana in die Metropole wandern.

Trotz der seit 1970 abnehmenden Wanderungssalden bleibt eine relativ hohe natürliche Bevölkerungszunahme bestehen. Dies steht in Zusammenhang mit einer höheren Lebenserwartung und einer sinkenden Sterberate bei relativ hohen Geburtenraten, die u.a. von der Dominanz der zwischen 15- und 45jährigen Bevölkerung abhängig ist (vgl. Abb. 6).

## 3.5.2 Intraurbane Migrationen, Bevölkerungsverdichtung, Flächenwachstum und staatlicher Wohnbau in Santiago de Chile

Innerhalb der lateinamerikanischen Metropolen stellten die innerstädtischen Slums bis ca. Mitte der 60er Jahre die ersten Auffangquartiere für die Immigranten dar. Verschiedene Untersuchungen zu intrametropolitanen Migrationen in lateinamerikanischen Metropolen haben gezeigt, daß heute "alle Wohnbereiche der Unterschicht, zum Teil auch der unteren Mittelschicht, die Funktion von Auffangstellen für Zuwanderer aus unteren Sozialschichten übernommen" (BÄHR/MERTINS 1985: 237) haben[1]. Zunächst bieten bereits in der Stadt ansässige Verwandte oder Bekannte den Neuankömmlingen eine Unterkunft an, oder sie vermitteln ihnen ein Zimmer zur Untermiete[2]. Falls es die finanziellen Bedingungen der Zugewanderten erlauben und/oder keine gesetzlichen Bestimmungen dagegen sprechen, wird in einem zweiten intrametropolitanen Wanderungsschritt der Umzug in ein an der jeweiligen Peripherie gelegenes "Hüttenviertel" vollzogen. Dies steht meist in Zusammenhang mit dem Wunsch nach Familiengründung und einem eigenen Heim (vgl. BÄHR 1976; BÄHR/MERTINS 1981; BÄHR 1986).

Mit der Erstellung und Konsolidierung der Wohneinheit setzt ein neuer Migrationszyklus ein, indem ein Teil des Wohnraums wiederum anderen Zugewanderten zur Verfügung gestellt wird.

Diese intraurbanen Wanderungen haben u.a. das unterschiedliche demographische und flächenhafte Wachstum einzelner Teilräume der Stadt Santiago entscheidend beeinflußt. Einer Bevölkerungsabnahme im innerstädtischen Bereich stehen periphere Stadtteile mit überdurchschnittlich hohen Bevölkerungszunahmen gegenüber (vgl. Abb. 7). Das ist zum einen auf die Zuwanderung und Neuansiedlung zurückzuführen, zum anderen aber auch auf das relativ hohe natürliche Bevölkerungswachstum in diesen Vierteln. Die Zugewanderten sind meist relativ jung und stehen noch vor der Familiengründung.

Nach Untersuchungen von BÄHR/MERTINS (1985) zur Bevölkerungsentwicklung in Groß-Santiago zwischen 1970 und 1982 schwanken die Bevölkerungsverluste in der Innenstadt zwischen 10% bis über 30%.

Demgegenüber weisen die peripheren Stadtregionen, wie vor allem die im Südosten, Süden, Westen und Norden gelegenen Kommunen Peñalolen, La Florida, La Granja, La Pintana, San Ramon, Lo Prado, El Bosque, Renca, Conchali und Quilicura, in einzelnen Distrikten Bevölkerungsgewinne von über 200% auf. In anderen Kommunen, wie Pudahuel, Recoleta, Huechuraba und Maipú, beträgt die Rate 100,1% bis 200%. Aber auch in den beiden Gemeinden Las Condes und Vitacura treten stellenweise starke Bevölkerungszuwachsraten auf (zwischen 100,1% bis zu 200%), wobei hier die Bevölkerungsverdichtung innerhalb der bestehenden Bausubstanz auf die hohe Anzahl von Appartementhochhäusern zurückzuführen ist.

---

1) Zur Diskussion um die innerstädtischen Wanderungssysteme und -ursachen vgl. TURNER 1968; CONWAY/BROWN 1980; GILBERT/WARD 1982 b; MERTINS 1985; GANS 1987.
2) Die bei bereits in der Stadt Ansässigen unterkommenden Immigranten nennt man allegados; leben sie bei "Freunden" zur Untermiete, bezeichnet man sie als inquilinos.

Abbildung 7: Bevölkerungsveränderung zwischen 1970 und 1982 in den Distrikten der Provinz Santiago (in %)

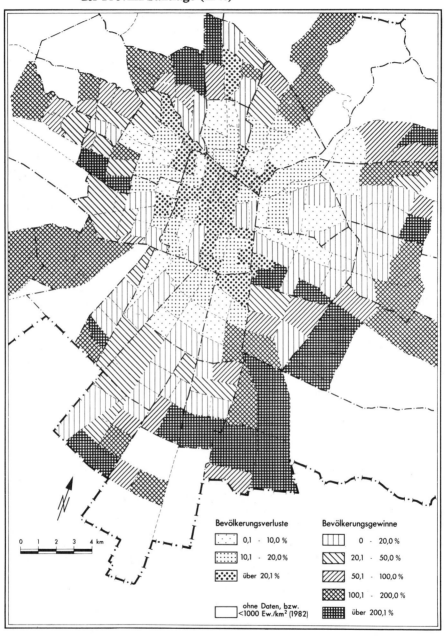

Quelle: BÄHR/MERTINS 1985

In den übrigen Kommunen Santiagos erklärt sich die hohe Bevölkerungsdichte durch An- oder Neubauten auf den ohnehin recht kleinen Grundstücken (Durchschnittsgröße 94,2 m²-100m²). Dies gilt vor allem für die Unterschichtviertel im Süden, Westen und Norden Santiagos.

Diese Bevölkerungsverdichtungen sind "... in erster Linie Ausdruck noch ungelöster Wohnungsprobleme. Weil sich die Bevölkerung der randstädtischen Hüttenviertel ganz überwiegend aus jungen, noch wachsenden Familien zusammensetzt, kam es hier zu einer hohen Bevölkerungszunahme" (BÄHR/MERTINS 1985: 227, vgl. auch BÄHR 1985).

Bei Regierungsantritt 1973 hat die Militärjunta eine illegale Besiedlungstätigkeit und Wohnraumerstellung verboten. Immigranten und andere Wohnraumsuchende wurden oft von Freunden oder Verwandten aufgenommen, bei denen sie umsonst oder gegen Entgelt innerhalb der Wohneinheit oder auf dem Grundstück eine Unterkunft fanden. Im Jahr 1983 lebten in Santiago de Chile 150.000 Familien als sogenannte allegados (vgl. NECOCHEA 1987: 96; vgl. Kap. 5.3.2; 7.2.5 und 7.3.5).

Als Ausdruck zunehmender Spannungen, aufgrund steigender Wohnraumunterversorgung unterer Sozialschichten, gab es ab 1980 wieder mehrere tomas, d.h. illegale Landnahmen zum Zweck der Ansiedlung. Die meisten wurden durch militärisches Eingreifen aufgelöst und die Besetzer vertrieben. Die beiden campamentos 'Cardinal Silva Henriquez' und 'Cardinal Fresno', bei deren Entstehung im September 1983 etwa 8.000 Familien beteiligt waren - von ihnen lebten 87,1% vorher als allegados -, blieben jedoch bestehen (vgl. RAMIREZ 1984; MORALES/ROJAS 1986: 74; RODRIGUEZ 1986: 260, 1987).

Über Eingriffe in die Stadtentwicklung Santiagos hat die Regierung 1979 versucht, eine Vergrößerung des Angebots an Grundstücken zu erzielen, damit auch untere Sozialschichten als Nachfrager nach Immobilien auf dem freien Markt auftreten können. Diese Maßnahmen sind fehlgeschlagen und haben das metropolitane Wachstum der Hauptstadt, und auch die Entwicklungen im "sozialen" Wohnbau, nachhaltig negativ beeinflußt (vgl. Kap. 4.5.2; Kap. 8).

So sind die Bevölkerungszuwachsraten und die hohen Bevölkerungsdichtewerte an der städtischen Peripherie teilweise auch auf "gelöste" Wohnraumprobleme zurückzuführen. Die staatlichen Wohnbaumaßnahmen für untere Sozialschichten konzentrieren sich seit 1979 fast ausschließlich auf die randstädtischen Siedlungsflächen (vgl. Kap. 6.4 und 8.3). Haben zu Anfang der 70er Jahre illegale oder staatlich geförderte "Hüttensiedlungen" das städtische Flächenwachstum bestimmt, so sind es seit 1973 vorwiegend staatliche Wohnbausiedlungen.

### 3.6 Zusammenfassung

Bevor die einzelnen Maßnahmen zur Stadtentwicklungsplanung und zum staatlichen Wohnbau für untere Sozialschichten, wie sie seit 1973 in Chile eingesetzt werden, erläutert werden, seien anhand von Tabelle 6 und Abbildung 8 zusammenfassend die Bevölkerungsentwicklung und das bauliche Wachstum Groß-Santiagos dargestellt.

**Abbildung 8: Das räumliche Wachstum von Santiago de Chile 1575-1981**

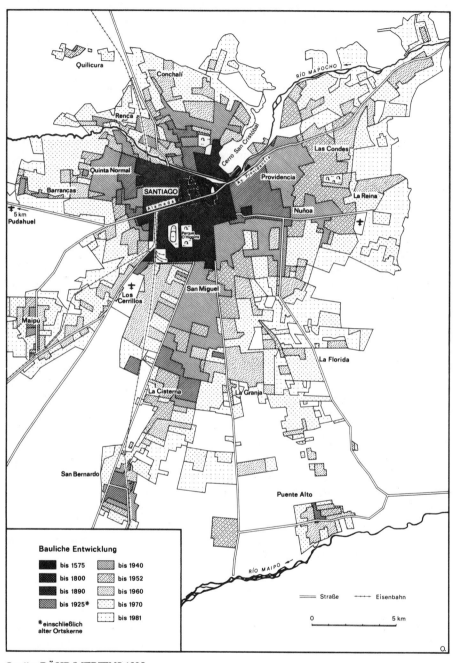

Quelle: BÄHR/MERTINS 1985

**Tabelle 6: Bevölkerungsentwicklung Santiago de Chiles, 1865-1986**

| Jahr | Einwohner in Mio. | jährliche Wachstumsrate | Anteil der chil. Bevölkerung in % |
|---|---|---|---|
| 1885 | 0,12 | – | 6,3 |
| 1895 | 0,26 | 2,6 | 9,5 |
| 1907 | 0,33 | 2,0 | 10,2 |
| 1920 | 0,51 | 3,4 | 13,7 |
| 1930 | 0,71 | 3,4 | 16,2 |
| 1940 | 0,99 | 3,4 | 19,8 |
| 1952 | 1,44 | 3,2 | 24,3 |
| 1960 | 2,06 | 4,6 | 28,0 |
| 1970 | 2,82 | 3,2 | 31,7 |
| 1982 | 3,87 | 2,7 | 34,4 |
| 1986 | 4,42 | 2,5 | 35,6 |

Quellen: BÄHR/MERTINS 1985, INE 1987

# 4.
## Stadtplanung und Einfachwohnbau in Chile im Kontext nationaler Entwicklungsziele

### 4.1 Erste Ansätze der planmäßigen Stadtentwicklung und des staatlichen Wohnbaus für untere Sozialschichten in Lateinamerika in den 60er Jahren

Trotz der rapiden räumlichen Dynamik, die den Metropolisierungsprozeß in Lateinamerika charakterisiert, hat eine umfassendere Planung räumlicher Entwicklungsprozesse auf metropolitaner Ebene in den lateinamerikanischen Ländern erst vor ca. zwanzig Jahren, teilweise noch später, eingesetzt (vgl. BORSDORF 1980: 26). Zu erklären ist dies sicherlich dadurch, daß gerade in den Entwicklungsländern - und da besonders in den Metropolen - eine Problemballung in unterschiedlichen Bereichen (Wohnen, Beschäftigung, Gesundheit, Umweltbelastung etc.) auftritt, deren komplexes Gefüge kaum durchschaubar ist.

Zudem erschwert eine meist lückenhafte Informationsbasis die Erarbeitung wirksamer Raum- und Stadtentwicklungsplanungsansätze[1]. Andere Planungshindernisse sind u.a. mangelnde Ressourcen, fehlende Handlungsalternativen bzw. die Unmöglichkeit ihrer Durchsetzung, politische Instabilität und eine unzureichende Kooperation einzelner nationaler Planungsinstitutionen (vgl. GILBERT/GUGLER 1982; GILBERT/WARD 1982; AGUILERA 1986; SANCHEZ DE CARMONA 1986; RODRIGUEZ 1986).

In der Mitte des 20. Jahrhunderts wurde der Bevölkerungszuwachs in den Metropolen zu einer immer größer werdendedn Herausforderung für die Stadtplaner, da mit dem demographischen Wachstum eine räumliche Expansion einherging. Die gravierendsten Probleme sind seitdem der Wohnbau und der Ausbau der Infrastruktur für die rapide wachsenden Agglomerationen.

Anfangs wurde der Wohnraumunterversorgung seitens der städtischen und kommunalen Verwaltungen wenig Beachtung geschenkt. Nach der Abwanderung der Oberschicht aus dem Stadtzentrum an die Peripherie stand unteren Sozialschichten Wohnraum im Innenstadtbereich zur Verfügung. Da das Angebot aber nicht ausreichte, wurden staatlich geförderte Massenquartiere - wie zum Beispiel die conventillos in Santiago de Chile - erstellt, die zwar oft nur temporäre Funktion haben sollten (wie die vilas de emergencia in Rio de Janeiro), aber meist in permanente Wohnsiedlungen übergingen.

In die Zwischenkriegszeit, verstärkt ab Ende der 50er Jahre, fielen die Entstehung und rasche Verbreitung der Squatter-Siedlungen, die auf illegaler oder semilegaler

---
1) Unter Stadtentwicklungsplanung wird die Gesamtheit aller Planungsaktivitäten, die die städtische Entwicklung und ihre Beziehung zum Umland beeinflussen, verstanden (vgl. SCHMIDT-ASSMANN 1972).

Besiedlung sowohl öffentlicher als auch privater Flächen beruhten (vgl. LEEDS 1969; DRAKAKIS-SMITH 1981; GILBERT/GUGLER 1982; MERTINS 1984) und von Anfang an zu einem herausragenden Problem der Stadtplanung in den Metropolen der Dritten Welt wurden.

In vielen Ländern Lateinamerikas[1], wie in Peru, Brasilien, Venezuela und Chile, haben die Regierungen zunächst eine duldende Haltung gegenüber den Squatter-Bewohnern eingenommen. "Das geschah nicht aus einer Art Laissez-faire-Politik heraus, sondern aus politischen, sozialen, aber auch aus handfesten ökonomischen Erwägungen, da sie [...] gar nicht in der Lage sind, die mit erheblichen verlorenen Zuschüssen verbundenen Kosten für die Behebung des Wohnungsdefizits unterer Sozialschichten aufzubringen" (MERTINS 1986: 228).

Anfang der sechziger Jahre änderte sich in einzelnen Ländern, wie Brasilien und Chile, die Einstellung gegenüber den illegalen Siedlungen: Aufgrund der Einschätzung dieser Stadtviertel als "Krebsgeschwüre" versuchte man, sie durch einfache Planierung der Siedlung oder Räumung und Umsiedlung der Bevölkerung zu unterbinden[2]. Als einen Grund für die Umsiedlung der Squatter-Bevölkerung führt PFEIFFER (1985: 167) für das Beispiel Brasilien an: "Die Stadtentwicklung hatte Ausmaß und Formen angenommen, die es für den Bau- und Immobilienmarkt interessant machten, neue Märkte zu erschließen. Hierfür wurden auch zentrumsnahe Flächen, auf denen sich Favelas befanden, beansprucht" (vgl. auch GILBERT/GUGLER 1982).

Die negativen Folgen der Umsiedlungen, wie der Verlust der Arbeits- und Einkommensmöglichkeiten, die Kosten für die Nutzung der Wohneinheiten und den Transport in die städtischen Zentren, veranlaßte viele der Umgesiedelten zur Rückkehr in ihre alten Wohngebiete oder zur Niederlassung und Ansiedlung auf anderen Freiflächen (vgl. DRAKAKIS-SMITH 1981: 121). In einzelnen Ländern gelangte man zu der Einsicht, daß die Umsiedlung weder zu einer Verbesserung der Wohnsituation unterer Sozialschichten beitrage noch zu einer sinnvollen Stadtentwicklung führe[3].

"Die Lösung wurde daraufhin in Programmen des Sozialen Wohnungsbaus gesucht, die vor allem in den 60er Jahren in großem Stil in allen Staaten Lateinamerikas initiiert wurden" (BORSDORF 1980: 60; vgl. auch PACHNER 1982: 115 ff). Dabei wurden zunächst, nach Vorbildern aus den Industrieländern, mehrgeschossige Wohnblöcke und Hochhäuser gebaut. Diese Wohnmaßnahmen stießen durchaus nicht immer auf die Akezptanz der Wohnbevölkerung: Für eine mehrköpfige Familie standen zwischen 11-40 m² zur Verfügung (vgl. MERTINS 1984: 440). Die Wohnsiedlungen entstanden vorzugsweise an der städtischen Peripherie, was für die Bewohner einen erhöhten Kosten- und Zeitaufwand für die Fahrten zum Arbeitsplatz etc.

---

1) Zum Umgang mit Squatter-Siedlungen liegt eine Reihe von Literatur vor. Vgl. z.B. für Brasilien PFEIFFER 1985, 1986; SILVEIRA do AMARAL 1986; für Peru BÄHR/KLÜCKMANN 1984; KLÜCKMANN 1989; für Venezuela PACHNER 1982; für Uruguay MERTINS 1987 b und für Chile HARAMOTO 1983 a; DOCKENDORFF 1987.
2) Vgl. die Beispiele in GILBERT/GUGLER 1982; GILBERT/WARD 1982 a, 1985.
3) Allerdings wurden unter der Regierung Pinochet (1973-1990) in Chile erneut umfangreiche Zwangsumsiedlungen vorgenommen (vgl. Kap. 6.4).

bedeutete. In vielen dieser Wohnsiedlungen setzte ein rasch voranschreitender Degradierungsprozeß ein. Da beim Bau der Hochhäuser außerdem ein hohes Maß an technischem Know-how und zu importierenden Baustoffen erforderlich war, boten die in der Folgezeit vielfach gebauten, ein- oder zweigeschossigen, 35-60 m² großen Reihenhäuser erhebliche, auf Kostenreduzierung basierende Vorteile. Ferner gilt: "Trotz der Entfernungen zum Arbeitsplatz (Fahrtkosten!) werden sie gern angenommen, da hier die aus dem ruralen Herkunftsbereich erklärliche Wunschvorstellung vom eigenen Haus mit späteren Verbesserungen und Erweiterungen realisiert werden kann" (MERTINS 1984: 440).

Parallel zu den Versuchen über kostendämpfende Maßnahmen im sozialen Wohnbau, das vor allem in den Metropolen der Dritten Welt rapide ansteigende Wohnungsdefizit anhalten zu können, wurden in den 60er Jahren "Selbsthilfeansätze" diskutiert, die auf die Verknüpfung von staatlicher bzw. öffentlicher Förderung und privatem Einsatz zielten.

Diese Wohnbaumaßnahmen setzte man in Chile erstmals bereits in den 50er Jahren ein. Dabei wurden von der staatlichen Wohnbaubehörde CORVI infrastrukturell erschlossene Grundstücke vergeben, auf denen die Bewohner in autoconstrucción ihre Wohneinheiten bauten. Über die Wohnbaubehörde CORVI wurden zudem Werkzeuge, Maschinen und Techniker zur Verfügung gestellt (vgl. HARAMOTO 1983 a: 84; MAC DONALD 1983).

Weltweit kam diesen Lösungsansätzen Anfang der 70er Jahre wachsende Bedeutung zu. Seit 1972 fördert die Weltbank den Einsatz solcher Programme, und 1976 wurden sie auf der HABITAT-Konferenz diskutiert und als mögliche Lösungswege aus der Wohnraummisere bewertet (vgl. NIENTIED/VAN DER LINDEN 1985)[1]. HARMS (1933: 9) begründet das Interesse am Selbsthilfeansatz wie folgt: "Der Ansatz, daß das Wohnungsproblem der städtischen Armen durch Selbsthilfe im Rahmen der bestehenden ökonomischen Strukturen und ohne Infragestellung der gegenwärtigen Verteilung der gesellschaftlichen Ressourcen gelöst werden könne mit der zusätzlichen Prämisse, daß die Ressourcen des Staates knapp seien und daher die Leute kaum mehr als ihre eigene Selbsthilfe erwarten können, legt es nahe, daß konservative, liberale und progressive Regierungen sowie internationale Organisationen diese Lösungsansätze aufgreifen und nach ihren Vorstellungen technokratisch oder mit der Rhetorik von Partizipation durchzuführen suchen."

Die Programme, die site-and-service, core-housing und slum upgrading umfassen und an deren Entwicklung gedanklich vor allem der Architekt J. TURNER beteiligt gewesen ist, waren von Anfang an jedoch auch heftig kritisiert (vgl. CONWAY 1982; GILBERT/GUGLER 1982; STEINBERG 1982 a + b; HARMS 1983; BURGESS 1977, 1978, 1984).

Eines der wesentlichen der gegen TURNERs Ansätze gerichteten Argumente hat DRAKAKIS-SMITH (1981: 146) wie folgt zusammengefaßt: "It has been noted, for

---

1) Einen Überblick über die öffentlich geförderten Selbsthilfeprogramme geben u.a. DRAKAKIS-SMITH 1981; KOENIGSBERGER 1986; MERTINS 1987 a.

example, that as the capitalist, or conventional, building industry within most Third World cities is theoretically capable of housing the low-income groups at standards higher than those of aided self-help schemes, the current overemphasis on the role of aided self-help is therefore denying the urban poor their right to an equal share in the building resources of the city". Ferner wird Selbsthilfe oft als eine individuelle, autonome, auf freier Entscheidung basierende Arbeitsform betrachtet, und die ökonomischen Zwänge, aus denen sie resultiert, werden nicht hinreichend berücksichtigt.

Trotz berechtigter Einwände wird an den sich an Selbsthilfe orientierenden Wohnbaulösungsansätzen auch in Zukunft festgehalten werden. Sie sind heute - unter Berücksichtigung länderspezifischer Eigenheiten bei Bauformen, Materialien und Finanzierungssystemen - in fast allen Ländern der Dritten Welt fester Bestandteil wohnbaulicher und stadtplanerischer Entwicklungspläne[1].

Allerdings werden heute, aufgrund der Ineffizienz vieler Stadtentwicklungs- und Wohnprogramme, die Fragen nach dem kontextuellen Zusammenhang von Planung, Durchführung und den Agenten städtischer Entwicklung verstärkt diskutiert (vgl. BUCHHOFER 1982, AGUILERA 1986, KLEINPENNIG 1986, LOWDER 1986, POPP 1987 und für Chile: SABATINI 1981, 1982 a, TRIVELLI 1987). So meint BEHNFELD (1986: 19): "Städtebauliche Entwicklungsstrategien und bauliche Maßnahmen sollten daher mehr als bisher in entwicklungspolitische Überlegungen unter Einbeziehung der administrativen und legislativen Ebene eingebunden werden". Am Beispiel Chile wird deutlich, daß bei der Untersuchung und Evaluierung von Stadtentwicklung und Wohnbauprogrammen für untere Sozialschichten nach 1973 besonders die Hintergründe "entwicklungspolitischer Überlegungen" in die Betrachtung miteinbezogen werden müssen (vgl. Kap. 4.2).

Stadtentwicklung und Wohnungsbau sind in Chile seit 1973 zentralistisch strukturiert; beide sind Aufgabenbereiche der öffentlichen Verwaltung, vertreten durch das entsprechende Zentralorgan, das MINVU, mit seinen auf regionaler und kommunaler Ebene arbeitenden Organen.

## 4.2 Stadtentwicklungspolitik und Einfachwohnbau im Kontext nationaler Entwicklungspolitik in Chile nach 1973

Die Stadtentwicklungs- und Wohnbaupolitik, wie sie in Chile nach 1973 entworfen und durchgeführt wurde, ist eingebettet in die nationalen entwicklungspolitischen Zielvorstellungen der Militärregierung. Im Hintergrund der wirtschaftlichen Ent-

---

1) Zur praktischen Umsetzung öffentlich geförderter Selbsthilfeprogramme in Entwicklungsländern vgl. die länderübergreifenden Bände von WARD 1982; PAYNE 1984. Im Hinblick auf länderspezifische Analysen vgl. die Aufsätze von SUDRA 1979 zur Realisierung von Selbsthilfeprogrammen in Brasilien, von OSPINA 1985 zu Kolumbien, von DARKE 1986 zu Nicaragua und von KLÜCKMANN 1988 zu Peru. Eine besondere Art staatlich geförderter Selbsthilfe wird in Kuba durch den Einsatz von Mikrobrigaden praktiziert. Vgl. zu Kuba u.a.: HUWER u.a., 1984; COYULA 1985; MATHEY 1987; NICKEL 1989. Einen Überblick über den Einsatz von Selbsthilfeprogrammen im asiatischen Raum geben (anhand von Beispielen) LAQUIAN 1985 und für den afrikanischen Kontinent OKPALA 1986.

wicklung dient das Wirtschaftsmodell des Monetarismus der Chicagoer Schule um Milton Friedman als entwicklungspolitisches Konzept.

"Dieses 'erzliberale' Modell weist vier grundlegende Elemente auf: das Prinzip der Subsidiarität des Staates als dem dominierenden Element; die Abschaffung des Zollprotektionismus und strikte Freihandelspolitik; die Förderung des Privatunternehmers als die tragende Säule einer dynamischen wirtschaftlichen Entwicklung und (als Voraussetzung dazu) die Schaffung eines freien Marktes ohne Kontrollen und Hemmnisse" (NOHLEN 1982: 214, vgl. auch EGGERS 1988: 95 f).
Wesentliches Prinzip ist dabei, daß der Staat seine ökonomischen und sozialen Aktivitäten auf die Prinzipien einer freien Marktwirtschaft ausrichtet.

Der Prozeß der wirtschaftlichen Entwicklung wurde 1973 mit dem Abbau des Zoll- und Handelsprotektionismus, einer Auflösung der unter Frei (1964-1970) und Allende (1970-1973) vorgenommenen Strukturreformen im Agrarsektor und einer Reprivatisierung staatlicher Unternehmen eingeleitet (vgl. NOHLEN 1982; FOXLEY 1981, 1982).

Eine weitere Maßnahme zur Erreichung der wirtschaftspolitischen Ziele besteht in der radikalen Kürzung sämtlicher Sozialausgaben (vgl. HERTWIG 1983: 1133).

Die ökonomische und soziale Situation unterer Sozialschichten verschlechterte sich erheblich. Zwei wesentliche Indikatoren dieser Entwicklung sind die steigende Arbeitslosigkeit und das Problem der Wohnraumversorgung unterer Sozialschichten (vgl. Tab. 7 und 8).

Tabelle 7: Die Arbeitsmarktlage in Chile, 1960-1986

| Jahr | Anzahl der Arbeitskräfte | Arbeitslose | Arbeitslosenquote in % | Beschäftigte in den Arbeitsminimumprogrammen[1] | Arbeitslose und Unterbeschäftigte[2] |
|---|---|---|---|---|---|
| 1960 | 2.494,3 | 177,1 | 7,1 | – | 7,1 |
| 1970 | 2.932,2 | 166,1 | 5,7 | – | 5,7 |
| 1972 | 3.000,8 | 93,0 | 3,1 | – | 3,1 |
| 1974 | 3.066,8 | 282,1 | 9,2 | – | 9,2 |
| 1976 | 3.216,4 | 511,4 | 15,9 | 172,0 | 20,6 |
| 1978 | 3.370,1 | 478,6 | 14,2 | 145,8 | 18,0 |
| 1980 | 3.539,8 | 417,7 | 11,8 | 190,7 | 16,5 |
| 1982 | 3.729,5 | 758,0 | 21,8 | 245,6 | 26,0 |
| 1983 | 3.797,5 | 706,3 | 18,6 | 252,2 | 24,4 |
| 1986[3] | 3.749,0 | 606,0 | 16,2 | 320,0 | 24,8 |

1) Angaben bezogen auf die ab 1975 eingesetzten Arbeitsminimumprogramme PEM und POJH.
2) Die Rate ergibt sich aus der Zahl der Arbeitslosen und den in PEM/POJH Beschäftigen.
3) Die für 1986 angegebenen Daten finden sich in EGGERS 1988: 23 f.

Quellen: RIVEROS 1985, EGGERS 1988

Tabelle 8: Staatliche Sozialausgaben in Chile, 1973-1982 (in Mill. chil. Pesos von 1982)

| Jahr | Gesamtsozial-ausgaben* | Ausgaben für Wohnbau | Anteil der Ausgaben für Wohnbau an den Gesamtsozialausgaben in % |
|------|------------------------|----------------------|-----------------------------------------------------------------|
| 1973 | 123.453 | 21.783 | 17,6 |
| 1974 | 113.732 | 19.951 | 17,5 |
| 1975 | 93.690  | 8.160  | 8,7  |
| 1976 | 93.583  | 7.196  | 7,7  |
| 1977 | 109.690 | 7.876  | 7,2  |
| 1978 | 115.050 | 6.070  | 5,3  |
| 1979 | 113.356 | 6.662  | 5,9  |
| 1980 | 135.193 | 7.449  | 5,5  |
| 1981 | 178.611 | 7.160  | 4,0  |
| 1982 | 193.770 | 2.608  | 1,3  |

*) Darin sind die Ausgaben für die Bereiche Gesundheit, Sozialfürsorge, Wohnbau, Versicherungen und Bildung, Sozialfonds und Nationaler Entwicklungsfond enthalten.

Quelle: GROSS/CORTEZ (1985: 11) nach Angaben des Wirtschaftsministeriums, Santiago de Chile

Bereits in den ersten fünf Jahren (1973-1977) sanken die Ausgaben für den staatlich subventionierten Wohnungsbau um mehr als 50% (vgl. Tab. 8). Die relativ hohen Sozialausgaben in den Jahren 1980 und 1981 sind vor allem auf die Einführung der Arbeitsminimalprogramme PEM und POJH zurückzuführen.

Vor dem Hintergrund des neoliberalen Wirtschaftsmodells werden der Boden und der Finanzsektor zu den entscheidenden Trägern und Garanten des freien Wettbewerbs innerhalb des Wohnbausektors. "Klar ist, daß man die Stadtentwicklungspolitik als eine Bodenpolitik definieren will, bei der die entscheidende Instanz der freie Bodenmarkt ist, über den sich die räumliche Verteilung der verschiedenen Aktivitäten, die Intensität der Bodennutzung und die Ausweitung der Städte ergibt" (TRIVELLI 1981 a: 45; vgl. auch Kap. 4.5.1 und 8.2).

Der Bodenpreis nimmt, als ein Kostenfaktor bei der Umsetzung von Wohnbaumaßnahmen, Einfluß auf die Lage und indirekt auch auf die Qualität der Wohneinheit. Über Bodenpreise können segregative Prozesse gesteuert werden, d.h. die Nachfrage oberer Einkommensgruppen nach qualitativ "hochwertigem" Boden läßt die Preise in bestimmten Stadtteilen steigen. Die Schaffung dieser Barriere Bodenpreis, über die weite Teile der Bevölkerung von einem Bereich des Immobilienmarktes ausgeschlossen werden, fördert eine sozialräumliche Segregation, die wiederum Bodenpreissteigerungen impliziert. So haben DONOSO/SABATINI (1980: 43 f) in Santiago festgestellt: "Mit der wachsenden Bedeutung des Bodens innerhalb der Immobiliengewinne reagiert dieser Sektor sensibler als in der Vergangenheit auf Veränderungen der städtischen Struktur, und dabei besonders auf die der Segregation. Die räumliche Konzentration der Nachfrage oberer Einkommensgruppen konstituiert eine gute Grundlage, um die Immobiliengewinne und die Bodenpreise zu multiplizieren".

Die in Santiage de Chile nach 1973 festzustellende, wachsende segregative Entwicklung der städtischen Raumstruktur hängt vor allem mit legislativen Maßnahmen im Bereich der Stadtplanung und des Wohnbaus zusammen. So meint TRIVELLI (1987: 26): "The historic trend of exclusion of the eastern residential sector, and some central areas, has been brought to an extreme by the recent public policy (1977-1984) of eradication of dwellings and relocation of illegal tenants in such areas. Most had their origins in land seizures."

## 4.3 Räumliche und administrative Gliederung Santiago de Chiles (Groß-Santiagos) seit 1974

### 4.3.1 Räumliche Gliederung Groß-Santiagos

Mit dem Ziel einer Dezentralisierung wurde 1974 eine Neustrukturierung des Landes in zwölf Provinzen und der gesondert ausgegliederten Región Metropolitana vorgenommen[1]. Zu dieser zählt man flächenmäßig die ehemalige Provinz Santiago unter Einbeziehung der beiden Gemeinden San Bernardo (vorher zugehörig zur Provinz Maipo) und Puente Alto (ehemals Teil der Provinz Cordillera) (vgl. Abb. 9). Das Gebiet um den Hafen San Antonio fiel der Provinz Valparaiso zu.

Die Stadt Groß-Santiago, räumlich fast identisch mit der heutigen Provinz Santiago, wurde in 34 (vormals 17) Gemeinden unterteilt (vgl. Abb. 10). Territorial größere Gemeinden wie Santiago, Nuñoa, Las Condes u.a. wurden durch die Schaffung neuer Kommunen verkleinert.

---

1) Die regionale Neustrukturierung hatte vor allem politische Ziele. "Dabei mag die Neigung von Militärdiktaturen zu zentralisierten Herrschaftsstrukturen mitentscheidend gewesen sein" (WILHELMY/BORSDORF 1984: 203). Eine auf den Abbau regionaler Disparitäten gerichtete Raumplanung, wie sie, wenngleich mit unterschiedlichen Schwerpunkten, unter den Regierungen Freis (1964-1970) und Allendes (1970-1973) verfolgt wurde, vernachlässigte man nach 1973 zugunsten der monetaristischen Prinzipien einer offenen Marktwirtschaft. Aus- und inländische Investoren haben die agglomerationsnahen Standorte bevorzugt. Auf politischer Ebene sicherten und steigerten die Militärs durch die Neustrukturierung ihre Macht, denn die regionalen Vertreter des Staates wurden von der Militärregierung aus Santiago ernannt und eingesetzt (vgl. dazu auch POZO 1987).

Abbildung 9: Die Región Metropolitana Groß-Santiagos

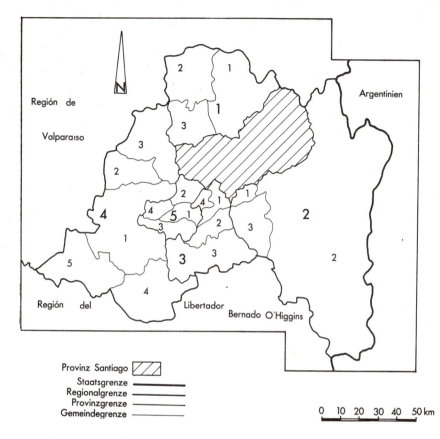

1 Provinz Chacabuco

   Kommunen:   1 Colina   2 Tiltil   3 Lampa

2 Provinz Cordillera

   Kommunen:   1 Puente Alto   2 San José de Maipo   3 Pirque

3 Provinz Maipo

   Kommunen:   1 San Bernardo   2 Buin   3 Paine   4 Calera de Tango

4 Provinz Melipilla

   Kommunen:   1 Melipilla   2 Maria Pinto   3 Curacavi   4 Alhue   5 San Pedro

5 Provinz Talagante

   Kommunen:   1 Talagante   2 Peñaflor   3 Isla de Maipo   4 El Monte

Quellen: INE 1982; Kartographie: A. NICKEL-GEMMEKE

**Abbildung 10: Räumlich-administrative Gliederung Groß-Santiagos seit 1974**

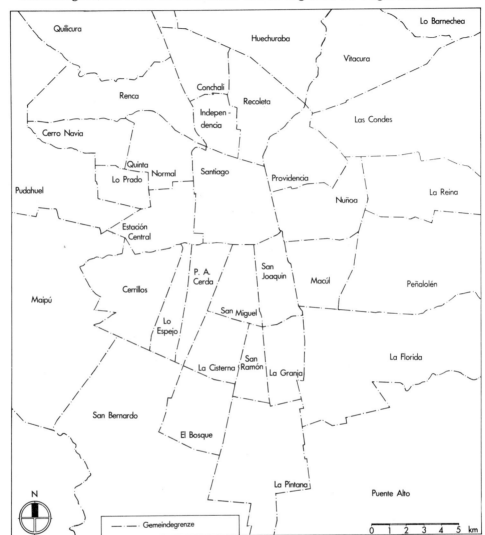

Quellen: MINVU 1985; Entwurf und Kartographie: A. NICKEL-GEMMEKE

### 4.3.2 Die Gemeindeverwaltungen als zentrale Organe der kommunalen Entwicklung

Direkt nach der Machtübernahme löste die Militärregierung die bestehenden Gemeindeverwaltungen per Gesetz auf und setzte neue Bürgermeister ein, die nur der Regierung gegenüber verantwortlich sind (Decreto Ley No. 25 und 573 aus dem Jahr 1973, vgl. MORALES/ROJAS 1986: 6, POZO 1987).

Ab 1976 wurde den Kommunen ein größeres Maß an Kompetenzen eingeräumt (Decreto Ley 1.289), und seit 1979 haben sie eine Reihe von Dienstleistungsangeboten übernommen, die vorher anderen zentralen Einrichtungen im öffentlichen Sektor zustanden (Decreto Ley 3.063) (vgl. POZO 1987).

Die Gemeindeverwaltungen, als zentrale Organe der kommunalen Entwicklung, geben die auszuführenden Arbeiten an private Unternehmen ab. Diese Unternehmen, deren Arbeitsausführungen vom Staat nach dem Prinzip der Subsidiarität unterstützt werden, werden von der Regierung durch obersten Erlaß bestimmt. "Den Unternehmen soll gemeinsam sein, daß ihr Präsident der Bürgermeister ist, sie werden kommerziell betrieben und sollen sich selbst finanzieren" (MORALES/ROJAS 1986: 8).

Das Haushaltsbudget der Gemeinden - und damit die ihnen zur Verfügung stehenden Gelder für soziale Einrichtungen, Infrastruktur und Wohnungsbau - sind abhängig von den kommunalen Steuereinnahmen. Bis 1979 wurden die Steuern auf kommunaler Ebene gesammelt und zu 40% an die Regierung weitergegeben. Im Jahr 1979 wurden die Gesetze dahingehend verändert, daß 80% aller Steuereinnahmen den Kommunen zur Verfügung stehen sollten. Die Hälfte davon war für eigene Arbeiten bestimmt, die andere Hälfte für einen nationalen Gemeindegelderfonds, von dem aus das Geld nach folgenden Kriterien neu verteilt wird:
- Höhe des kommunalen Einkommens,
- Zahl der Einwohner,
- Höhe des steuerfreien Vermögens

(vgl. TRIVELLI 1987: 157).

Seit 1980 gilt, daß den Kommunen 100% aller Steuereinkünfte zustehen, aber 55% dieser Gelder an den nationalen Gemeindegelderfonds abzuführen sind (vgl. Decreto Ley 3.754, vgl. MORALES/ROJAS 1986: 7). Die fünf reichsten Kommunen sind von der Gelderrückverteilung über den Fonds ausgeschlossen. Drei dieser Kommunen befinden sich in Santiago (Providencia, Las Condes, Santiago).

Trotz der offensichtlichen Bemühungen um eine möglichst gleiche Verteilung der Gelder werden die Kommunen bevorzugt, deren vermögendere Einwohner höhere Steuerbeträge zahlen. Damit können diese Kommunen mehr in die Ausstattung mit öffentlichen Versorgungseinrichtungen investieren. "As in the case of centrally allocated public urban investments, the spatial bias in municipal spending reinforces those in the quality of urban environment, the level of land prices and the socioeconomic segregation" (TRIVELLI 1987: 158).

MORALES/ROJAS (1986: 31) haben nachgewiesen, daß die Pro-Kopf-Ausgaben der Gemeindeverwaltungen der an der Peripherie gelegenen Kommunen - mit einem hohen Bevölkerungsanteil an unteren Einkommensgruppen - 20% bis 50% unter denen des städtischen Durchschnitts liegen (vgl. auch TRIVELLI 1987).

Alle von den kommunalen Verwaltungseinheiten durchgeführten Projekte im Dienstleistungsbereich bedürfen der Absprache und Genehmigung mit den zuständigen Ministerien. Für den Sektor Wohnungsbau und Stadtentwicklung ist dies das MINVU (Ministerio de la Vivienda y Urbanismo).

### 4.4 Das Ministerium für Wohnbau und Stadtentwicklung (MINVU)

Das MINVU wurde 1965 unter der Regierung Frei (1964-1970) gegründet. Daneben bestanden vier für den Wohnbau und die Infrastruktur zuständige Gesellschaften (CORVI, CORHABIT, COU und CORMU), die nach 1975 zu SERVIU (Servicios Regionales de Vivienda y Urbanismos) fusionierten. Die SERVIU sind auf regionaler Ebene für die Durchführung der vom Ministerium über die SERENI (Secretarias Regionales Ministeriales) erarbeiteten Planungsvorhaben verantwortlich.

Für den "sozialen" Wohnbau ist MINVU die entscheidende staatliche Institution. Innerhalb seiner einzelnen Abteilungen werden die wohnbau- und stadtentwicklungsspezifischen Maßnahmenkataloge aufgestellt, die gesetzlichen Grundlagen für die Umsetzung bestimmter Strategien geschaffen und über die Mittelbereitstellung und -verteilung sowie die Kontrolle des Mitteleinsatzes die Implementierung der Maßnahmen gefördert bzw. erwirkt.

### 4.5 Stadtentwicklungsplanung in Groß-Santiago nach 1973

Die Entscheidung über eine Ausweitung oder Limitierung städtischen Bodens kennzeichnet die in drei Phasen verlaufende Stadtentwicklung Santiagos nach 1973.

#### 4.5.1 Stadtentwicklungsplanung in Groß-Santiago zwischen 1974 und 1978

Bei Regierungsantritt kündigte die Militärjunta an, daß eine weitere Expansion der urbanen Zentren, besonders der Región Metropolitana, verhindert werden müsse, um a) auf die bestehende Infrastruktur zurückgreifen zu können und b) die noch verfügbaren Flächen für die agrarische Nutzung zu erhalten.

Dabei galten folgende gesetzlich verankerte Bestimmungen (vgl. MINVU 1975: 11 f):
1. Einfrieren des städtischen Expansionsradius (bis auf besondere Ausnahmen),
2. Konzentration der Investitionen in den bestehenden Infrastrukturbereich,
3. Festsetzung von Mindestdichtewerten (Ew./km²)[1],
4. Restruktierung der städtischen Raumplanung aufgrund von
   - Neugestaltung von Arealen "geringer Flächennutzung", "geringer Bevölkerungsdichte" und mit einem hohen Anteil an degradierter Bausubstanz,
   - Erneuerungsmaßnahmen von Stadtregionen, die gekennzeichnet sind durch eine "mittlere Bevölkerungsdichte", eine sanierungsfähige Infrastruktur und/oder denen ein historisch-kultureller Wert beigemessen wird,
   - Neuplanung der Stadtteile, in denen weite Flächen brachliegen.

In den Jahren 1974 bis 1978 waren die Feststellung des Wohnungsdefizits auf der Basis einer katastermäßigen Erfassung, die Evaluierung neuentwickelter Ansätze zur Lösung der Wohnungsfrage unterer Einkommensgruppen und die Beendigung von

---

1) Bis 1973 betrug die durchschnittliche Bevölkerungsdichte in Santiago 100 Ew./ha, 1985 lag sie in der Región Metropolitana bei 264 Ew./km²; in einzelnen Kommunen erreicht sie 670 Ew./km² (vgl. GEISSE/SABATINI 1981; MUNICIPALIDAD de RENCA 1985).

Bauprojekten der vorangegangenen Regierungen Hauptaufgabenstellungen des MINVU.

Parallel zu den o.g. Grundlagen bezüglich der Stadtentwicklungsplanung beschränkte sich der Bau der staatlich subventionierten Wohnsiedlungen weitgehend auf die Räume innerhalb der städtischen Grenzen.

### 4.5.2 Stadtentwicklungsplanung in Groß-Santiago zwischen 1978 und 1984

Im Jahr 1978 wurden die bis zu diesem Zeitpunkt gültigen Stadtentwicklungskonzepte entscheidend verändert. Nach den neuen Gesetzen, die ab 1979 in die Praxis umgesetzt wurden, sollten alle Entscheidungen im Bereich der städtischen Raumplanung folgende fünf Aspekte berücksichtigen (vgl. MINVU 1979: 24):
1. Der städtische Boden ist kein knappes Gut ("el suelo urbano no es un recurso escaso").
2. Die Nutzung städtischen Bodens determiniert sich über seine größte Rentabilität, die über die Mechanismen des freien Bodenmarktes definiert wird.
3. Die räumliche Konzentration der Bevölkerung in urbanen Zentren bietet Vorteile in bezug auf die wirtschaftlichen und sozialen Tätigkeiten (Agglomerationsvorteile).
4. Bei der Nutzung des Bodens gelten "flexible" (rechtliche? [Anm. d.Verf.]) Bestimmungen, die den Forderungen des Marktes entsprechend angesetzt werden.
5. Der Staat muß das Gemeinwohl schützen.

Bei der Festlegung dieser Grundsätze zur Stadtentwicklung, die zu den vorangegangenen Grundsätzen stark kontrastieren, ging man von folgenden Annahmen aus: Eine Ausweitung der städtischen Grenzen führe zu einer Senkung der Bodenpreise. Daraus folge eine Reduzierung der Baukosten und ein Sinken der Wohnraumpreise, und zwar sowohl bei den Angeboten auf dem freien Immobilienmarkt als auch bei denen, die staatlich subventioniert werden. Einkommensschwächere Bevölkerungsgruppen könnten somit als Nachfrager auf dem freien Wohnungsmarkt verstärkt auftreten.

Mit dem Inkrafttreten der Planungsvorschriften, auf der Grundlage der genannten raumplanerischen Ansätze, setzte eine rapide Ausweitung der für die städtische Bebauung zugelassenen Flächen ein. So stieg die superficie urbana del área metropolitana ab November 1979 bis Ende 1980 von 36.000 ha auf ca. 1.000.000 ha an (vgl. TRIVELLI 1981: 63).

Dies war verbunden mit einer rasch voranschreitenden Bodenspekulation und führte, entgegen der oben formulierten Annahmen, zu einer Erhöhung der Baulandpreise. Besonders begünstigt wurde die Spekulation durch die ab 1973 wachsende Ausdehnung des Finanzsektors, dessen Agenten bevorzugt in Immobilien investierten. Zusätzlich übernahmen große Bauunternehmen, die in den Jahren 1960 bis 1973 aufgrund umfassender staatlicher Bauaufträge expandierten, den Ankauf von Flächen, deren Bebauung und die Veräußerung der Immobilien (vgl. SABATINI 1982: 40; ähnliche Prozesse hat z.B. AUGEL (1977, 1984) in SALVADOR/BAHIA festgestellt).

Eine künstlich geschaffene Preissteigerung des Bodens - durch den Ankauf der für die städtische Expansion ausgeschriebenen Flächen - diente sowohl den Finanzinstitutionen als auch den privaten Unternehmern für eine Steigerung der Erträge aus dem Produktionsfaktor Boden. SABATINI (1982 b) wies in einer Studie zur Bodenpreisentwicklung in Santiago nach, daß in dem Zeitraum von Mai 1980 bis Juli 1981 die Preise der Grundstücke bei einer Größe von bis zu 1.000 m², 1.001-10.000 m² und größer als 10.000 m² um 84,4%, 41,5% und 75,9% stiegen.

Die Investitionen und Bautätigkeiten konzentrierten sich auf das Oberschichtswohngebiet im Osten der Stadt. Hier erreichten die Preissteigerungen ihren Höhepunkt. Jedeoch: "Dieses Phänomen ist, wenn auch hier mit größerer Intensität, in der ganzen área metropolitana anzutreffen" (TRIVELLI 1981: 64).

Unter der Volksfrontregierung Allendes (1970-1973) waren die Bodenpreise gesunken, und zwar besonders im östlichen Sektor der Stadt (vgl. Tab. 9). Dies hatte folgenden Grund: "Die Furcht vor möglichen Enteignungen verhinderte weitgehend jegliche Neuinvestitionen, und einem großen Angebot an Häusern und Grundstükken stand eine vergleichsweise geringe Nachfrage gegenüber, so daß die Preise erheblich zurückgingen" (BÄHR/MERTINS 1985: 224). Nach der Regierungsübernahme durch die Militärjunta wuchsen die Preise allmählich wieder, und mit der Ankündigung der Ausweitung der städtischen Grenzen stiegen sie zwischen 1980 und 1981 in den meisten Kommunen im Durchschnitt um 100% bis 200% und mehr. Nicht alle Bevölkerungsgeschichten waren in gleicher Weise von den Folgen der Bodenpreissteigerungen betroffen: "Der Preisanstieg hatte für die einkommensschwache Bevölkerung besonders nachteilige Konsequenzen, bedeutete er doch, daß eine Verbesserung ihrer Wohnsituation aus eigener Kraft kaum noch möglich war, denn im Unterschied zu den Baukosten lassen sich die Grundstückskosten nicht durch Eigenleistungen reduzieren" (BÄHR/MERTINS 1985: 226).

Anfang der 80er (1982/83) Jahre setzte in Chile eine wirtschaftliche Rezession ein, die auch Auswirkungen auf dem Finanz- und Immobiliensektor zeigte: Die Bodenpreise sanken vorübergehend. Ab 1986 stiegen sie wieder an und erreichten

Tabelle 9: Entwicklung der Bodenpreise in verschiedenen Kommunen Groß-Santiagos (in inflationsbereinigten Verrechnungseinheiten [UF] pro m²), 1969-1988

| Jahr | Providencia | Las Condes | La Florida | Conchali |
|---|---|---|---|---|
| 1969 | 1,5 | 1,2 | 0,2 | 0,5 |
| 1971 | 0,9 | 1,1 | 0,2 | 0,4 |
| 1974 | 4,6 | 2,7 | 0,4 | 0,7 |
| 1976 | 5,0 | 1,7 | 0,2 | 0,5 |
| 1980 | 7,0 | 4,0 | 0,5 | – |
| 1981 | 14,6 | 9,3 | 1,2 | – |
| 1986 | 9,3 | 3,1 | 0,5 | 0,1 |
| 1988 | 11,0 | 4,0 | 0,5 | 0,8 |

Quellen: ARELLANO 1982; TRIVELLI 1986, 1988

1988 in einzelnen Kommunen wieder den Stand von 1980 (vgl. Tab. 9 und auch Kap. 8.3).

Als negative Konsequenzen der ab 1979 einsetzenden Stadtentwicklung auf der Basis des Grundsatzes: "el suelo urbano no es un recurso escasso" lassen sich zusammenfassend feststellen:
1. Die sozialräumliche Segregation verschärfte sich (vgl. Kap. 8.2 und 8.3).
2. Einkommensschwächere Schichten, die aufgrund des Bodenpreisanstiegs als Käufer von Parzellen auf dem freien Immobilienmarkt nicht mehr auftreten konnten, waren somit verstärkt auf den staatlich subventionierten Wohnraummarkt angewiesen.
3. Die infrastrukturelle Erschließung der zur städtischen Expansion freigegebenen Fläche fiel neben staatlichen Institutionen vor allem auch dem privaten Sektor zu, der damit indirekt das weitere räumliche Wachstum über die durch ihn getätigten Investitionen bestimmte.

Für die Basisinfrastruktur (Wasserversorgung, Wegebau etc.) im Bereich des Einfachwohnbaus für untere Sozialschichten mußten weitgehend die Kommunen aufkommen, was a) zu einer Reduzierung der Gelder für weitere Wohnungsbauprogramme führte und b) teilweise eine erhebliche Belastung des Haushalts 'armer' Gemeinden bedeutete.

Dem Ziel der Militärregierung, über eine Auweitung der städtischen Flächen eine Erhöhung der Angebote an Baugrundstücken zu erreichen und damit auch unteren Sozialschichten eine effektive Nachfrage nach Bauland zu ermöglichen, konnte man sich nicht annähern.

### 4.5.3 Stadtentwicklungsplanung in Groß-Santiago nach 1984

Die Reihe von Negativeffekten staatlicher Stadtentwicklungsplanung und vor allem auch wirtschaftliche Gründe führten im Jahre 1984 zu einer erneuten Revision der Maßnahmen durch das MINVU (vgl. MINVU 1986). Eines der wesentlichsten Ergebnisse lautet: "Innerhalb der Stadtentwicklungspolitik wird der Boden als eine wirtschaftlich knappe Ressource angesehen, und es besteht somit die Notwendigkeit, seine Nutzung zu optimieren und zu planen" (MINVU 1986: 11).

Die Planung der Flächennutzung basiert ab 1985 auf einer Differenzierung des städtischen Bodens in:
- vollständig urbanisierte Flächen, die einer sofortigen Bebauung zur Verfügung stehen,
- leicht urbanisierbare Areale, die an bereits infrastrukturell erschlossene Gebiete angrenzen und die im Rahmen der territorialen Planung im Laufe der folgenden 30 Jahre in die städtisch besiedelte Region vollständig integriert werden sollen.
- Gebiete, die aufgrund ihrer topographischen Gegebenheiten ungeeignet zur Bebauung sind oder die für andere Zwecke (Erstellung von Flughäfen, Häfen, Naturschutzgebieten etc.) vorgesehen sind.

Für den "sozialen" Wohnbau entdeckt man die noch unbebauten Flächen im innerstädtischen Bereich Groß-Santiagos und die im Zentrum liegenden Wohnviertel unterer Sozialschichten (conventillos, cités, callampas), die nun - laut Gesetzesdekret 18.595 vom Januar 1987 - saniert werden sollen. "Gegenüber der Tendenz des peripheren Wachstums der Metropolitanregion entsteht die Notwendigkeit, die zentralen städtischen Gebiete verstärkt zu Wohnzwecken zu nutzen" (MINVU 1987 zitiert nach TRIVELLI 1988).

Eine von MINVU durchgeführte Studie weist auf die Kostenersparnisse hin, die sich bei der Bereitstellung der Infrastruktur und der Dienstleistungen bei Bauprojekten im innerstädtischen Bereich ergeben (vgl. Tab. 73 in Kap. 8.3).

Die ausgewählten Flächen befinden sich westlich des Innenstadtkerns[1] und umfassen 2.339.000 m². Nach Schätzungen von MINVU können dort ca. 81.860 Bewohner angesiedelt werden. Daß mit diesen Maßnahmen eine (weitere) Verdrängung der im innerstädtischen Bereich lebenden Einwohner unterer Sozialschichten beabsichtigt ist, wird nicht verschwiegen: "Ein großer prozentualer Anteil der Sanierungsgebiete wird von Bevölkerungsgruppen bewohnt, die in extremer Armut leben und zu den untersten 10% der Bevölkerung gehören. Dies bedeutet für die Renovierung dieser Stadtteile, im Hinblick auf Auswirkungen im sozialen Bereich, aber kein Hindernis. Gesetzt den Fall, daß man aufgrund von Marktzwängen extrem arme Bevölkerung umsiedeln muß, so wird die Gemeindeverwaltung von Santiago darauf achten, daß sich für diese Menschen eine Lösung im Rahmen der bestehenden Wohnbauprogramme findet" (MINVU 1987 zitiert nach TRIVELLI 1988).

Wann eine erneute Abkehr von diesen Stadtplanungsmaßnahmen eintreten wird, ist noch nicht abzusehen. Man kann jedoch davon ausgehen, daß im Zuge der gentrification[2] in der Innenstadt Santiagos, weitere Umsiedlungen unterer Sozialschichten an die Peripherie stattfinden, auch wenn dort die Kosten für die infrastrukturelle Versorgung deutlich über denen liegen, die bei einer Ansiedlung im innerstädtischen Bereich erforderlich wären (vgl. Kap. 8.2).

---

1) In diesem Teil der Stadt wurden zahlreiche campamentos aufgelöst (vgl. Kap. 6.4).
2) "Gentrification" bezeichnet den Prozeß der Verdrängung unterer Sozialschichten aus dem Stadtkern aufgrund der "bausozialen Aufwertung von Innenstadtgebieten" (LICHTENBERGER 1986: 239). Anhand von Beispielen aus dem mitteleuropäischen und nordamerikanischen Raum wurde dieser Prozeß mehrfach dargestellt (vgl. Literaturangaben bei LICHTENBERGER 1986; SMITH/WILLIAMS 1986; GAEBE 1987). Studien zu den Folgen innerstädtischer Sanierung in den Großstädten der Entwicklungsländer liegen bisher nur vereinzelt vor. Dabei wurden nur spezielle Problemfelder bearbeitet (vgl. AUGEL 1986; THOMAE 1988; NICKEL 1989). Es mangelt an umfassenderen Untersuchungen zu dem Ausmaß, den Ursachen, dem Verlauf und den Folgewirkungen von Innenstadtsanierungen sowie dem mit der Sanierung möglicherweise einhergehenden Funktionswandel des Kernstadtbereichs etc.

# 5.
## Erfassung und Entwicklung des Wohnraumdefizits für untere Sozialschichten in Chile und Groß-Santiago

**5.1 Allgemeine Vorbemerkung zum Wohnraumdefizit**

Das Jahr 1987 wurde von den UN zum "Jahr der Obdachlosen" erklärt. Dies ist nur ein Hinweis auf die anhaltende, ja zunehmende Brisanz des Problems der Wohnraumversorgung für untere Sozialschichten in den Ländern der Dritten Welt. Spätestens seit der HABITAT-Konferenz im Jahr 1976 in Vancouver sind das Ausmaß des Wohnraumdefizits und die sich daraus ergebenden sozialen, medizinischen, ökonomischen und gesellschaftlichen Folgen deutlich geworden. Seitdem hat der Problemkomplex sowohl in der internationalen Forschung als auch innerhalb nationaler Planungsvorhaben zur Verbesserung der HABITAT-Misere an Bedeutung gewonnen.

Bis heute liegen jedoch noch keine genauen Angaben zum Wohnraumdefizit in den einzelnen Ländern der Dritten Welt vor.
Dies ist einerseits zurückzuführen auf den Mangel an nationalen wie internationalen Statistiken und zum anderen auf die uneinheitliche Verwendung von Erhebungskriterien und Begriffen (vgl. HARDOY/SATTERTHWAIT 1981: 4 ff; MERTINS 1988: 227).

Im allgemeinen beziehen sich die Angaben zum Wohnraumdefizit auf die beiden folgenden Aspekte:
- den quantitativ erfaßbaren Neubedarf an Wohnraum, der aufgrund der natürlichen Bevölkerungszunahme, des Ersatzbedarfs infolge von Baufälligkeit der Wohneinheiten, der Bemühungen um Reduzierungen der Wohndichte und durch Wohnfunktionsverlust durch Nutzungsänderung entsteht; der Neubedarf ist meßbar an der Anzahl der Wohnungen/Haushalte und des verfügbaren Wohnraum (in m$^2$) pro Person;
- die qualitative Erhaltung und Verbesserung bestehenden Wohnraums und infrastruktureller Einrichtungen, wie z.B. der Anschluß an Ver- und Entsorgungseinrichtungen.

Bei einer umfassenden Betrachtungsweise ist auch die Wohnumfeldqualität, d.h. die Existenz und Erreichbarkeit von infrastrukturellen Einrichtungen und öffentlichen Dienstleistungen im Wohngebiet, wie z.B. medizinische Versorgung, Bildungsinstitutionen, Erholungs- und Freizeiteinrichtungen und Transportmöglichkeiten, zu berücksichtigen (vgl. SCHOMAKER 1982).

**5.2 Die Problemdimension des Wohnraumdefizits in Lateinamerika**

Nach Schätzungen (UN 1976, UN/ECLA 1980) umfaßte der bestehende Wohneinheitenstock in Lateinamerika 1970 ca. 45 Mio. Einheiten bei einer durchschnittlichen Haushaltsgröße von 6,2 Personen oder zwei Haushalten pro Wohneinheit. Der absolute Wohneinheitenbedarf wurde auf 52 Mio. festgelegt, wobei der Anteil des Neubedarfs 13,5% am Gesamtbedarf betrug.

Für 1980 wurde der Neubedarf bereits auf 22,0 Mio. geschätzt. Die notwendigen Wohnraumneubauten sind nach MERTINS (1986: 27) mit wenigen Ausnahmen von 1960-1970 und 1970-11980 um 25% bis 53% gestiegen.

Um das von der UN (1960) geschätzte Wohneinheitendefizit heute (1990) zu beseitigen, wäre eine Bautätigkeit von mindestens 10 Einheiten pro 1.000 Einwohner und Jahr erforderlich; einzelne Länder erreichen jedoch maximal 30% dieser Quote (vgl. HARDOY/SATTERTHWAIT 1981). Ausnahmen stellen Costa Rica und Chile unter der Regierung Allende (1970-1973) dar (vgl. MERTINS 1986: 27).

### 5.3 Die Entwicklung des Wohnraumdefizits für untere Sozialschichten in Chile und Groß-Santiago

#### 5.3.1 Die Entwicklung des Wohnraumdefizits für untere Sozialschichten in Chile und Groß-Santiago zwischen 1952 bis 1973

Nach dem Zensus von 1952[1] bestanden in Chile ca. 1 Mio. Wohneinheiten, in denen pro Wohneinheit durchschnittlich 5,4 Personen lebten. Das Wohnraumdefizit wurde für den städtischen Bereich auf 156.205 Wohneinheiten geschätzt (vgl. CORVI 1963: 7).

Besonders betroffen von diesem Wohnraumdefizit waren untere Sozialschichten in der Hauptstadt des Landes: In Santiago wohnten 30% der Bevölkerung in innerstädtischen Slums und 6,25% in callampas (vgl. HARAMOTO 1983: 83; Tab. 11).

Aufgrund dieser prekären Situation befaßte sich erstmalig die Regierung Ibañez (1952-1958) im Jahr 1953 umfassend mit der Erstellung eines nationalen Wohnbauplans und verlangte die Koordination und Kooperation der mit wohnbaulichen Maßnahmen betrauten Institutionen. In der Folge entstand 1953, aus der Fusion der Caja de la Habitación Popular (Volksbausparkasse) und der Coporación de Reconstrucción y Auxilio (Körperschaft für Wiederaufbau und Wohlfahrt), die Corporación de la Vivienda (CORVI) (Körperschaft für Wohnbau).

In erster Linie förderte CORVI, in Zusammenarbeit mit dem amerikanischen Instituto de Asuntos Interamericanos (Institut für Inneramerikanische Angelegenheiten), die Erstellung von Wohneinheiten in autoconstrucción (Selbstbauweise), d.h. CORVI bot die mit einer Mindestausstattung versehenen Grundstücke sowie Baumaterialien zum Kauf an, leistete technische Hilfe bei der Erstellung der Wohn-

---

1) Die Zensusangaben von 1952 sind HARAMOTO 1983a entnommen. Nach Angaben von INE (1982:; IV) errechnet sich das Wohnungsdefizit aus dem durch natürliche Bevölkerungszunahme abzuleitenden Neubedarf, den als unbewohnbar eingestuften Wohneinheiten und den als callampas bezeichneten Wohnquartieren in den Marginalsiedlungen. Bei letzteren wird der bauliche Zustand nicht berücksichtigt.

einheit und vermittelte günstige Kredite zum Grundstücks-, Wohnungs-/Haus- und Baumaterialerwerb (vgl. FIGUEROLA/LAVADOS 1983). Der Bau der Wohneinheit sollte in Selbst- bzw. Nachbarschaftshilfe vorgenommen werden.

Neben dieser Maßnahme ermöglichten private Hilfsgelder in Zusammenarbeit mit CORVI die Entstehung von ca. 5.000 Wohneinheiten für untere Einkommensgruppen in Santiago de Chile.

Trotzdem gelang es der Regierung Ibañez (1952-1958) nicht, das steigende Wohnraumdefizit zu verringern. Im Gegenteil, es verdoppelte sich im Laufe der Dekade 1950-11960 (vgl. Tab. 10).

Nach dem Zensus von 1962 wurden von 1.336.000 Wohneinheiten 454.000 (34%) als nicht den Mindestanforderngen entsprechend eingestuft. Auf den städtischen Raum bezogen, umfaßte das Defizit ca. 304.000 Wohnungen (vgl. CORVI 1963: 7).

Die Hauptursachen für das rapide Ansteigen des Defizits waren das hohe natürliche Bevölkerungswachstum (die chilenische Bevölkerung wuchs zwischen 1952 und 1970 um fast 30%!), eine verstärkte Zunahme der städtischen Bevölkerung aufgrund der Land-Stadt-Wanderungen und unzureichende Investitionen im Wohnbausektor (vgl. MERCADO 1977; TRIVELLI 1987).

Diese Prozesse hatten eine verstärkte Bevölkerungsverdichtung innerhalb der bestehenden Bausubstanz, vor allem aber ein rapides Anwachsen der randstädtischen Hüttenviertel, zur Folge. Letzteres trifft besonders für die Entwicklungen in der Hauptstadt zu: So war Mitte der 60er Jahre in Santiago die Zahl der innerstädtischen Slumbewohner auf ca. 77.000 gesunken, in den callampas dagegen lebten mehr als 200.000 Menschen (vgl. HARAMOTO 1983 a: 92).

Die Lebens- und Wohnsituation der dort lebenden Bevölkerung wurde als so gesundheitsbedrohlich und menschenunwürdig eingeschätzt, daß man 1958 unter der Regierung Alessandri (1958-1964) mit der Umsiedlung von callampas begann. Diese Umsiedlungsmaßnahmen erreichten Anfang der 60er Jahre unter der Regierung Frei /1964-1970) ihren Höhepunkt.

Zu Beginn seiner Regierungsperiode hatte Frei den Bau von 360.000 Wohneinheiten in den nächsten sechs Jahren angekündigt. Zunächst wurden von 1959 bis 1963 ca. 30.000 Familien aus den Marginalsiedlungen in planmäßig angelegte Wohnsiedlungen umgesiedelt, wo ihnen zunächst ein infrastrukturell erschlossenes Grundstück mit einer 8 m$^2$ großen Sanitärzelle, aus Küchen- und Toiletteneinrichtungen bestehend, angeboten wurde. Der Anbau zu einem 34 m$^2$ großen "Minimalhaus" sollte in Eigenarbeit mit technischer Hilfe seitens der Gemeinde und mit günstig zu erwerbenden Baumaterialien erfolgen.

Ferner bot CORVI für besser verdienende Bevölkerungsgruppen Finanzierungshilfen für den Erwerb von Häusern bzw. Wohnungen an. Es wurden verschiedene Bausparprogramme eingeführt (z.B. das Volksbausparsystem Plan de Ahorro Popular) (vgl. HARAMOTO 1983 a).

Bis in die Mitte der 60er Jahre konnte das Wohnraumdefizit für untere Sozialschichten zumindest "eingefroren" werden. Nach Angaben von MERCADO (1977: 7) ist es sogar leicht gesunken.

Aufgrund mangelnder Ressourcen für den staatlich geförderten Wohnbau wurden ab 1967 "progressive" Ansätze zur Wohnraumbeschaffung gefördert, wie z.B. die umstrittene Maßnahme operación sitio, d.h. die Vergabe von parzellierten und meist infrastrukturell erschlossenen Flächen, deren Bebauung der Bevölkerung in Selbsthilfe, ohne sonstige Hilfestellungen staatlicher Institutionen, überlassen wurde (vgl. LABADIA 1972).

Bis zum Ende der Regierungszeit Freis (1970) wurden ca. 140.000 Wohnungen oder Häuser für untere Einkommensgruppen gebaut (46% davon vom privaten Sektor) und etwa 100.000 Parzellen vergeben. 75% der Investititonen wurden in Santiago getätigt. Am Ende der Dekade war das Wohnraumdefizit jedoch erneut gestiegen (vgl. KUSNETZOFF 1987: 160; Tab. 10).

Nach dem Zensus von 1970 wurden in Chile 1.860.000 Wohneinheiten, bei einer Gesamtbevölkerung von 8.855.000 Menschen, registriert. Das Wohnraumdefizit für untere Einkommensgruppen wurde auf 592.324 Einheiten geschätzt (vgl. HARAMOTO 1983 a: 100; Tab. 10).

Die Situation in der Hauptstadt läßt sich wie folgt charakterisieren: In den conventillos und ähnlichen Wohnquartieren unterer Sozialschichten in der Innenstadt Santiagos wohnten 2,3% der Bevölkerung. Die meisten der ehemaligen Bewohner dieser Stadtteile waren in eines der campamentos an der städtischen Peripherie Santiagos gezogen, die unter der Regierung Allendes ein enormes Wachstum erfuhren. Zwischen 1968 und 1971 ließen sich ca. 300.000 Menschen in 270, meist aus einer toma entstandenen, Siedlungen nieder. Sie kamen aus den innerstädtischen conventillos oder hatten vorher als allegados bei Freunden oder Verwandten gewohnt (HARAMOTO 1983 a; KUSNETZOFF 1987).

Ziel der Volksfrontregierung Allendes (1970-1973) war es, im ersten Regierungsjahr (1970/71) innerhalb des Plan de Emergencia (Notstandsplan) 89.000 Wohnungen zu erstellen und 110.200 infrastrukturell erschlossene Grundstücke zu vergeben (wobei mit der Arbeit an 65.000 Parzellen bereits unter Frei (1964-1970) begonnen worden war). Ferner wurde der Zugang zu Wohnbaukrediten für untere Einkommensgruppen erleichtert. Mehr als 60% aller Investitionen im Bereich des Wohnbaus und der Stadtplanung waren für die Hauptstadt bestimmt. Das Wohnraumdefizit umfaßte dort ca. 280.000 Wohneinheiten (vgl. Tab. 10).

In den beiden darauffolgenden Regierungsjahren (1972/73) konnte die Regierung aufgrund der wachsenden innenpolitischen und wirtschaftlichen Schwierigkeiten des Landes nicht an diesen ehrgeizigen Wohnbauplänen festhalten. Dennoch wurden unter Allende (1970-1973) durchschnittlich jährlich 52.132 Wohnungen gebaut (davon nur 25% vom privaten Sektor) (vgl. HARAMOTO 1983 a; KUSNETZOFF 1987).

### 5.3.2 Die Entwicklung des Wohnraumdefizits für untere Sozialschichten in Chile und Groß-Santiago nach 1973

Gemäß der Studien von MINVU (1978) bezifferte sich die Wohnraumunterversorgung unterer Einkommensgruppen Ende 1976 auf ca. 630.000 Wohneinheiten.

Anfang der 80er Jahre wurde sie auf 750.000 geschätzt (MINVU 1983)[1].
Zu anderen Ergebnissen kommen Arellano (1982, 1985) und MAC DONALD (1983, 1987), die für die Mitte der 80er Jahre bereits von einem Wohnraummangel von 850.000 bzw. über 1 Mio. Wohneinheiten ausgehen (vgl. auch GROSS/CORTEZ 1985; HARAMOTO 1983 a).

ARELLANO (1982) meint, daß zwischen 1970 und 1982 in Chile ca. 656.000 neue Familien bzw. Haushalte gegründet wurden. Aufgrund seiner Berechnungen wurden zwischen 1969 und 1981 413.000 Wohnungen/Häuser gebaut, d.h. 240.000 Familien/ Haushalte konnten keine eigene Unterkunft finden und leben als allegados bei Familienangehörigen oder Freunden.

Nach Arellano (1984: 229) wird sich dieses Problem im Laufe der 80er und 90er Jahre noch verschärfen. In dieser Zeit (1985-1995) werden ca. 680.000 Familien - neugegründete und bereits bestehende - eine Wohnung suchen. Von den bestehenden Wohneinheiten müßte jährlich 1% ersetzt werden; d.h., um das 1984 existierende Wohnraumdefizit "einzufrieren", müßten bis 1990 ca. 850.000 Wohnungen/Häuser entstehen[2].

Zu ähnlichen Angaben kommt auch MAC DONALD (1987), die in ihrer jüngsten Studie zum Umfang der HABITAT-Misere in Chile die 267.000 vom Erdbeben im März 1985 zerstörten Wohneinheiten in ihre Berechnungen miteinbezogen hat. Von diesen Unterkünften sind 143.000 gänzlich neu zu erstellen, die übrigen müssen renoviert werden. Nach MAC DONALD (1987: 24) bestand 1985 in Chile ein Mangel an Neubauten von 748.776 Wohnungen/Häusern bei einem Wohnungsstock von 2.380.469 Wohneinheiten und 3.128.706 Haushalten. 368.219 Wohneinheiten befinden sich in renovierungsbedürftigem Zustand, für sie besteht ein Ersatzbedarf.

Insgesamt belief sich nach MAC DONALDs (1987) Berechnungen das Wohnraumdefizit Ende 1985 in Chile auf 1.116.995 Wohneinheiten1, d.h. ein Drittel der chilenischen Bevölkerung lebt in einer prekären Wohnsituation[3]. Untere Sozialschichten sind von der HABITAT-Misere in Chile besonders betroffen: Nach GROSS/CORTEZ (1985: 6) betreffen 85% der fehlenden Neubauten die Nachfrage dieser Bevölkerungsgruppe, und 99% der verbesserungswürdigen Wohnräume werden von ihr bewohnt.

Etwa die Hälfte des gesamten Wohnraumdefizits entfällt auf die Hauptstadt (vgl. Tab. 10). In den beiden nach den tomas von 1983 entstandenen campamentos "Cardinal Silva Henriquez" und "Cardinal Fresno" (vgl. Kap. 3.5.2) beträgt die Grundstücksgröße pro Familie ca. 25 m² und die Einwohnerdichte ca. 1.500 Ew./ha. Bei Auszug einer Familie aus einem der beiden campamentos nimmt eine andere Familie deren Platz sofort ein.

---

1) Diese Angaben entsprechen in etwa der Differenz aus der Anzahl der Haushaltee (3.128.706) und der Anzahl der zur Verfügung stehenden Wohneinheiten (2.380.469) (vgl. INE 1982).
2) ARRELLAND (1982: 45) geht bei seinen Berechnungen zur Entwicklung des Wohnraumdefizits in Chile davon aus, daß die Bevölkerungszuwachsrate in den 80er Jahren weiter sinkt und sich die durchschnittliche Familiengröße von 5,2 Personen auf 4,7 Personen reduziert.
3) Die an anderer Stelle veröffentlichten Daten (NICKEL 1988) zum Wohnraumdefizit in Chile werden an dieser Stelle aktualisiert.

Von offizieller Seite (MINVU 1984) wurde Mitte der 80er Jahre das Wohnraumdefizit auf 400.000 Wohneinheiten festgelegt. Bei diesen Berechnungen erfaßte das Ministerium nur die effektive Nachfrage, d.h. die Zahl der bei den staatlichen Wohnbauprogrammen eingetragenen Bewerber. Wie aber die Analyse zur Struktur der staatlich geförderten Wohnbaumaßnahmen zeigt, können große Teile der Bevölkerung nicht als Nachfrager auftreten, da sie nicht die finanziellen Voraussetzungen erfüllen, um an den angebotenen staatlichen Wohnbauprogrammen teilnehmen zu können (vgl. Kap. 6)[1].

**Tabelle 10: Geschätztes Wohnraumdefizit in Chile und in Groß-Santiago, 1952-1985**

| Jahr | Defizit an Wohneinheiten in Chile | Defizit an Wohneinheiten in Groß-Santiago |
|---|---|---|
| 1952 | 156.205 * | 78.890 |
| 1960 | 454.000 | 210.000 |
| 1970 | 592.324 | 278.066 |
| 1977 | 655.731 | 320.000 |
| 1980 | 716.696 | 370.000 |
| 1985 | 1.116.995 | 450.000 |

*) Diese Angabe umfaßt nur das städtische Wohnraumdefizit

Quellen: HAMAROTO 1983 a; MAC DONALD 1987

Die von MINVU implementierten Lösungsstrategien zur Minderung des Wohnraumdefizits sind im folgenden dargestellt.

---

[1] Bezieht man die Familien mit ein, deren Wohnsituation sich aufgrund der Aufnahme von allegados verschlechterte, so sind nach Meinung von SCHÜTZ (1987) über 50% aller Familien in Chile von dem Wohnraumdefizit betroffen.

# 6.
## Die staatlich geförderten Wohnbauprogramme für untere Sozialschichten in Chile nach 1973

### 6.1 Grundzüge des staatlich geförderten Wohnbaus nach dem Prinzip der Subsidiarität

Die wohnbaupolitischen Maßnahmen, wie sie seit 1973 von der Militärregierung vor dem Hintergrund des neoliberalen Wirtschaftssystems angewandt werden, basieren auf dem "Subsidiaritätsprinzip"; d.h. der Staat reduziert seine Eingriffe in alle wirtschaftlichen wie sozialen Bereiche auf ein Minimum und agiert nur über die Vergabe von Zuschüssen.

Im Bereich Wohnbau bedeutet das: "Der Staat unterstützt durch die Vergabe von Zuschüssen, die Bereitstellung langfristiger Wohnbaukredite und die Beratung und technische Hilfe beim Bau der Wohneinheit die Bevölkerungsgruppe, die wegen ihrer sozioökonomischen Situation nicht in der Lage ist, ihre Wohnbedürfnisse aufgrund eigener Anstrengungen zu befriedigen" (ODEPLAN 1978: 78).

Der entscheidende Grundsatz der Wohnbaupolitik der Militärjunta lautet: "Eine Wohnung/ein Haus ist ein Gut, das man durch die Bemühungen und Eigenersparnisse der Familie erwirbt. Diese Bemühungen erkennt der Staat an und unterstützt sie auf der Basis von Subventionen" (MINVU 1979: 9).

Im Gegensatz zu den vorangegangenen Regierungen Frei (1964-1970) und Allende (1970-1973) ist Wohnen nicht mehr ein Grundrecht des Menschen, für dessen Erfüllung der Staat aufkommen muß. Die entscheidenden, für die Wohnsituation der Familie verantwortlichen Faktoren sind die Sparkapazität und das Eigenkapital der Familie.

Man ging nach 1973 in Chile von seiten des Staates davon aus, daß innerhalb einer freien Marktwirtschaft der private Sektor alle Aufgaben zur Befriedigung der gesellschaftlichen und sozialen Bedürfnisse übernehmen werde. Dabei wurde nicht berücksichtigt, daß einkommensschwache Bevölkerungsschichten wegen mangelnden Eigenkapitals und geringer Kaufkraft keinen Zugang zum öffentlichen Immobilien- und Finanzmarkt haben.

Mit der Beschränkung auf die Vergabe von Zuschüssen und die Bereitstellung bzw. Förderung von langfristigen Wohnbaukrediten avancierte die Finanzpolitik, neben der Bodenpolitik, zum wesentlichen Instrument staatlicher Tätigkeiten bei der Verwirklichung von Maßnahmen der staatlichen Wohnbauförderung.

Bereits seit Anfang des Jahrhunderts, verstärkt seit den 50er Jahren, haben die verschiedenen Regierungen in Chile versucht, durch die staatliche Vergabe von Zuschüssen Angebot und Nachfrage innerhalb des Wohnbausektors zu steigern (vgl. BRAVO 1959). Als klassische Instrumente staatlicher Interventionspolitik gelten in diesem Zusammenhang Steuerbefreiungen oder -nachlässe für den Bau oder den

Besitz von sozial genutztem Wohnraum. Exemplarisch kann dies an einem seit 1959 wirksamen Gesetz gezeigt werden, aufgrund dessen bestimmte Freibeträge vergeben werden, wenn die bebaute Fläche nicht mehr als 140 m² beträgt (vgl. ARELLANO 1983, 1985).

ARELLANO (1983: 10) bezweifelt die Effizienz solcher Maßnahmen. Er weist nach, daß die Größe eines Hauses wenig über dessen Kosten aussagt. Zudem bedeutet ein Zuschuß für den Erbauer oder Eigentümer von Wohnraum nicht notwendigerweise eine Senkung der Wohnraumpreise für den Käufer. In der Mehrzahl der Fälle hat diese Form der finanziellen Zuwendung zu einer Filtration öffentlicher Gelder geführt. Die anvisierten Zielgruppen, die einkommensschwächeren Bevölkerungsschichten, wurden nicht erreicht.

Eine andere Form staatlicher Förderung bestand in der Vergabe von Billigkrediten zum Wohnraumerwerb, wobei zwei Zuweisungsarten gehandhabt wurden. Bis 1960 gab es in Chile praktisch keine langfristigen Wohnbaukredite. Auf die Notwendigkeit dieser Art der Finanzierungshilfe reagierte der Staat dann z.B. mit der Reduktion der Zinsbelastungen für bereits vergebene Kredite. Schwierigkeiten ergaben sich bei der Planung des Umfangs der bereitzustellenden Gelder. Diese Interventionen des Staates nahmen Anfang der 70er Jahre wieder ab, parallel zu der Einrichtung von Spar- und Darlehnsgenossenschaften, die für ihre Mitglieder verbilligte Kredite für den Immobilienmarkt anboten[1].

Vor allem ab 1953 sollten besonders untere Einkommensgruppen bei der konditionsgünstigeren Kreditvergabe der Banken berücksichtigt werden. Staatliche Institutionen übernahmen die partielle Tilgung der Kredite; die Tilgungszuschüsse stiegen proportional zur Höhe des Darlehens und dessen Laufzeit, d.h. ein höherer Kredit wurde stärker subventioniert. Dies hatte zur Folge, daß in erster Linie der Erwerb kostenaufwendiger Immobilien gefördert wurde.

Die negativen Effekte der genannten Förderpraktiken, wie Filtration öffentlicher Gelder, Planungsschwierigkeiten bei der Bereitstellung der Mittel für Kreditbezuschussung und die Anwendung ungeeigneter Auswahlmechanismen bei der Kreditvergabe, führten ab 1974 zur Entwicklung anderer Subventionsformen. Sie sind integrale Bestandteile der derzeitigen staatlichen Wohnbauprogramme und zielen sowohl auf eine Förderung des Angebots als auch der Nachfrage.

Die wohnbaupolitischen Maßnahmen zur Steigerung des Angebots dienen der Förderung der Bauwirtschaft und deren Bereitschaft, auch preisgünstigeren Wohnraum zu erstellen (vgl. Kap. 6.2). Die zur Deckung der Nachfrage implementierten Lösungsansätze richten sich nach Aussagen von MINVU an die einkommensschwächsten Bevölkerungsschichten. Im Gegensatz dazu werden jedoch in der Praxis einzelne Wohnbauprogramme wie Sistema Unico de Postulación, Subsidio Habitacional und Subsidio Variable ausschließlich von Bevölkerungsgruppen der Mittelschicht in Anspruch genommen (vgl. Kap. 6.3.1). Unteren Sozialschichten sind lediglich die Programme des Einfachwohnbaus zugänglich (vgl. Kap. 6.3.2 folgende).

---

1) Im Jahr 1976 stockte die Entwicklung der Spar- und Darlehnsgenossenschaften aufgrund geringer Beweglichkeit der Wohnbaukredite.

## 6.2 Wohnbaupolitische Maßnahmen zur Förderung des Wohnraumangebots

Bis 1975 war es Aufgabe der dem MINVU unterstellten Wohnbauinstitutionen CORVI, CORHABIT, CORMU und COU, die zum Wohnbau vorgesehenen Flächen zu erwerben, die Bauprojekte zu planen und sich aktiv an den Bauarbeiten zu beteiligen (Bereitstellung von Fachkräften, Maschinen etc.). Ebenso gehörte, wie bereits gezeigt, die partielle Finanzierung des Erwerbs von Wohnraum zum Tätigkeitsbereich der staatlichen Wohnbauinstitutionen.

Nach 1975 hat der private Sektor diese Aufgaben weitgehend übernommen. Die im Staatsbesitz befindlichen Flächen wurden zum Verkauf freigegeben. Nach öffentlicher Ausschreibung stellen sich private Bauunternehmer mit den von ihnen entwickelten Bebauungsplänen vor und übernehmen, bei Auftragerteilung, die Ausführung der Arbeiten.

Als flankierende Maßnahme bietet der Staat, über MINVU und seine ausführenden Organe SERVIU, kurzfristige Darlehen für diese Unternehmen an. Zusätzlich können die Bauunternehmen Kredite bei Privatbanken aufnehmen, die über die Zentralbank refinanziert werden. Das zur Refinanzierung notwendige Kapital wird über den Fondo de Fomento Habitacional (Fond zur Wohnbauförderung) von MINVU bereitgestellt.

Nach Fertigstellung der Bauvorhaben übernehmen die SERVIU die Verteilung der Wohneinheiten an die Teilnehmer der staatlichen Wohnbauprogramme.

## 6.3 Wohnbaupolitische Maßnahmen zur Minderung der Wohnraumnachfrage

### 6.3.1 Wohnbaupolitische Maßnahmen zur Minderung der Wohnraumnachfrage der Mittelschicht

Die im folgenden dargestellten Programme richten sich nach Angaben von MINVU an Bevölkerungsgruppen, deren Finanzkraft nicht ausreicht, ohne staatliche Förderung als Nachfrager auf dem Immobilienmarkt aufzutreten (vgl. MINVU 1975, 1978, 1980). Umfassende Untersuchungen zum Einsatz dieser Programme haben - neben anderen negativen Folgewirkungen, die aus der Implementierung der Maßnahmen resultieren - gezeigt, daß die angestrebte Zielgruppe nicht erreicht wird, sondern vor allem Bevölkerungsgruppen mit höheren Einkommen von der Umsetzung der Programme profitieren (vgl. u.a. TAGLE 1981, 1982; ARRELLANO 1982, 1983, 1985; NECOCHEA 1984, 1986, 1987; TRIVELLI 1981, 1982, 1987).

#### 6.3.1.1 Das Wohnbauprogramm "Sistema Unico de Postulación"

Die mögliche Teilnahme am Programm Sistema Unico de Postulación (vgl. Tab. 11) erfolgt nach der Bewerbung und Auswahl bei dem regionalen/metropolitanen SERVIU-Büro in der Kommune, in der der Bewerber einen festen Arbeitsplatz nachweisen kann. Innerhalb des Programms werden zwei Lösungsansätze angeboten, die wie folgt variieren:

- Für ein Haus der Kategorie A (bebaute Fläche 40-50 m²) ist ein Eigenkapital von 600 C.A.[1] und ein Einkommen von mindestens fünf Mindestlöhnen erforderlich.
- Für den Erwerb eines Hauses der Kategorie B (50-70 m²) müssen Ersparnisse von 1.600 C.A. vorliegen. Die Höhe des Mindesteinkommens beträgt ebenfalls fünf Mindestlöhne.

Ferner erfolgt die Selektion der Teilnehmer unter den Bewerbern nach einem Punktesystem (vgl. Tab. 11).
Der für den Kauf der von SERVIU angebotenen Wohneinheit ausgehändigte Zuschuß beträgt 200 UF. Daneben hat der Teilnehmer des Wohnbauprogramms Zugang zu bezuschußten Krediten.

**Tabelle 11: Das Wohnbauprogramm Sistema Unico de Postulación**

| Programm | Vergabekonditionen | Staatliche Finanzierungshilfe und Eigenleistung der Teilnehmer | Wert pro Wohneinheit und Wohntyp |
|---|---|---|---|
| Sistema Unico de Postulación (1975-1977) | - Eigenkapital von 23,6 UF (Haustyp A) bzw. 63,1 UF (Haustyp B) erforderlich<br>- finanzielle Belastung darf 20% des Familieneinkommens nicht übersteigen<br>Bewerbungen an SERVIU<br>- Selektion von SERVIU nach Punkten pro<br>  - Höhe des Eingenkapitals in UF<br>  - Zahl der Familienangehörigen<br>  - Laufzeit der Bewerbung | - Zuschuß von 200 UF<br>- Kreditbedingungen; Laufzeit 12 Jahre; jährliche Zinsbelastung 12% | - Wert pro Wohneinheit; 591,2 UF (Haustyp A) bzw. 985,4 UF (Haustyp B) |

Quellen: MINVU 1975, HARAMOTO 1983 b

Im Jahr 1975 sah sich MINVU innerhalb dieses Programms zunächst einer effektiven Nachfrage von 43.730 Wohneinheiten gegenübergestellt. Man ging davon aus, innerhalb der nächsten zehn Jahre den Bedarf in den ländlichen Regionen (14.689 Wohneinheiten) vollständig und in Groß-Santiago (29.050 Wohneinheiten) zu 10%

---

1) Die C.A. ("Cuota de Ahorro" = Sparquote) und UF ("Unidad de Fomento" = Förderungseinheit) sind inflationsbereinigte Verrechnungseinheiten, die an die Lebenshaltungskosten angepaßt werden (vgl. MINVU 1979: 43 f). Im Dezember 1978 entsprachen beispielsweise 1 C,A 24,19 chil. Pesos (0,712 US $) und 1 UF entsprach dem Wert von 613 chil. Pesos (18,06 US $).

decken zu können (vgl. MINVU 1975: 20). Bis 1982 konnten in Groß-Santiago insgesamt 25.327 und in den anderen Regionen Chiles etwa 28.000 Wohneinheiten im Rahmen dieses Programms gebaut werden (vgl. Tab. 25). Parallel zum Einsatz des Programms wuchs die Zahl der Bewerbungen.

Das Wohnbauprogramm Sistema Unico de Postulación wurde 1977 per Gesetzesdekret (D.S. 1.318/77, vgl. MINVU 1978) eingestellt, d.h. nur die zu dem Zeitpunkt aufgenommenen Bewerber konnten in den folgenden Jahren mit der Zuteilung einer Wohnung oder eines Hauses rechnen. Die letzten Wohneinheiten wurden 1982 fertiggestellt und vergeben (vgl. MINVU 1983).

Geht man von dem in Chile Mitte der 70er Jahre geltenden Mindestlohn von 120 US $ aus (vgl. HERTWIG 1983), so können untere Sozialschichten, bei der Höhe des zur Teilnahme am Sistema Unico de Postulación erforderlichen Eigenkapitals und den anfallenden Kapitaldienstleistungen, nicht als Nachfrager dieses Wohnbauzuschusses auftreten.

Die Mehrzahl der Wohnbauprojekte wurde in den Kommunen La Florida, Pudahuel, Nuñoa, Maipú und La Cisterna gebaut (vgl. Tab. 12), wo ein großer Teil der Wohnbevölkerung der Mittelschicht angehört (vgl. LÜCK 1970; TRIVELLI 1987).

**Tabelle 12: Sistema Unico de Postulación: Umfang und räumliche Verteilung nach Haustypen (A und B) in Groß-Santiago, 1976-1982**

| Kommune | Anzahl Haustyp A | Anzahl Haustyp B | Gesamtanzahl |
|---|---|---|---|
| La Florida | 695 | 3.556 | 4.251 |
| Pudahuel | 1.863 | 1.975 | 3.838 |
| Nuñoa | 924 | 2.025 | 2.949 |
| Maipú | 1.215 | 1.529 | 2.744 |
| Conchali | 162 | 1.766 | 1.928 |
| La Cisterna | 457 | 1.392 | 1.849 |
| La Granja | 634 | 1.007 | 1.641 |
| Puente Alto | 902 | 327 | 1.229 |
| Las Condes | 340 | 706 | 1.046 |
| San Miguel | 599 | 172 | 771 |
| Santiago | 160 | 590 | 750 |
| Quilicura | 96 | 580 | 676 |
| San Bernardo | 579 | 32 | 611 |
| Renca | 106 | 462 | 568 |
| Providencia | – | 396 | 396 |
| Quinta Normal | – | 80 | 80 |
| Gesamt | 8.732 | 16.595 | 25.327 |

Quellen: MINVU 1976, 1977, 1978, 1979, 1980, 1981, 1982

Ferner fand zwischen 1975 und 1982 eine starke Verschiebung bei der Verteilung der Finanzhilfen zugunsten des Haustyps B statt: Von allen erstellten Wohneinheiten entfielen in Groß-Santiago nur 8.732 (34,5%), statt wie geplant 21.680 (85,6%) auf den Typ A. Besonders seit 1978 wurde eindeutig der Typ B bevorzugt gebaut, von den 16.595 Wohneinheiten wurden 11.611 nach 1978 verteilt. Daraus folgt, daß sich entweder mehr Bewerber mit höheren Einkommen bei SERVIU gemeldet haben oder vor allem finanziell besser gestellte Bewerber bei der Zuschußverteilung begünstigt wurden.

Das Programm Sistema Unico de Postulación ging in das 1978 eingesetzte Wohnbauprogramm Subsidio Habitacional über.

#### 6.3.1.2 Das Wohnbauprogramm "Subsidio Habitacional"

Im Gegensatz zu dem Programm Sistema Unico de Postulación werden beim Subsidio Habitacional keine Wohneinheiten zum Kauf von SERVIU angeboten, son-

**Tabelle 13: Das Wohnbauprogramm Subsidio Habitacional**

| Programm | Vergabekonditionen | Staatliche Finanzierungshilfe und Eigenleistung der Teilnehmer | Wert pro Wohneinheit und Wohntyp |
|---|---|---|---|
| Subsidio Habitacional (1978-....) | - Grundbesitz (nicht belastet) erwünscht | - Zuschüsse (1-3 Modalitäten) nach max. Wert pro Wohneinheit | - Max. Wert pro Wohneinheit nach Zuschüssen gestaffelt |
| | - Eigenkapital notwendig | | |
| | - finanzielle Belastung darf 20% des Familieneinkommens nicht überschreiten | 200 UF<br>170 UF<br>150 UF | max. 400 UF<br>401 - 580 UF<br>581 - 850 UF |
| | | ab 1984: 180 UF<br>150 UF | max. 400 UF<br>max. 580 UF |
| | - Bewerbung an SERVIU | | |
| | - Selektion von SERVIU nach Punkten pro<br>- Höhe des Eigenkapitals in UF<br>- Zahl der Familienangehörigen<br>- Grundbesitz | ab 1985: 165 UF<br>ab 1988: 120-150 UF<br>100-130 UF<br>80-110 UF | max. 400 UF<br>max. 400 UF<br>401 - 900 UF<br>901-2000 UF |
| | - nach der Selektion erhält der Begünstigte ein Zertifikat und kann (gemäß der Höhe der Subvention)<br>a) auf dem freien Immobilienmarkt Wohneinheit erwerben<br>b) Haus bauen | - Kreditbedingungen:<br>1978-1987;<br>Laufzeit 12 Jahre;<br>jährliche Zinsbelastung 12%<br>ab 1988;<br>Laufzeit 12, 15 oder 20 Jahre; jährliche Zinsbelastung 8,5% | - Wohnform nach Wahl des Käufers/Bauherrn differierend |
| | - die Einlösung des Zertifikats soll innerhalb eines Jahres erfolgen | | |

Quellen: MINVU 1978, 1979, 1980, 1985, 1986, 1988

dern der Teilnehmer erhält einen Zuschuß in Form eines Zertifikats, mit dem er auf dem freien Immobilienmarkt als Käufer auftreten kann (vgl. Tab. 13). Der Zuschuß darf allerdings 75% des Wertes der zu erwerbenden Wohneinheit nicht übersteigen. Die Teilnahme an dem Programm und die Möglichkeit zur Aufnahme eines ergänzenden Kredits werden auch hier von der Höhe des Eigenkapitals und dem Nachweis eines geregelten Einkommens abhängig gemacht. Zudem ist der Besitz von Grundbesitz erwünscht.

Aufgrund dieser Konditionen wird innerhalb des Programms Subsidio Habitacional, ebenso wie bei dem Sistema Unico de Postulación, ein Großteil der Bevölkerung von einer Partizipation an dem Programm ausgeschlossen und tritt deshalb auch als Nachfrager nicht auf. So bewarben sich trotz eines Wohnraummangels von ca. 700.000 Wohneinheiten (1978) zwischen 1978 und 1980 jährlich nur ca. 40.800 Bewerber bei SERVIU für den Subsidio Habitacional (vgl. Tab. 14).

**Tabelle 14: Subsidio Habitacional: Bewerber und Teilnehmer, 1978-1980**

| Höhe des Zuschusses | 1978 Bewerber | 1978 Teilnehmer | 1979 Bewerber | 1979 Teilnehmer | 1980 Bewerber | 1980 Teilnehmer |
|---|---|---|---|---|---|---|
| 200 UF | 32.037 | 5.500 | 22.062 | 5.501 | 27.875 | 5.500 |
| 170 UF | 9.109 | 3.000 | 12.074 | 3.323 | 11.263 | 3.000 |
| 150 UF | 1.937 | 1.500 | 3.750 | 1.503 | 4.312 | 1.500 |
| Gesamt | 43.083 | 10.000 | 35.886 | 10.327 | 43.450 | 10.000 |

Quelle: VALDES (1983: 52)

Zudem zeigt eine Analyse des Subsidio Habitacional, wie er in den Jahren 1978 bis 1980 eingesetzt wurde, daß die beteiligten einkommensschwachen Bevölkerungsgruppen nur zu knapp 40% direkt von dem bereitgestellten Zuschuß Gebrauch machen konnten (vgl. Tab. 15)[1]. Bevorzugt wurden die Zuschüsse in Anspruch genommen, die sich auf die teuersten Projekte bezogen, für die sogar 1979 noch zusätzliche Subventionen verteilt wurden (deshalb 104,1% an eingelösten Zuschüssen) (vgl. Tab. 15). Die mangelnde Beteiligung der bedürftigeren Bevölkerungsschicht ist teilweise auf administrative Schwierigkeiten bei der Verteilung zurückzuführen. Wesentlicher ist aber, "daß ein bedeutender Anteil der Zuschüsse im Wert von 200 UF nicht eingelöst werden konnte, da, entweder aufgrund des niedrigen Einkommens keine ergänzenden Kredite aufgenommen werden konnten, oder man kein entsprechendes Haus finden konnte, das mit dem Zuschuß, den Ersparnissen und dem Kredit erschwinglich gewesen wäre" (TAGLE 1981: 48).

TRIVELLI (1981: 86) und TAGLE (1982) weisen nach, daß ab 1979 der Anteil der Begünstigten mit einem höheren Einkommen weit über dem unterer Einkommens-

---

1) Die bereitgestellten Zuschüsse waren prozentual wie folgt verteilt: Für die Subventionen in Höhe von 200 UF standen 55% aller Gelder zur Verfügung, für die von 170 UF 30%, für die von 150 UF 15% (vgl. MINVU 1979: 12).

**Tabelle 15: Das Wohnbauprogramm Subsidio Habitacional: vergebene und eingelöste Zuschüsse, 1978-1980**

|  | 150 UF | | 170 UF | | 200 UF | | Gesamt | |
|---|---|---|---|---|---|---|---|---|
|  | Gesamt | R.M.* | Gesamt | R.M.* | Gesamt | R.M.* | Gesamt | R.M.* |
| 1978 | 1.502 | 602 | 2.990 | 904 | 5.498 | 2.213 | 9.990 | 3.722 |
| 1979 | 1.503 | 855 | 3.323 | 1.234 | 5.501 | 2.875 | 10.327 | 4.964 |
| 1980 | 1.501 | 965 | 3.000 | 1.525 | 5.501 | 3.555 | 10.002 | 6.024 |
| Vergeben | 4.506 | – | 9.313 | – | 16.500 | – | 30.319 | 14.710 |
| Eingelöst | 4.692 | – | 7.986 | – | 6.549 | – | 19.378 | 8.737 |
| Eingelöst | | 104,1% | | 85,8% | | 39,7% | | 63,9% | 59,4% |

*) Región Metropolitana

Quellen: MINVU 1979, 1980, 1981

gruppen liegt. Der Anteil von Teilnehmern mit einem Einkommen bis zu 9,9 UF sinkt von 57,2% in 1978 auf 21,5% in 1979 und auf 4,8% in 1980 (vgl. Tab. 16). Im Jahr 1980 verdienen 75,2% aller begünstigten Teilnehmer mehr als 20 UF. Diese Einkommensgruppe ist nach TAGLE (1982: 22) durchaus in der Lage, bei privaten Banken einen Kredit von ca. 390 UF mit monatlichen Kapitaldienstzahlungen von 5 UF aufzunehmen und eine dementsprechende Wohneinheit auf dem freien Immobilienmarkt zu erwerben.

**Tabelle 16: Die Teilnehmer am Wohnbauprogramm Subsidio Habitacional nach Einkommensklassen (in UF)**

| Einkommens-klassen | 1978 | | 1979 | | 1980 | | Gesamt | |
|---|---|---|---|---|---|---|---|---|
|  | Anzahl | % | Anzahl | % | Anzahl | % | Anzahl | % |
| 0 - 1,9 | 32 | 0,3 | 40 | 0,4 | 1 | 0,0 | 73 | 0,24 |
| 2 - 3,9 | 184 | 18,4 | 189 | 1,8 | 22 | 0,2 | 395 | 1,30 |
| 4 - 5,9 | 989 | 9,9 | 468 | 4,5 | 90 | 0,9 | 1.547 | 5,10 |
| 6 - 7,9 | 1.421 | 14,2 | 760 | 7,4 | 200 | 2,0 | 2.381 | 7,85 |
| 8 - 9,9 | 1.441 | 14,4 | 765 | 7,4 | 171 | 1,7 | 2.377 | 7,84 |
| 10 - 11,9 | 1.112 | 11,1 | 781 | 7,6 | 210 | 2,1 | 2.103 | 6,93 |
| 12 - 15,9 | 1.560 | 15,6 | 1.540 | 14,9 | 546 | 5,5 | 3.646 | 12,02 |
| 16 - 19,9 | 1.093 | 10,9 | 1.332 | 12,9 | 1.233 | 12,3 | 3.668 | 12,06 |
| 20 - 23,9 | 774 | 7,7 | 1.353 | 13,1 | 1.241 | 12,4 | 3.368 | 11,11 |
| 24 - 27,9 | 465 | 4,6 | 891 | 8,6 | 1.186 | 11,9 | 2.542 | 8,38 |
| 28 - 31,9 | 3.339 | 3,4 | 840 | 8,1 | 1.037 | 10,4 | 2.218 | 7,31 |
| 32 - 35,9 | 590 * | 5,9* | 330 | 3,2 | 1.232 | 12,3 | 2.152 | 7,10 |
| 36 - 43,9 |  |  | 483 | 4,7 | 1.523 | 15,2 | 2.006 | 6,11 |
| 44 |  |  | 555 | 5,4 | 1.306 | 13,1 | 1.861 | 6,14 |
| Gesamt | 10.000 | 100,0 | 10.327 | 100,0 | 10.000 | 100,0 | 30.327 |  |

*) Beinhaltet nachfolgende Einkommensklassen

Quelle: TAGLE 1982

Die Annahme, daß obere Einkommensklassen wegen des begrenzten Werts pro Wohneinheit kein Interesse am Subsidio Habitacional zeigen würden, erwies sich als unzutreffend. Zum einen lag der von SERVIU geschätzte Wert pro Wohneinheit in vielen Fällen unter dem des freien Marktes, so daß durchaus die Aspirationen mittlerer und oberer Einkommensschichten im Hinblick auf Ausstattung und Lage der Wohneinheit angesprochen wurden. Zum anderen existierten für Angehörige der Mittelschicht kaum weitere, ebenso günstige Bedingungen bei einer langfristigen Kreditaufnahme.

Da der private Immobilienmarkt seine Angebote verstärkt an der Nachfrage oberer Einkommensgruppen orientierte, wurden für einkommensschwächere Bevölkerungsgruppen kaum angemessene Objekte angeboten (vgl. ROSENBLÜTH 1983): Allein 60% aller Immobilienangebote konzentrierten sich 1979 auf Oberschichtviertel im Osten Groß-Santiagos (vgl. DONOSO/SABATINI 1980: 40). In der gesamten Hauptstadt wurden 1980 nur 1.358 Wohneinheiten mit einem Wert unter 750 UF angeboten (9,2% des Gesamtangebots) (vgl. Tab. 17).

Tabelle 17: **Angebote und Verkauf neuer Wohnungen/Häuser in Groß-Santiago, 1980**

| Preise (in UF) | Anzahl der Angebote | Angebote in % | Anzahl der verkauften Wohnungen/ Häuser | Verkaufte Wohnungen/ Häuser in % |
|---|---|---|---|---|
| < - 750 | 1.358 | 9,2 | 885 | 10,5 |
| 751 - 1.000 | 2.731 | 18,5 | 1.588 | 18,8 |
| 1.001 - 1.818 | 4.879 | 33,1 | 2.713 | 32,2 |
| 1.819 - 3.636 | 3.815 | 25,9 | 2.111 | 25,0 |
| 3.637 - 6.818 | 1.523 | 10,3 | 914 | 13,8 |
| > 6.819 | 448 | 3,0 | 222 | 2,6 |
| Gesamt | 14.751 | 100,0 | 8.433 | 100,0 |

Quelle: TAGLE 1982

Mit den ab 1984 sinkenden Zuschußbeträgen bei steigenden Immobilienpreisen und zunächst gleichbleibenden, ab 1988 veränderten Kreditbedingungen orientiert sich das Programm Subsidio Habitacional in immer stärkerem Maße an der Nachfrage oberer Einkommensgruppen (vgl. Tab. 16 und Tab. 17).

Insgesamt wurden zwischen 1978 und 1985 in Chile über den Subsidio Habitacional 74.839 Zuschüsse vergeben, von denen 49,3% (36.889) auf die Hauptstadt entfielen.

### 6.3.1.3 Das Wohnbauprogramm "Subsidio Variable"

Um eine weitere Fehlleitung der Gelder durch den Subsidio Habitacional zu vermeiden, wurde zu Anfang des Jahres 1981 kurzfristig der Subsidio Variable eingeführt. Innerhalb weniger Wochen gingen bei SERVIU 210.368 Bewerbungen ein, jedoch wurden nur 24.103 Zuschüsse vergeben (11,4% der Nachfrage). Mehr als die Hälfte aller Bewerber stammten aus der Región Metropolitana, von denen aber nur 41,7% einen Zuschuß erhielten (vgl. Tab. 18).

**Tabelle 18: Das Wohnbauprogramm Subsidio Variable: Bewerber, Teilnehmer und eingelöste Zuschüsse 1981**

|  | Bewerber | Teilnehmer | Eingelöste Zuschüsse (Dez. 1981) |
|---|---|---|---|
| Región Metropolitana | 117.890 | 10.047 | – |
| übrige Regionen | 92.478 | 14.056 | 535 |
| Gesamtchile | 210.368 | 24.103 | 535 |

Quelle: MINVU 1982

Die stärkere Nachfrage nach dem Subsidio Variable war in erster Linie auf die Festlegungen eines maximalen Zuschußbetrages von 266 UF und eines Kreditbetrages von 133 UF zurückzuführen (vgl. Tab. 19). Die zu zahlenden Kapitaldienste

**Tabelle 19: Das Wohnbauprogramm Subsidio Variable**

| Programm | Vergabekonditionen | Staatliche Finanzierungshilfe und Eigenleistung der Teilnehmer | Wert pro Wohneinheit und Wohntyp |
|---|---|---|---|
| Subsidio Variable | - Erparnisse begünstigen erfolgreiche Teilnahme | - Zuschuß: max. 200 UF | - Wert pro Wohneinheit: 266 UF |
|  | - es darf kein zusätzlicher Immobilienbesitz vorhanden sein | - Kreditbetrag: max. 133 UF | - bebaute Fläche: 25 m$^2$ |
|  | - Selektion durch SERVIU nach Punktzahl, die sich aus der Differenz des geforderten Zuschußbetrags und des maximalen Förderungsbetrags ergibt | - Kreditbedingungen: Laufzeit 12 Jahre; jährliche Zinsbelastung: 12% | - Parzellengröße: 100 m$^2$ |
|  |  |  | - Wohnform nach Wahl des Käufers differierend |
|  | - nach der Selektion erhält der Begünstigte ein Zertifikat und kann auf dem freien Immobilienmarkt ein Haus kaufen |  |  |

Quellen: MINVU 1980, HARAMOTO 1983 b

wirkten weniger belastend auf das Haushaltseinkommen. Wie auch beim Subsidio Habitacional erschwerten die geringen Angebote auf dem öffentlichen Immobilienmarkt die Einlösung des Zuschußzertifikats. Bis Dezember 1981 wurden auf nationaler Ebene nur 2,2% der Zertifikate in Anspruch genommen. In der Hauptstadt hatte noch keiner der Begünstigten sein Zertifikat eingelöst.

Auch innerhalb des Programms Subsidio Variable wurden nur die Bevölkerungsgruppen berücksichtigt, die über Eigenkapital und ein gesichertes Einkommen verfügen (vgl. Tab. 19), d.h. die Mehrheit der wirklich Bedürftigen blieb von einer Teilnahme ausgeschlossen. Wiederum erhielten die Bevölkerungsgruppen den größeren Zugang am Subsidio Variable, die die anfallenden Kapitaldienstzahlungen leisten konnten.

Dennoch wurden durch den Subsidio Variable im Vergleich zum Subsidio Habitacional weniger einkommensstarke Bevölkerungsschichten stärker berücksichtigt. Die maximale Höhe des Kredits (133 UF) und die moderateren Tilgungsraten steigerten für den Nachfrager mit mittlerem Einkommen die Chancen der Teilnahme. Die Frage, warum der Subsidio Habitacional ab 1982 erneut eingesetzt wurde, bleibt offen.

### 6.3.1.4 Zusammenfassung

Zusammenfassend ist festzuhalten, daß zwischen 1975 und 1985 aufgrund der Lösungsansätze zur Reduzierung des Wohnraumdefizits für Mittelschichten nach Angaben von MINVU 152.269 Zuschüsse vergeben wurden, 47,5% davon entfielen auf die Bewohner der Metropolitanregion Groß-Santiagos.

Die Anzahl der vergebenen Subventionen sagt aber nichts aus über deren effektiven Einsatz. Der Mangel an den Subventionen preislich adäquaten Wohneinheiten auf dem privaten Immobilienmarkt und die unzureichende Menge der mit staatlicher Förderung gebauten Häuser/Wohnungen verhindern die zügige Einlösung der Zuschüsse. So wurden von den zwischen 1978 und 1985 74.838 ausgegebenen Subventionen im Rahmen des Subsidio Habitacional nur 54.466 in Anspruch genommen. Von den 1981 erteilten 24.104 Zertifikaten des Subsidio Variable wurden bis 1985 nur 35,2% eingelöst.

Innerhalb von zwölf Jahren ist es der Militärjunta nicht gelungen, die private Bauwirtschaft für Wohnbauprojekte zu gewinnen, die sich an der Kaufkraft unterer Einkommensgruppen orientieren. Im Gegenteil:
- Nach der Wirtschaftskrise Anfang der 80er Jahre, von der auch der Immobilien- und Finanzsektor betroffen war, bestand ein Überangebot an teuren Immobilien im östlichen Sektor der Stadt. Mehr als 15.000 Neubauten konnten nicht verkauft werden.
- Im Jahr 1983 sah der Staat sich gezwungen einzugreifen: MINVU subventionierte den Ankauf der Wohneinheiten durch die Vergabe günstiger Kredite; es wurden Kredite bis zu 75% des Kaufpreises der Wohneinheit bei einer Kreditlaufzeit von zwanzig Jahren und einem Zinssatz von 8% bereitgestellt. Für diese Maßnahme, die vor allem Käufer der Oberschicht ansprach, wurden im Jahr 1983 in der Metropolitanregion 40.000.000 U.F. investiert (vgl. Tab. 20).

**Tabelle 20: Ausgaben für einzelne Wohnbauprogramme in der Metropolitanregion Santiagos, 1983 (in UF)**

| Wohneinheitstyp | Ausgaben der Wohneinheit (in UF) | Anzahl der Wohneinheit | Umfang der Ausgaben (in UF) |
|---|---|---|---|
| Sanitärzelle | 110,00 | 20.000 | 2.200.000 |
| Basishaus | 240,20 | 5.285 | 1.269.457 |
| Subsidio Habitacional | 125,50 | 4.030 | 505.832 |
| Kredite | 117,02 | 3.232 | 575.120 |
| Kredite (20 Jahre/zu 8%) | 2.000,00 | 20.000 | 40.000.000 |

Quelle: NECOCHEA 1986

Nach Angaben von NECOCHEA (1986) wurde damit für die Bevölkerung mit mittleren und hohen Einkommen mehr als das Zehnfache dessen ausgegeben, was für den Bau von Einfachwohnbauten (Sanitärzellen und Basishäuser) für untere Sozialschichten aufgewendet wurde (vgl. Tab. 21).

**Tabelle 21: Das Wohnbauprogramm Vivienda Social**

| Programm | Vergabekonditionen | Staatliche Finanzierungshilfe und Eigenleistung der Teilnehmer | Wert pro Wohneinheit und Wohntyp |
|---|---|---|---|
| Vivienda Social (1975-1980) | - keine Ersparnisse erforderlich<br>- es darf kein zusätzlicher Immobilienbesitz vorhanden sein<br>- finanzielle Belastungen zur Tilgung des Kredits dürfen 20% des Familieneinkommens nicht übersteigen<br>- Bewerbungen und Selektion über SERVIU | - Zuschuß; 200 UF max.<br>- falls vorhanden, werden Eigenersparnisse vom Zuschuß abgezogen<br>- Kreditbetrag: Wert pro Wohneinheit minus 200 UF<br>- Kreditbedingungen: Laufzeit 12 Jahre; jährliche Zinsbelastung: 12% | - Wert pro Wohneinheit: 320 UF<br>- bebaute Fläche 45 m$^2$<br>- Parzellengröße: 130 m$^2$<br>- Wohnform;<br>  - Einfamilienhaus in Paarbauweise (pareada)<br>  - Reihenhaus (1-2 geschossig) (continua) |

Quelle: MINVU 1975

### 6.3.2 Die Programme des Einfachwohnbaus für untere Sozialschichten

Die vom Staat in Chile nach 1973 geförderten Maßnahmen im Bereich des Einfachwohnbaus für untere Sozialschichten beinhalten, parallel zu einer Verteilung von Zuschüssen, die Vergabe von Einfachwohnbauten auf entsprechenden Grundstücken und die Bereitstellung langfristiger Wohnbaukredite.

Die einzelnen Wohnbauprogramme differieren im Hinblick auf (vgl. Tab. 21-24):
1. die Teilnahmekonditionen: Die Auswahl der Bewerber nehmen die Mitarbeiter von SERVIU nach bestimmten Kriterien, wie z.B. der Finanzkraft oder der Familiengröße der Bewerber, vor;
2. den Umfang staatlicher Subventionen: Die Zuwendungsbeträge und die Kreditbedingungen variieren je nach Wohnbauprogramm;
3. den von SERVIU geschätzten Wert pro Wohneinheit in UF;
4. die Größe des Grundstücks, den Umfang der bebauten Fläche und den Wohntyp.

Ziel bei der Verwirklichung aller Programme des Einfachwohnbaus ist die Beseitigung der rund 212.000 campamento-Behausungen in Chile (vgl. MINVU 1976; HARAMOTO 1983 a; vgl. auch Kap. 6.3.2).

Viele der meist vor 1973 durch illegale Landnahme entstandenen campamentos und callampas befanden sich Mitte der siebziger Jahre aufgrund der Eigenarbeit der Bewohner in einem Konsolidierungsprozeß oder hatten ihn bereits abgeschlossen (vgl. BÄHR 1976). In den Siedlungen ist infolge des steigenden Wohnraummangels und des Verbots der illegalen Landnahme die Zahl der als allegados lebenden Familien innerhalb der letzten sechzehn Jahre (1973-1989) enorm angewachsen. Mit der Zunahme der Bevölkerungsdichte innerhalb der Wohnviertel haben sich die ohnehin prekären Wohnbedingungen drastisch verschlechtert. Trotz des Verbots, sich in politischen Organisationen zusammenzuschließen, treten die Bewohner einzelner Hüttenviertel, die sich als "Los sin casa" zusammengefunden haben, seit Anfang der 80er Jahre öffentlich für eine Verbesserung ihrer Wohnsituation ein.

Nach Planungen von MINVU sollten alle Marginalsiedlungen innerhalb eines Jahrzehnts durch staatliche Investitionen und Eigenleistung der Bevölkerung saniert werden oder die pobladores in die vom Staat bereitgestellten Wohneinheiten umgesiedelt werden. Neben den Bemühungen zur Verbesserung der Wohnraumversorgung der campamento-Bewohner ist ferner zu vermuten, daß manche dieser Wohnviertel aus politischen und ideologischen Gründen beseitigt werden sollten.

Alle Programme, die zur Sanierung oder Auflösung von campamentos eingesetzt worden sind, werden von MINVU zusammenfassend als Programm de Radicación y Erradicación de Campamentos (Programm zur Sanierung und Umsiedlung von campamentos) bezeichnet (vgl. Kap. 6.4).

Die Programme unterscheiden sich im wesentlichen dadurch voneinander, daß von 1975 (Beginn des Programms Vivienda Social) bis 1984 (Einsatz des Programms Postulación Habitacional) die Größe per Wohneinheit von 45 m² auf 18 m² bzw. 6 m² sank und die Wohneinheiten damit kostengünstiger wurden.

### 6.3.2.1 Das Wohnbauprogramm "Vivienda Social"

Das Wohnbauprogramm Vivienda Social (vgl. Tab. 21) wurde 1975 als erster Lösungsansatz zur Verbesserung der Habitat-Misere für untere Sozialschichten von der Militärregierung eingesetzt.

Ziel des Programmeinsatzes Vivienda Social war es, den Bewohnern der Marginalsiedlungen eine provisorische Unterkunft anzubieten. Diese können sie, je nach der ökonomischen Situation der Familie, im Laufe der Zeit in eine vollständig ausgestattete Wohneinheit verwandeln, oder sie erwerben ein Haus/eine Wohnung auf dem freien Immobilienmarkt (vgl. MINVU 1976).

Entsprechend der nach 1973 veränderten Aufgaben- und Kompetenzverteilung sozialer Einrichtungen und Dienstleistungen (vgl. Kap. 4.3.1), richteten sich die Bewerbungen um die Teilnahme am Programm Vivienda Social an die Gemeindeverwaltungen. Die dort 1975 gegründeten Comités Habitacionales Comunales (C.H.C.) (Kommunale Wohnbaukomitees) wurden mit dem Bau und der Verteilung der 45 m² Häuser oder Wohnungen betraut. Nach Angaben von MINVU (1976, 1977, 1978, 1979, 1980, 1981) entstanden zwischen 1975 und 1979 bzw. 1980[1] ca. 27.617 Viviendas Sociales, eine Anzahl, die weit unter dem Planungsziel von jährlich 21.000 zu erstellenden Wohneinheiten blieb. 47,3% (13.070) der gebauten Wohneinheiten befinden sich in der Hauptstadt und wurden im Stadtgebiet auf verschiedene Kommunen verteilt, und zwar vorwiegend auf die Kommunen La Granja, San Miguel, Nuñoa, Santiago, Quinta Normal, Puente Alto, Pudahuel, Las Condes und La Reina (vgl. Tab. 25; Abb. 12 und 13).

Per Gesetzesdekret (D.L. 2.552) löste man die C.H.C. im Februar 1979 auf. Die Planungsvorhaben, das Kapital und die Verpflichtungen der Kommunalen Wohnbaukomitees (C.H.C.) übernahmen die regionalen SERVIU-Verwaltungsstellen (vgl. MINVU 1979)[2].

Nach dem Gesetzesdekret (D.L. 2.552) von 1979 hat man versucht, durch den Einsatz der Programme Vivienda Básicca, Saneamiento de Campamentos und Postulación Habitacional umfassendere Lösungen anzubieten.

### 6.3.2.2 Das Wohnbauprogramm "Vivienda Básica"

Das Einfachwohnbauprogramm Vivienda Social ging 1980 in das Programm Vivienda Básica (vgl. Tab. 22) über.

Sowohl die Vergabebedingungen als auch die staatlichen Finanzierungshilfen und die von den Teilnehmern geforderten Eigenleistungen (Bereitstellung der Eigenersparnisse, Kreditrefinanzierungen) sind bei beiden Programmen formal gleich (vgl. Tab. 21 und Tab. 22). Jedoch wurde bei dem Programm Vivienda Básica neben dem Umfang der bebauten Fläche und der Grundstücksgröße auch der Wert pro Wohneinheit reduziert, so daß bei gleichem Zuschußbetrag (max. 200 UF) die finanziellen Aufwendungen für die Partizipanten dieses Lösungsansatzes deutlich geringer ausfallen als bei dem Programm Vivienda Social.

Zwischen 1980 und 1982 stellte der Staat in Chile 19.205 Basishäuser (viviendas básicas) bereit, 25,7% (4.937) entstanden in den hauptstädtischen Gemeinden, wie

---

1) Per Gesetzesdekret D.L. 2552/79 wurde das Programm Vivienda Social Ende des Jahres 1979 eingestellt. Bis Anfang 1980 wurden die letzten Wohneinheiten innerhalb dieses Programms vergeben (vgl. MINVU 1981).
2) Zu den Gründen der Auflösung der C.H.C. wurden von MINVU offiziell keine Angaben gemacht.

**Tabelle 22: Das Wohnbauprogramm Vivienda Básica**

| Programm | Vergabekonditionen | Staatliche Finanzierungshilfe und Eigenleistung der Teilnehmer | Wert pro Wohneinheit und Wohntyp |
|---|---|---|---|
| Vivienda Básica (1980-....) | - Keine Ersparnisse erforderlich<br>- Es darf kein zusätzlicher Immobilienbesitz vorhanden sein<br>- finanzielle Belastungen zur Tilgung des Kredits dürfen 20% des Familieneinkommens nicht übersteigen<br>- Bewerbung und Selektion über SERVIU | - Zuschuß: 200 UF max.<br>- falls vorhanden, werden Eigenersparnisse vom Zuschuß abgezogen<br>- Kreditbetrag: Wert pro Wohneinheit minus 200 UF<br>- Kreditbedingungen: Laufzeit 12 Jahre; jährliche Zinsbelastung 12% | - Wert pro Wohneinheit: 225 UF<br>- bebaute Fläche: 24-36 $m^2$<br>- Parzellengröße: 100 $m^2$<br>- Wohnform:<br>  - Einfamilienhaus in Paarbauweise (pareada)<br>  - Reihenhaus (1-2 geschossig (continua) |

Quelle: MINVU 1980

La Granja, San Bernardo, Puente Alto Pudahuel, San Miguel, Quilicura (vgl. Tab. 25; Abb. 12 und 13).

Politischen und sozialen Unruhen in den randstädtischen campamentos von Groß-Santiago und anderen chilenischen Großzentren versuchte die Militärregierung mit der Ausweitung und raschen Bereitstellung von Programmen zur Wohnraumbeschaffung für untere Sozialschichten zu begegnen.

Die geplante Sanierung und Umsiedlung von Hüttensiedlungen, bis zu diesem Zeitpunkt nur zögernd in Angriff genommen, wurde nun speziell innerhalb des Programms Saneamiento de Campamentos in die Praxis umgesetzt.

### 6.3.2.3 Das Wohnbauprogramm "Saneamiento de Campamentos"

Die unter dem Programm Saneamiento de Campamentos (vgl. Tab. 23) implementierten Maßnahmen richten sich an die in "extremer Armut"[1] lebende Bevölkerung. Erstmals werden unter der Regierung Pinochets (1973-1990) sites and services und core-housing-Maßnahmen, d.h. die Vergabe von infrastrukturell erschlossenen Grundstücken und Sanitärzellen bzw. Einfachhäusern, durchgeführt[2]. Ausgehend

---

1) Im Jahr 1982 führten die Gemeindeverwaltungen in den campamentos Erhebungen durch zur Ermittlung der Arbeitslosenrate, Analphabetenquote, Größe des Familieneinkommens etc. Auf der Basis der ermittelten Daten wurde eine Klassifizierung der Bewohner nach ihren Lebensbedingungen vorgenommen. Die Ärmsten der Armen (letzte Kategorie) bezeichnet man als in extrema pobreza lebende Menschen.
2) Zu upgrading und site and service-Projekten als Strategien zur Lösung der HABITAT-Probleme in marginalen Siedlungen vgl. MERTINS 1984.

von diesen Basiseinrichtungen soll der Bau der Wohneinheiten in Eigenarbeit der Teilnehmer dieses Programms erfolgen.

Die Kosten für die Bereitstellung der Grundstücke und der Wohneinheiten bzw. der Sanitärzellen werden zunächst von der Gemeinde übernommen.

**Tabelle 23: Das Wohnbauprogramm Saneamiento de Campamentos**

| Programm | Vergabekonditionen | Staatliche Finanzierungshilfe und Eigenleistung der Teilnehmer | Wert pro Wohneinheit und Wohntyp |
|---|---|---|---|
| Saneamiento de campamentos (1982-....) | - Teilnehmende sind in der Gemeinde registriert als in extrema pobreza lebende Familie<br>- Auswahl der Teilnehmer durch SERVIU | - Kosten für Parzelle und Haus/Sanitärzelle übernimmt die Gemeinde<br>- monatliche Zahlungen der Begünstigten an die Gemeinde für a) Haus: 0,7-2,0 UF für b) Sanitärzelle: 0,2-0,7 UF | a) Haus:<br>- Wert pro Wohneinheit 220 UF<br>- bebaute Fläche: 18 $m^2$<br>- Erweiterungsmögl.: 9 $m^2$<br>Wohnform:<br>- Einfamilienhaus in Paarbauweise (pareada)<br>- Wohnungen in 2-4 geschossigen Reihenhäusern<br>b) Sanitärzelle:<br>- Wert pro Wohneinheit; 110 UF<br>- bebaute Fläche: 6 $m^2$ (Bad und Küche)<br>- Erweiterungsmögl.: nach Bedarf<br>Wohnform:<br>- individuell unterschiedlich<br>- Parzellengröße für a) und b): 100 $m^2$ |

Quelle: MINVU 1982

Innerhalb des Programms Saneamiento de Campamentos entstehen zwischen 1982 und 1985 in Groß-Santiago 14.932 Basiswohnungen/-häuser (viviendas básicas/económicas) und 27.229 Sanitärzellen[1] (vgl. Tab. 25). Die Wohnsiedlungen wurden fast ausnahmslos an der Peripherie randstädtischer Gemeinden, wie Peñalolén, Conchali, La Pintana, Renca, San Bernardo, Puente Alto und Pudahuel, gebaut (vgl. Abb. 12 und 13).

---

1) Von MINVU liegen bezüglich der Vergabe von Sanitärzellen und Basishäusern im Rahmen des Programms Saneamiento de Campamentos keine genauen Angaben vor. Die Berechnungen und Angaben stützen sich auf die Untersuchungen von MOLINA (1985), MORALES/ROJAS (1986) und WILCKENS (1986).

Parallel zum Programm Saneamiento de Campamentos wird seit 1984 das Programm Postulación Habitacional eingesetzt. Es richtet sich ebenfalls an die in "extremer Armut" lebenden Familien/Haushalte.

#### 6.3.2.4 Das Wohnbauprogramm "Postulación Habitacional"

Bei der Teilnahme am Programm Postulación Habitacional beziehen die Teilnehmer vorwiegend abgeschlossene Wohneinheiten. Die Größe der Wohnungen/Häuser schwankt zwischen 25 m² und 35 m². Innerhalb des seit 1984 eingesetzten Programms Postulación Habitacional werden bevorzugt Wohnungen in zwei- bis viergeschossigen Reihenhäusern (viviendas económicas) angeboten, deren Wert nach Berechnungen der SERVIU bei jeweils 190 UF liegt (vgl. Tab. 24).

**Tabelle 24: Das Wohnbauprogramm Postulación Habitacional**

| Programm | Vergabekonditionen | Staatliche Finanzierungshilfe und Eigenleistung der Teilnehmer | Wert pro Wohneinheit und Wohntyp |
|---|---|---|---|
| Postulatión Habilacional (1984-....) | - Eigenkapital begünstigt Teilnahme<br>- Teilnehmende sind in der Gemeinde als in extrema pobreza lebende Familie registriert<br>- Auswahl der Teilnehmer durch SERVIU | - Zuschuß: 180 UF max.<br>- falls vorhanden, werden Eigenersparnisse vom Zuschußbetrag abgezogen<br>- Kreditbedingungen:<br>  - monatliche Zahlungen an die Gemeinde von mindestens 0,3 UF<br>  - Laufzeit: 20 Jahre | - Wert pro Wohneinheit: 190 UF<br>- bebaute Fläche: 25-35 m²<br>- Parzellengröße: 100 m²<br>- Wohnform:<br>  - Einfamilienhaus in Paarbauweise (pareada)<br>  - Wohnungen in 2-4geschossigen Reihenhäusern |

Quelle: MINVU 1984

In Groß-Santiago konnten bis Ende 1985 im Rahmen dieses Programms 10.148 Wohneinheiten fertiggestellt und bezogen werden (vgl. Tab. 25). Sie befinden sich vorwiegend in den Kommunen San Bernardo, La Florida, Renca, La Pintana und La Cisterna (vgl. Abb. 12 und 13).

### 6.3.3 Zusammenfassender Überblick über die Kosten, den Umfang und die räumliche Verteilung der Wohnbaumaßnahmen in Groß-Santiago, 1975-1985

Zusammenfassend vermitteln Tabelle 25 und die Abbildungen 11, 12 und 13 einen Überblick über die Kosten der Wohnbauprogramme sowie über den Umfang und die räumliche Verteilung der einzelnen staatlich geförderten Wohnbaumaßnahmen auf die Gemeinden Groß-Santiagos.

Insgesamt wurden nach Angaben von MINVU (1976, 1977, 1978, 1979, 1980, 1981, 1982, 1983, 1984, 1985, 1986) zwischen 1975 und 1985 im Rahmen der vorgestellten Wohnbauprogramme für Mittelschichten und untere Sozialschichten in Chile 286.364 Zuschüsse bzw. Wohneinheiten vergeben (vgl. Tab. 25). Jeder zweite dieser Wohnbaulösungsansätze wurde in Groß-Santiago eingesetzt (49,8%), im Bereich der Einfachwohnbauten liegt der Anteil sogar bei 52,4%. Die Hauptstadtregion, in der heute ca. 40% der Gesamtbevölkerung Chiles leben, ist somit - im Verhältnis zum prozentualen Anteil an der Gesamtbevölkerung - übermäßig stark bei der Vergabe von Wohnbaulösungen berücksichtigt worden.

Aber: Weniger als die Hälfte der Maßnahme (134.095) richtet sich an untere Sozialschichten, und nur 24,6% (70.316 Wohneinheiten incl. Sanitärzellen) aller eingesetzten Lösungsansätze betreffen die Bereitstellung von Einfachwohnbauten in der Hauptstadt (vgl. Tab. 25).

Die Kosten für die Durchführung der Lösungsansätze über MINVU betragen 46.256.463,9 UF[1]. Nach Tabelle 25 dienen 58,7% dieser Geldmittel der Wohnraumversorgung unterer Sozialschichten. Dabei muß aber berücksichtigt werden, daß beispielsweise für die im Jahr 1983 kurzfristig eingesetzten Subventionen für den Verkauf der leerstehenden Häuser im Oberschichtsviertel von Groß-Santiago von MINVU 40.000.000 UF vergeben wurden (vgl. NECOCHEA 1986; Kap. 6.3.1.4). Folglich standen der Wohnraumversorgung mittlerer und oberer Einkommensgruppen allein aufgrund dieser Ausgaben mehr als 59.000.000 UF zur Verfügung, d.h. der Anteil der Kosten für die Bereitstellung von Einfachwohnbauten für untere Sozialschichten beträgt weniger als 50%.

Eine Minderung des Wohnraumdefizits, das 1985 über 1 Mio. Wohneinheiten umfaßte (vgl. Kap. 5.3.2) und von dem in erster Linie untere Sozialschichten betroffen sind, ist aufgrund des Umfangs und der Verteilung der Maßnahmen und den dafür bereitgestellten Finanzmitteln nicht zu erwarten. Quantitativ sind die angebotenen Wohnbaulösungen nicht einmal ausreichend, den dem natürlichen Bevölkerungswachstum entsprechenden Bedarf zu decken (vgl. Kap. 5.3.2). Ein Abbau des bestehenden Defizits ist vor diesem Hintergrund ausgeschlossen.

Die Verteilung der Wohnbaumaßnahmen für untere Sozialschichten in Groß-Santiago verlief zeitlich mit unterschiedlicher Intensität und mit räumlichen Schwerpunkten (vgl. Abb. 11, 12 und 13).
Die meisten Einfachneubauten entstanden in den Kommunen San Bernardo (12,1%), La Pintana (9,7%), Renca (9,1%), Peñalolén (9,0%) und Pudahuel (8,3%) (vgl. Abb. 11). Jeweils etwa 7% aller Neubauten wurden in den Gemeinden Puente Alto, Conchali, La Granja und La Florida gebaut. Auf die Gemeinden La Cisterna, Maipú und San Miguel entfallen jeweils zwischen 4,7% und 3,5% der zwischen 1975 und 1985 gebauten Neubausiedlungen für untere Sozialschichten. Die innerstädtischen Kommunen San Joaquin, Lo Prado, Estación Central, Santiago und Quinta Normal blieben bei der Verteilung von Neubauten weitgehend unberücksichtigt

---

1) Die Kosten, die MINVU bei der Kreditrefinanzierung über die Zentralbank entstehen, sind bei den Berechnungen nicht berücksichtigt. Angaben zum Umfang dieser Ausgaben waren nicht zugänglich.

Tabelle 25: Kosten und Umfang staatlich geförderter Wohnbaumaßnahmen in Chile und Groß-Santiago 1975-1985

| Programm | durchgeführte Maßnahmen in Chile | in Groß-Santiago | (%) | Kosten der durchgeführten Maßnahmen (in UF)[1] |
|---|---|---|---|---|
| Sistema Unico de Postulación | 53.327 | 25.327 | 47,5 | 6.692.538,5 |
| Subsidio Habitacional | 74.839 | 36.895 | 49,3 | 9.392.294,5 |
| Subsidio Variable | 24.103 | 10.047 | 41,7 | 3.024.926,5 |
| Zwischensumme | 152.269 | 72.269 | 47,0 | 19.109.759,5 |
| Vivienda Social | 27.617 | 13.070 | 47,3 | 6.633.603,4 |
| Vivienda Básica | 19.205 | 4.937 | 25,7 | 4.613.041,0 |
| Postulación Habitacional | 23.112 | 10.148 | 43,9 | 5.084.640,0 |
| Saneamiento de Campamentos | 64.161 | 42.161 | 65,7 | |
| davon: viviendas económicas/ básicas | 34.161 | 14.932 | 43,7 | 7.515.420,0 |
| casetas sanitarias[2] | 30.000 | 27.229 | 90,8 | 3.300.000,0 |
| Zwischensumme | 134.095 | 70.316 | 52,4 | 27.146.704,4 |
| Gesamt | 286.364 | 142.585 | 49,8 | 46.256.463,9 |

1) Die Berechnung der Kosten erfolgte in Anlehnung an NECOCHEA (1986), der die durchschnittlichen Zuschußbeträge für den Subsidio Habitacional auf 125,5 UF schätzt.Dieser Betrag wurde in der Tabelle auch für die Maßnahmen im Programm Sistema Unico de Postulación und Subsidio Variable angenommen. Die Kosten für den Bau einer Wohneinheit im Rahmen der Programme Vivienda Social und Vivienda Básica gibt MECOCHEA (1986) mit 240,2 UF an. Die Bereitstellung einer caseta sanitaria erfordert von MINVU einen Betrag von 110 UF (vgl. NECOCHEA 1986; Kap. 6.3.1.4). Für die innerhalb von Saneamiento de Campamento angebotenen viviendas básicas/económicas wurden in der Tabelle der Berechnung Kosten von 220 UF pro Wohneinheit zugrunde gelegt.
2) Zum Umfang der Vergabe von Sanitärzellen liegen bei MINVU keine genauen Angaben vor. Den Jahresberichten (vgl. MINVU 1978, 1979, 1980, 1981, 1982, 1983, 1984, 1985, 1986) läßt sich entnehmen, daß diese Wohnbaumaßnahmen fast ausschließlich in Groß-Santiago eingesetzt wurden.

Quellen: Eigene Berechnungen nach Angaben von MINVU (1976, 1977, 1978, 1979, 1980, 1981, 1982, 1983, 1984, 1985, 1986), NECOCHEA 1986

(jeweils 0,1 bis 0,9% aller erstellten Häuser/Wohnungen); ebenso auch die im Osten der Stadt gelegenen Kommunen Providencia, Las Condes und La Reina.
Auch die Gemeinden von Nuñoa, Quilicura und Cerro Navia sind lediglich bis zu 1,8% von der Verteilung von Einfachwohneinheiten betroffen.

Andere Kommunen, wie Huechuraba und Vitacura, die erst aufgrund der Ausweitung der städtischen Grenzen in das Stadtgebiet integriert wurden, erhielten keine

**Abbildung 11: Wohnbaumaßnahmen für untere Sozialschichten in den Kommunen von Groß-Santiago 1975-1985**

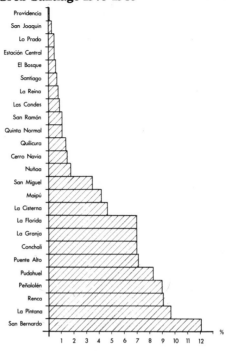

Quellen: Eigene Berechnungen nach Angaben von MINVU 1975-1985; Entwurf und Kartographie: A. NICKEL-GEMMEKE

Neubauten. Ebenso fanden in den Kommunen Independencia, Recoleta, Cerrillos, P.A. Cerda und Lo Espejo, die durch die Neugründung von Gemeinden bzw. die Verkleinerung anderer Gemeinden entstanden, keinerlei Baumaßnahmen im Rahmen dieser Programme statt.

Die räumlich sichtbare Konzentration von Einfachwohneinheiten auf bestimmte Gemeinden muß im Zusammenhang mit der Implementierung der Einfachwohnbauprogramme und einzelner Phasen intensiver oder geringer Bautätigkeiten gesehen werden (vgl. Abb. 12 und 13).

Die Übersicht über die Anteile der einzelnen Einfachwohnbauprogramme (vgl. Abb. 12), wie sie in den Kommunen Groß-Santiagos durchgeführt wurden, macht deutlich, daß zwischen 1975 und 1980 das Programm Vivienda Social überwiegend in den Gemeinden Santiago, Providencia, Nuñoa, La Reina, Quinta Normal, San Miguel, Quilicura und Las Condes eingesetzt wurde. Die quantitativ umfangreichsten Maßnahmen wurden innerhalb dieses Programmes jedoch in La Granja, San Miguel, Nuñoa, Maipú, Santiago und Quinta Normal vorgenommen (vgl. Abb. 13).

**Abbildung 12: Anteile der Wohnbauprogramme für untere Sozialschichten in den Kommunen Groß-Santiagos 1975-1985 (in %)**

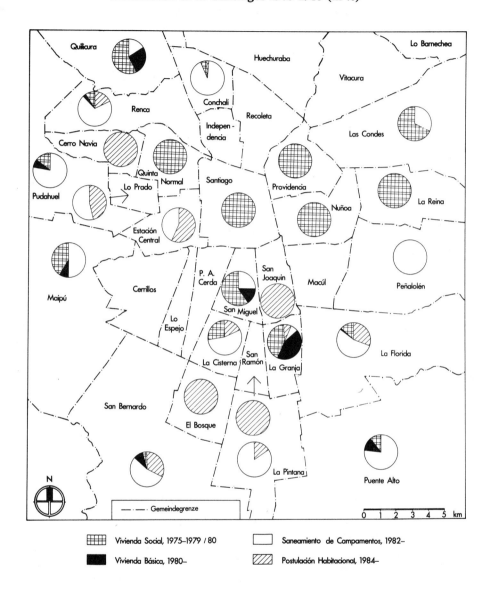

Quelle: Eigene Berechnungen nach Angaben von MINVU, 1975-1985

**Abbildung 13: Anteil der Wohnbauprogramme (1) für untere Sozialschichten an den gesamten Einfachwohnbaumaßnahmen und ihre kommunale Verteilung in Groß-Santiago (2) 1975-1985**

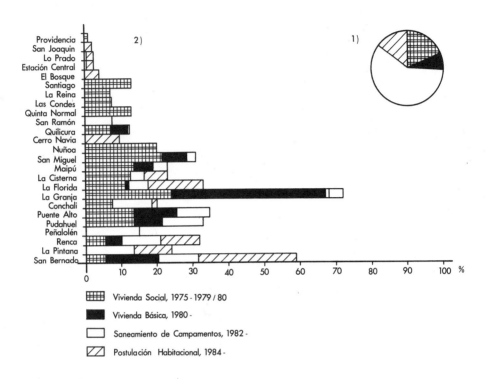

Quellen: Eigene Berechnungen nach Angaben von MINVU, 1975-1985; Entwurf und Kartographie: A. NICKEL-GEMMEKE

Im Rahmen des Programms Vivienda Social wurden in den sechs Jahren lediglich 18,6% der Neubauten für untere Sozialschichten gebaut (vgl. Abb. 13; Tab. 25). Noch weitaus geringer bleibt der Anteil der Lösungen, die aufgrund des 1980 eingeführten Programms Vivienda Básica entstanden. Sie umfassen 7% der gesamten Baumaßnahmen im Einfachwohnbau. Dieses Programm setzte man konzentriert in den Gemeinden La Granja, San Bernardo, Puente Alto, Pudahuel und San Miguel ein, in geringerem Umfang auch in Quilicura, Maipú, La Florida und Renca (vgl. Abb. 13).

In den Gemeinden La Granja und Quilicura wurden nach 1980 nur vereinzelt Einfachwohnbauten für untere Sozialschichten angeboten. 85,5% bzw. 83,5% der dort gebauten Wohneinheiten entstanden im Rahmen der Programme Vivienda Social und Vivienda Básica. Andere Gemeinden, wie La Pintana, Peñalolén, San

Ramon, Cerro Navia, Lo Prado, Estación Central, San Joaquin und El Bosque, wurden erst seit 1982 (Einsatzbeginn des Programms Saneamiento de Campamentos) in die Verteilung von Einfachwohnbauten eingeschlossen (vgl. Abb. 12).

Nach 1980 haben die Bautätigkeiten zugenommen, und gleichzeitig hat eine Verlagerung der Konzentration von Neubausiedlungen stattgefunden. In den Jahren 1975-1980 entstanden innerhalb des Programms Vivienda Social sowohl in innerstädtischen Kommunen, wie z.B. Santiago, Quinta Normal und Nuñoa, als auch in den vorwiegend von Oberschichts- und oberer Mittelschichtsbevölkerung bewohnten Kommunen Providencia, La Reina und Las Condes Neubauten für untere Sozialschichten. Seit 1981, verstärkt seit 1982, konzentrieren sich die Neubautätigkeiten ausschließlich auf einzelne randstädtische Kommunen wie San Bernado, La Pintana, Renca, La Florida, Peñalolén und Conchali (vgl. Abb. 12 und 13).

Dies muß im Zusammenhang mit den seit 1979 vorgenommenen Umsiedlungs- und Sanierungsarbeiten gesehen werden, die aufgrund der Implementierung der Wohnbauprogramme für untere Sozialschichten in Groß-Santiago zwischen 1979 und 1985 in großem Umfang stattfanden.

### 6.4 Die Sanierung und Umsiedlung von campamentos in Groß-Santiago ab 1979

Im Jahr 1979 führte MINVU in Groß-Santiago eine Erfassung aller campamentos durch. Es wurden 407 Siedlungen dieser Art registriert, in denen ca. 103.000 Familien in "extremer Armut" leben (vgl. HARAMOTO 1983: 123).

Unmittelbar nach den Siedlungserhebungen wurde noch im gleichen Jahr (1979) mit ihrer Sanierung oder ihrer Auflösung und Umsiedlung begonnen.

Die Sanierungsmaßnahmen bestehen in der Vermessung der Parzellen, ihrer Neuverteilung, der Vergabe von Besitztiteln für die Grundstücke und der Bereitstellung einer 6 m² großen Sanitärzelle, bestehend aus Küchen-, Toiletten- und Duschvorrichtungen (vgl. Tab. 23).

Die von einer Umsiedlung betroffenen campamento-Bewohner zogen in viviendas básicas/económicas, die aus einer Küche, einem Eß- und Wohnraum, einem Bad und zwei bis drei Schlafräumen mit drei bis vier Betten bestehen. Sofern die Wohneinheiten ein- oder zweigeschossig sind, besteht die Möglichkeit der Erweiterung der Wohnfläche (vgl. Tab. 22-24). In einzelnen Wohnsiedlungen sind sowohl Umsiedlungen als auch Sanierungsmaßnahmen vorgenommen worden.

### 6.4.1 Institutioneller und gesetzlicher Rahmen der Sanierungs- und Umsiedlungsmaßnahmen

Die gesetzlichen Grundlagen, auf denen die Sanierungs- und Umsiedlungsarbeiten basieren, wurden von MINVU 1979 mit dem Inkrafttreten des Gesetzes D.L. 2.552 geschaffen, womit den SERVIU die Verantwortung für die Planung und Durchführung der Arbeiten übertragen worden ist. Parallel dazu löste man die Wohnbaukomitees (C.H.C.) 1979 auf.

Im Jahr 1982 verabschiedete die Regierung ein neues Gesetz (L. 18.138), dem zufolge die Kommunen mit allen die campamento-Sanierung und Umsiedlung betreffenden Aufgaben beauftragt sind. SERVIU übernimmt nur die Leitung bei technischen Fragen.

Den Gemeindeverwaltungen fällt damit die Zusammenstellung von sozioökonomischen Daten der Familien, die Vorbereitung und Durchführung der Umzüge, die Absprachen mit den beteiligten Kommunen, die Aufnahme der umgesiedelten Familien und die Bereitstellung der Infrastruktur zu. Für die Lösung dieser umfangreichen Aufgabenstellungen sind sie weder personell noch finanziell ausgerüstet.

SERVIU Metropolitana übernimmt die Aufgabe, die Bauaufträge an private Firmen zu vergeben, die Flächen zu kaufen und die Wohneinheiten zu verteilen.

### 6.4.2 Umfang, zeitliche und räumliche Verteilung der Sanierungs- und Umsiedlungsmaßnahmen von campamentos in Groß-Santiago, 1979-1985

Zunächst sollten zwischen 1979 und 1984 340 campamentos in der Metropolitanregion mit einer Wohnbevölkerung von 51.797 Familien (ca. 260.000 Personen) in die Sanierungs- und Umsiedlungsaktionen einbezogen werden (vgl. MINVU 1980; SERPLAC METROPOLITANA 1982). Dort, wo es die räumlichen und gesetzlichen Umstände erlauben, beabsichtigte man die Sanierung von campamentos, d.h. 14.200 Familien (27,4%) sollten in ihren Wohnvierteln bleiben können. Für die Mehrzahl der Familien (37.597) war eine Umsiedlung vorgesehen (vgl. Tab. 26).

Entgegen den Planungen begünstigte die Sanierung weit mehr Familien als zunächst angenommen. Bis Anfang des Jahres 1985 wurden innerhalb dieser Maß-

Tabelle 26: **Geplante und realisierte Sanierungs- und Umsiedlungsmaßnahmen von campamentos in Groß-Santiago, 1979-1985**

|  |  | Sanierungs-maßnahmen | Umsiedlungs-maßnahmen | gesamt |
|---|---|---|---|---|
| Anzahl der campamentos |  | 67 | 273 | 340 |
| Anteil der campamentos (in %) |  | 19,7 | 80,3 | 100 |
| geplant | - betroffene Familien | 14.200 | 37.557 | 51.797 |
|  | - betroffene Familien (in %) | 27,4 | 72,6 | 100,0 |
| realisiert | - betroffene Familien | 28.440 | 28.231 | 56.671 |
|  | - betroffene Familien (in %) | 50,2 | 49,8 | 100,0 |

Quellen: Eigene Berechnungen nach Angaben von SECPLAC METROPOLITANA 1982, MOLINA 1985, MORALES/ROJAS 1986

nahmen bereits 28.440 Parzellen vergeben; 27.229 Sanitärzellen entstanden zwischen 1982 und 1985 im Rahmen des Programms Saneamiente de Campamentos[1].

Tabelle 27: Umfang und zeitliche Verteilung der Umsiedlungsmaßnahmen in der Metropolitanregion Santiagos, 1979-1985

| Jahr | intrakommunale Umsiedlung | interkommunale Umsiedlung | Anzahl aller Umsiedlungen |
|---|---|---|---|
| 1979 | 671 | 1.479 | 2.150 |
| 1980 | 948 | 1.244 | 2.192 |
| 1981 | 1.549 | 735 | 2.284 |
| 1982 | 637 | 2.648 | 3.285 |
| 1983 | 508 | 6.747 | 7.255 |
| 1984 | 655 | 8.472 | 9.127 |
| 1985 | 241 | 1.787 | 2.028 |
| Summe | 5.209 | 23.112 | 28.321 |

Quellen: Eigene Berechnungen nach Angaben von MOLINA 1985; MORALES/ROJAS 1986

Die umfangreichsten Sanierungen fanden in den Kommunen Peñalolén im Osten und in Conchali im Norden Groß-Santiagos statt. In der erstgenannten Kommune wurden ca. 6.000 und in der letztgenannten 4.500 casetas sanitarias gebaut.

Von einer Umsiedlung waren von 1979 bis 1985 in der Región Metropolitana, d.h. in erster Linie in Groß-Santiago (mehr als 90% aller Umzüge), 28.231 Familien (ca. 146.801 Menschen) betroffen. Es kam sowohl zu inter- als auch intrakommunalen Bevölkerungsverlagerungen (vgl. Tab. 27 und 28), wobei erstere stark überwiegen: mehr als 80% (23.112) aller Familien sind in einer anderen Kommune angesiedelt worden (vgl. Tab. 28; Abb. 14)[2].

Im Hinblick auf den Umfang und die Richtung ist der Umsiedlungsprozeß von 1979 bis 1985 nicht kontinuierlich verlaufen.

In den ersten drei Jahren (1979-1981) verteilte sich die Neuansiedlung von nur 6.624 Familien auf 22 verschiedene Kommunen, wobei 48% auf intrakommunale Umsiedlungen entfallen und auch ländliche Zentren, wie z.B. Colina, Talagante, Buin, Peñaflor, San José de Maipo, Curacavi und El Monte, außerhalb Groß-Santiagos in der Metropolitanregion in den Prozeß miteingeschlossen waren (vgl. Tab. 27 und 28).

---

1) Alle anderen Sanitärzellen wurden mit der Hilfe privater und verschiedener anderer öffentlicher Gelder gebaut.
2) In Abbildung 14 wurden die Umsiedlungsmaßnahmen, deren Umfang unter einhundert Familien blieb, aus Gründen der Übersichtlichkeit nicht durch Wanderungs- bzw. Umsiedlungspfeile dargestellt. Bei der Berechnung des Umfangs der Kreise von Ziel- oder Ursprungskommune wurden diese Umsiedlungen aber berücksichtigt.

Ab 1982 - parallel zu der Steigerung des Angebots von Einfachwohnbauten (vgl. Tab. 27) - stieg die Zahl der erradicaciones sprunghaft an und erreichte 1984 ihren Höhepunkt mit 9.127 Familien. Die Umsiedlungen richteten sich nun nur noch auf acht Gemeinden innerhalb Groß-Santiagos, die sich ausnahmslos am Stadtrand befinden: Renca, Cerro Navia, Peñalolén, El Bosque, San Bernardo, Puente Alto, La Pintana.

Anfang des Jahres 1985 wurden weitere 2.028 Familien umgesiedelt. Bis 1985 konzentrierten sich 64% aller Umsiedlungen und 72,4% der interkommunalen Umsiedlungen auf nur sechs Kommunen in Groß-Santiago. Vier dieser Gemeinden liegen im Süden der Stadt.

Als Zielkommune fungierte an erster Stelle La Pintana, wo 5.969 Familien, d.h. ca. 31.100 Personen angesiedelt wurden. Puente Alto und San Bernardo boten eine neue Heimat für jeweils 2.089 und 2.581 Familien. Im Norden nahm die Kommune Renca mehr als 3.000 Familien auf, im Osten der Hauptstadt wurden 1.700 Familien in Peñalolén untergebracht (vgl. Tab. 28 und 29; Abb. 14).

Diese Gemeinden waren auch meist selber von Umsiedlungsmaßnahmen betroffen. Das gilt u.a. für Peñalolén, San Bernardo und Cerro Navia. Dabei ergab sich z.B. folgende Situation: Cerro Navia erhielt 1.164 der umgesiedelten Familien, gleichzeitig zogen von dort aus 1.153 Familien in andere Gemeinden; d.h. die Gemeinde wuchs um 11 Familien (vgl. Tab. 28 und 29; Abb. 14).
Daneben gibt es Gemeinden mit starken Bevölkerungsverlusten, wie z.B. Estación Central, Conchali, Vitacura, Macul, Lo Espejo, Las Condes u.a. (vgl. Tab. 28 und 29; Abb. 14).

### 6.4.3 Die Kosten der Sanierungs- und Umsiedlungsmaßnahmen

Die Kosten für die Aufstellung der 28.440 Sanitärzellen betragen (bei 110 UF pro Wohneinheit) 3.128.400 UF. Für die aufgrund der Umsiedlungen fertiggestellten Wohnungen/Häuser (28.321) umfaßt die Summe 6.230.620 UF (bei 220 UF pro Wohneinheit).
Daneben müssen die Gemeinden pro sanierte Wohneinheit ca. 23,3 UF für die infrastrukturelle Erschließung, d.h. die Bereitstellung von Be- und Entwässerungsanlagen und 50,8 UF für den Ausbau des Straßen- und Wegenetzes und für sonstige Investitionen (Straßenbeleuchtung, Müllabfuhr etc.) aufwenden (vgl. SEPLAC METROPOLITANA 1982).

Für die Erschließung und Ausstattung der Neubausiedlungen liegen diese Beträge deutlich höher, da dort meist nicht auf bereits bestehende Anlagen zurückgegriffen werden kann. Angaben zum Umfang dieser Kosten liegen nicht vor. Ferner sind für die Zielkommunen der Umsiedlungen durch den Zuwachs von Bevölkerung erhebliche zusätzliche Kosten bei der Versorgung der Wohnbevölkerung mit Dienstleistungen entstanden (vgl. Kap. 8.2).

Die Sanierungs- und Umsiedlungsmaßnahmen implizieren eine Reihe von Veränderungen für die Wohnbevölkerung. Dies bezieht sich zum einen auf die Wohnsituation und zum anderen auf die Wohnumfeldqualität. Der Frage nach der Wohn-

**Abbildung 14: Umsiedlung von campamento-Familien in der Región Metropolitana nach Ursprungs- und Zielkommunen 1979-1985**

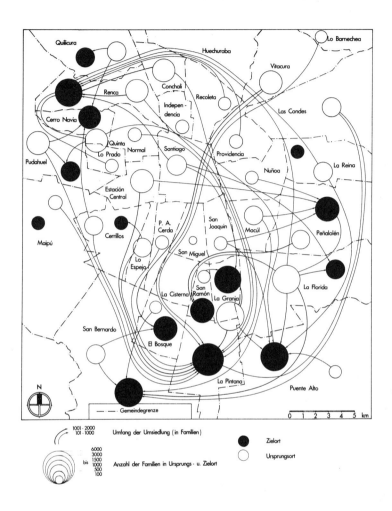

Quellen: Eigene Berechnungen nach Angaben von MOLINA 1985; MORALES/ROJAS 1986

**Tabelle 28: Ursprungs- und Zielkommunen der in der Metropolitanregion Santiagos umgesiedelten Familien, 1979-1985**

| | Quilicura | Renca | Cerro Navia | Pudahuel | La Reina | San Ramón | La Granja | La Florida | Peñalolén | Maipú | Cerrillos | El Bosque |
|---|---|---|---|---|---|---|---|---|---|---|---|---|
| Quilicura | 268 | 82 | – | – | – | – | – | – | – | – | – | – |
| Renca | 79 | 603 | 290 | – | 166 | – | – | 370 | – | – | – | – |
| Cerro Navia | 268 | 34 | – | 302 | – | – | – | 45 | – | – | 410 | – |
| Pudahuel | – | – | 324 | 103 | 77 | – | – | – | – | 57 | – | – |
| La Reina | – | – | – | – | 100 | – | – | – | – | – | – | – |
| San Ramón | – | – | – | – | 40 | 22 | 70 | 107 | 547 | – | – | – |
| La Granja | – | – | – | – | – | 343 | 1.166 | 58 | – | – | – | – |
| La Florida | – | – | – | – | – | – | – | 311 | – | – | – | – |
| Peñalolén | 27 | – | 40 | 62 | – | – | – | 413 | – | – | – | – |
| Maipú | – | – | – | – | – | – | – | – | – | 81 | – | – |
| Cerrillos | – | – | – | – | – | – | – | – | – | – | – | – |
| El Bosque | – | – | – | – | – | – | – | – | – | – | – | – |
| San Bernado | – | – | – | 3 | – | – | – | 650 | – | – | – | 200 |
| Puente Alto | – | – | 462 | 100 | 398 | – | 147 | 572 | 8 | – | – | – |
| La Pintana | 70 | 374 | 37 | 218 | 72 | 80 | 877 | – | – | 220 | 372 | – |
| Colina | – | – | – | – | – | – | – | – | – | – | 4 | – |
| Talagante | – | – | – | – | – | – | – | – | – | – | – | – |
| Buin | – | – | – | – | – | – | – | – | – | – | – | – |
| Paine | – | – | – | – | – | – | – | – | – | – | – | – |
| Peñaflor | – | – | – | – | – | – | – | – | – | – | – | – |
| Maria Pinto | – | – | – | – | – | – | – | – | – | – | – | – |
| Curacavi | – | – | – | – | – | – | – | – | – | – | – | – |
| San José de Maipo | – | – | – | – | – | – | – | – | – | – | – | – |
| El Monte | – | – | – | – | – | – | – | – | – | – | – | – |
| Verschiedene | – | – | – | – | – | – | – | – | – | – | – | – |
| Intrakommunale Umsiedlungen | 444 | 490 | 1.153 | 685 | 753 | 423 | 1.094 | 2.215 | 555 | 277 | 786 | 200 |
| Gesamt | 712 | 1.093 | 1.153 | 788 | 853 | 445 | 2.260 | 2.526 | 555 | 358 | 786 | 200 |

**Fortsetzung Tabelle 28**

| | San Bernardo | Puento Alto | Colina | Talagante | Buin | Paine | Peñaflor | Maria Pinto | Curacavi | San José | El Monte |
|---|---|---|---|---|---|---|---|---|---|---|---|
| Quilicura | – | – | – | – | – | – | – | – | – | – | – |
| Renca | – | – | 61 | – | – | – | – | – | – | – | – |
| Cerro Navia | 1 | – | – | – | – | – | – | – | – | – | – |
| Pudahuel | – | – | – | – | – | – | – | – | – | – | – |
| La Reina | – | – | – | – | – | – | – | – | – | – | – |
| San Ramón | – | – | – | – | – | – | – | – | – | – | – |
| La Granja | 81 | – | – | – | – | – | – | – | – | – | – |
| La Florida | – | – | – | – | – | – | – | – | – | – | – |
| Peñalolén | – | – | – | 54 | – | – | – | – | – | – | – |
| Maipú | – | – | – | – | – | – | – | – | – | – | – |
| Cerrillos | – | – | – | – | – | – | – | – | – | – | – |
| El Bosque | 298 | – | – | – | – | – | – | – | – | – | – |
| San Bernado | 304 | – | – | 4 | – | – | – | – | – | – | – |
| Puente Alto | – | 326 | – | – | – | – | – | – | – | – | – |
| La Pintana | 3 | – | – | – | – | – | – | – | – | – | – |
| Colina | – | – | 303 | – | – | – | – | – | – | – | – |
| Talagante | – | – | – | 300 | – | – | – | – | – | – | – |
| Buin | – | – | – | – | 58 | – | – | – | – | – | – |
| Paine | – | – | – | – | – | 298 | – | – | – | – | – |
| Peñaflor | – | – | – | – | – | – | 779 | – | – | – | – |
| Maria Pinto | – | – | – | – | – | – | – | 25 | – | – | – |
| Curacavi | – | – | – | – | – | – | – | – | 77 | – | – |
| San José de Maipo | – | – | – | – | – | – | – | – | – | 65 | – |
| El Monte | – | – | – | – | – | – | – | – | – | – | 20 |
| Verschiedene | – | – | – | – | – | – | – | – | – | – | – |
| Intrakommunale Umsiedlungen | 383 | – | 61 | 58 | – | – | – | – | – | – | – |
| Gesamt | 687 | 326 | 364 | 358 | 58 | 298 | 779 | 25 | 77 | 65 | 20 |

**Fortsetzung Tabelle 28**

| | Independencia | Recoleta | Conchali | Quinta Norma | Lo Prado | Vitacura | Lo Barnechea | Las Condes | Providencia | Santiago | Estación Central |
|---|---|---|---|---|---|---|---|---|---|---|---|
| Quilicura | – | – | – | – | – | – | – | – | – | 18 | 18 |
| Renca | 83 | 145 | 634 | 78 | 312 | – | – | – | 165 | 370 | – |
| Cerro Navia | – | – | – | – | – | – | – | 12 | – | 7 | – |
| Pudahuel | – | – | – | – | – | – | – | – | – | – | 79 |
| La Reina | – | – | – | – | – | – | – | – | – | – | 20 |
| San Ramón | – | – | – | – | – | 88 | – | – | – | – | – |
| La Granja | – | – | – | – | – | – | – | – | – | 296 | – |
| La Florida | – | – | – | 44 | – | – | – | – | – | 168 | – |
| Peñalolén | – | – | – | – | – | – | – | – | – | – | 238 |
| Maipú | – | – | – | – | – | – | – | – | – | – | – |
| Cerrillos | – | – | – | – | – | – | – | – | – | – | – |
| El Bosque | – | – | – | – | – | 650 | – | – | – | – | – |
| San Bernado | – | – | – | – | – | 12 | – | 199 | – | 1 | – |
| Puente Alto | – | – | – | – | 39 | – | – | 2 | – | 15 | – |
| La Pintana | 87 | – | 451 | 116 | 58 | 416 | 400 | 330 | 40 | 30 | 982 |
| Colina | – | – | – | – | – | – | – | – | – | – | – |
| Talagante | – | – | – | – | – | – | – | – | – | – | – |
| Buin | – | – | – | – | – | – | – | – | – | – | – |
| Paine | – | – | – | – | – | – | – | – | – | 20 | 6 |
| Peñaflor | – | – | 90 | – | – | – | – | – | – | 72 | – |
| Maria Pinto | – | – | – | – | – | – | – | – | – | – | – |
| Curacavi | – | – | – | – | – | – | – | – | – | – | – |
| San José de Maipo | – | – | – | – | – | – | – | – | – | – | – |
| El Monte | – | – | – | – | – | – | – | – | – | – | – |
| Verschiedene | – | – | – | – | – | – | – | – | – | – | 121 |
| Intrakommunale Umsiedlungen | 170 | 145 | 1.175 | 238 | 409 | 1.166 | 400 | 543 | 205 | 997 | 1.464 |
| Gesamt | 170 | 145 | 1.175 | 238 | 409 | 1.166 | 400 | 543 | 205 | 997 | 1.464 |

# Fortsetzung Tabelle 28

| | Pedro Ag. Cerda | San Joaquin | San Miguel | Macul | Nuñoa | El Espejo | La Cisterna | Verschied. | Interk. Umsiedl. | Intrak. Umsiedl. | Gesamt |
|---|---|---|---|---|---|---|---|---|---|---|---|
| Quilicura | – | – | – | – | – | – | – | 156 | 274 | 268 | 542 |
| Renca | – | – | – | – | – | – | – | 396 | 3.149 | 603 | 3.572 |
| Cerro Navia | – | – | – | – | – | – | – | 85 | 1.164 | – | 1.164 |
| Pudahuel | – | – | – | 23 | – | – | – | 347 | 907 | 103 | 1.010 |
| La Reina | – | – | – | – | – | – | – | – | 20 | 100 | 120 |
| San Ramón | – | – | – | 39 | 68 | 78 | – | 191 | 1.228 | 22 | 1.250 |
| La Granja | – | 99 | 93 | – | – | – | – | 142 | 1.112 | 1.166 | 2.278 |
| La Florida | – | – | – | – | – | – | – | 38 | 250 | 311 | 561 |
| Peñalolén | – | 240 | – | 380 | 264 | – | – | – | 1.718 | – | 1.718 |
| Maipú | – | – | – | – | – | – | – | 166 | 165 | 81 | 246 |
| Cerrillos | – | – | – | – | – | 160 | – | 182 | 342 | – | 342 |
| El Bosque | – | – | – | 58 | – | – | – | 211 | 1.217 | – | 1.217 |
| San Bernado | – | – | – | 193 | 66 | 6 | – | 755 | 2.089 | 304 | 2.393 |
| Puente Alto | – | 102 | – | 3 | – | – | 520 | 213 | 2.581 | 326 | 2.907 |
| La Pintana | 248 | – | – | 100 | – | 227 | 10 | 151 | 5.969 | – | 5.969 |
| Colina | – | – | – | 27 | – | – | – | 54 | 85 | 303 | 388 |
| Talagante | – | – | – | – | – | – | – | – | – | 300 | 300 |
| Buin | – | – | – | – | – | – | – | – | – | 58 | 58 |
| Paine | – | 20 | – | – | – | – | – | 10 | 56 | 298 | 354 |
| Peñaflor | – | – | – | – | – | – | – | 7 | 169 | 779 | 948 |
| Maria Pinto | – | – | – | – | – | – | – | – | – | 25 | 25 |
| Curacavi | – | – | – | – | – | – | – | – | – | 77 | 77 |
| San José de Maipo | – | – | – | – | – | – | – | 5 | 5 | 65 | 70 |
| El Monte | – | – | – | – | – | – | – | – | – | 20 | 20 |
| Verschiedene | – | – | – | – | – | 137 | – | 354 | 612 | – | 612 |
| Intrakommunale Umsiedlungen | 248 | 461 | 93 | 823 | 398 | 608 | 530 | 3.462 | 23.112 | 5.209 | 28.321 |
| Gesamt | 248 | 461 | 93 | 823 | 398 | 608 | 530 | 3.462 | – | – | 28.321 |

Quellen: Eigene Berechnungen nach Angaben von MOLINA 1985; MORALES/ROJAS 1986

**Tabelle 29: Bevölkerungsentwicklung aufgrund der Umsiedlungsmaßnahmen in den Kommunen Groß-Santiagos, 1979-1985**

| Kommune | Zuwachs an Familien | Abnahme an Familien | Differenz Familien | Personen |
|---|---|---|---|---|
| Quilicura | 274 | 444 | - 170 | - 884 |
| Renca | 3.149 | 490 | 2.669 | 13.827 |
| Cerro Navia | 1.164 | 1.153 | 11 | 57 |
| Pudahuel | 907 | 685 | 222 | 1.154 |
| La Reina | 20 | 753 | - 733 | - 3.812 |
| San Ramón | 1.228 | 423 | 805 | 4.186 |
| La Granja | 1.112 | 1.094 | - 18 | - 94 |
| La Florida | 250 | 2.215 | - 1.965 | - 10.218 |
| Peñalolén | 1.718 | 555 | 1.163 | 6.048 |
| Maipú | 165 | 277 | - 112 | - 582 |
| Cerrillos | 342 | 786 | - 444 | - 2.309 |
| El Bosque | 1.217 | 200 | 1.017 | 5.288 |
| San Bernardo | 2.089 | 383 | 1.706 | 8.871 |
| Puente Alto | 2.581 | – | 2.581 | 13.421 |
| La Pintana | 5.963 | – | 5.969 | 31.039 |
| Colina | 85 | 61 | 24 | 125 |
| Talagante | – | 58 | - 58 | - 302 |
| Paine | 56 | – | 56 | 291 |
| Peñaflor | 169 | – | 169 | 879 |
| San José de Maipo | 5 | – | 6 | 26 |
| Independencia | – | 170 | - 170 | - 884 |
| Recoleta | – | 145 | - 145 | - 754 |
| Conchali | – | 1.175 | - 1.175 | - 6.110 |
| Quinta Normal | – | 238 | - 238 | - 1.238 |
| Lo Prado | – | 409 | - 409 | - 2.127 |
| Vitacura | – | 1.166 | - 1.166 | - 6.063 |
| Lo Barnechea | – | 400 | - 400 | - 2.080 |
| Las Condes | – | 543 | - 543 | - 2.824 |
| Providencia | – | 205 | - 205 | - 1.066 |
| Santiago | – | 997 | - 997 | - 5.184 |
| Estación Central | – | 1.464 | - 1.464 | - 7.613 |
| P. Aguirre Cerda | – | 248 | - 248 | - 1.290 |
| San Joaquin | – | 461 | - 461 | - 2.397 |
| San Miguel | – | 93 | - 93 | - 484 |
| Macul | – | 823 | - 823 | - 4.280 |
| Nuñoa | – | 398 | - 398 | - 2.070 |
| Lo Espejo | – | 608 | - 608 | - 3.162 |
| La Cisterna | – | 530 | - 530 | - 2.756 |
| Verschiedene | 612 | - 3.462 | – | – |
| Summe | 23.112 | 23.112 | – | – |

Quellen: Eigene Berechnungen nach Angaben von SECPLAC METROPOLITAN 1982; MOLINA 1985; MORALES/ROJAS 1986

und Lebenssituation der von einer Sanierung oder Umsiedlung erfaßten campamento-Bevölkerung wurde anhand eigener Untersuchungen in verschiedenen Einfachwohnbausiedlungen in Groß-Santiago nachgegangen (vgl. Kap. 7 und Kap. 8).

# 7.
## Die Sanierungs- und Umsiedlungsmaßnahmen anhand von Fallbeispielen

### 7.1. Zur Methodik der Untersuchung

Die Untersuchung in acht ausgewählten, im Rahmen staatlicher Wohnbauprogramme zwischen 1973 und 1985 entstandenen Siedlungen wurde von November 1985 bis Oktober 1986 in verschiedenen Gemeinden Groß-Santiagos durchgeführt[1].

Zum Vergleich der unter der Militärregierung seit 1975 implementierten Lösungsansätze im Bereich des Einfachwohnbaus für untere Sozialschichten wurden zwei Wohnsiedlungen mit in die Untersuchung aufgenommen, von denen die eine, Jaime Eyzaguirre, die sich bereits vor 1973 im Bau befand, erst 1975 im Rahmen des Programms Vivienda Social vollständig bezogen werden konnte, und die andere, General Baquedano, 1980 im Rahmen des mittelschichtsorientierten Programms Sistema Unico de Postulación entstand (vgl. Tab. 30).

Insgesamt wurden 1.242 Haushaltsvorstände befragt[2]. Nach dem Durchlauf eines Pretests (dabei wurden mindestens jeweils 2% der Haushalte pro Wohnsiedlung erfaßt), der Berechnung des Umfangs der eigentlichen Stichprobe, schloß sich die Befragung nach dem Prinzip der Zufallsstichprobe an. Insgesamt wurden 1.192 der standardisierten Fragebögen ausgewertet. Es nahmen zwischen 12,5% und 64,1% der Wohnbevölkerung pro Wohnsiedlung an der Untersuchung teil (vgl. Tab. 30). Die Auswertung der Erhebungen erfolgte 1988 und 1989 mit Hilfe von SAS Programmen.

Das Ziel der Befragungen war vor allem die Feststellung der Effizienz der Adäquanz staatlicher Wohnbaulösungen für untere Sozialschichten (vgl. Kap. 1.2). Aus diesem Grund wurden bei der Analyse der implementierten Programme des Einfachwohnbaus besonders die für die Bewohner geltenden finanziellen Bedingungen und die angebotenen Wohnformen im Hinblick auf die Bedürfnisse und Möglichkeiten der Zielgruppe berücksichtigt.

---

1) Die Durchführung der umfangreichen Befragung wurde ermöglicht durch die Mitarbeit von Studenten des Instituto de Geografia, Pontificia Universidad Católica de Chile und von Angestellten aller beteiligten Kommunalverwaltungen, insbesondere der Gemeinden Puente Alto, San Bernardo und La Florida.

2) Unter Haushaltsvorstand wird die Person verstanden, die den Haushalt leitet, unabhängig davon, ob sie weiblich oder männlich ist. Bei der Befragung wurde weitgehend auf den Begriff Familie zugunsten des Begriffs Haushalt verzichtet. Unter "Familie" versteht man i.d.R. "die rechtliche und soziologische Einheit", während "Haushalt", "die durch eine gemeinsame Wohnung und Wirtschaftsführung gekennzeichnete Einheit ist" (BÄHR 1983: 35 f). Ein "Haushalt" besteht in dieser Arbeit aus "Mutter", "Vater" und Kindern (Kernfamilie), wobei nicht die verwandtschaftlichen Beziehungen das Definitionskriterium sind, sondern die gemeinschaftliche Nutzung einer Wohneinheit und die Erwirtschaftung eines (Haushalts-)einkommens, das allen Haushaltsmitgliedern zuteil wird.

**Tabelle 30: Übersicht über die untersuchten Wohnsiedlungen staatlicher Wohnbauprogramme in Groß-Santiago**

| Name der Wohnsiedlung | Kommune | Anzahl aller Wohneinheiten | Anzahl der befragten Haushalte | Wohnbauprogramm | Entstehungsjahr der Wohnsiedlungen | Haustyp |
|---|---|---|---|---|---|---|
| Villa de los Héroes | Conchali | 1.761 | 361 | Saneamiente der Campamentos | Anfang der 70er Jahre | Sanitärzelle |
| Patricio Mekis | Estación Central | 145 | 93 | Saneamiente de Campamentso | 60er Jahre | Sanitär zelle |
| El Mariscal | Puente Alto | 400 | 77 | Saneamiento de Campamentos | 1984 | Doppelhaus (1-gesch.) |
| Eleuterio Ramirez | La Pintana | 1.062 | 130 | Vivienda Básica | 1983 | Doppelhaus (1-gesch.) |
| Villa Angelmó[1] | San Bernado | 588 | 100 | Postulación Habitacional | 1985 | Reihenhaus (2-gesch.) |
| General Baquedano[2] | Maipú | 690 | 85 | Sistena Unico de Postulación | 1980 | Reihenhaus (2-gesch.) |
| Los Quillayes[3] | La Florida | 1.346 | 170 | Postulación Habitacional | 1975 | Wohnblöcke (3-gesch.) |
| Jaine Eyzaguirre | Nuñoa | 1.344 | 170 | Vivienda Social (CORVI) | 1975 | Wohnblöcke (3-gesch.) |

1) Die Wohnsiedlung Villa Angelmó besteht insgesamt aus zehn Sektoren mit über 1.500 Wohneinheiten. Die Befragung wurde ausschließlich in den Sektoren 3 und 4 durchgeführt.
2) Die Wohnsiedlung General Baquedano umfaßt 22 Sektoren, von denen die Sektoren 1 bis 10 in die Befragung integriert wurden.
3) In Los Quillayes sollen weitere Wohneinheiten entstehen. Befragt wurden die Bewohner der Sektoren 1 bis 4, die bereits seit einem Jahr in der Siedlung leben.

Quelle: Eigene Zusammenstellung, März 1986

Der erste Teil des Fragebogens zielt auf die Erfassung der Alters- und Geschlechtsstruktur der Haushaltsvorstände sowie weiterer soziodemographischer und ökonomischer Charakteristika (Größe und Zusammensetzung der Haushalte, Ausbildungsniveau, Erwerbs- und Einkommensstruktur; vgl. Fragebogen im Anhang).

Die Analyse der Wohnsituation und die Frage nach der Verbesserung der Wohnraumversorgung für die von der Sanierung oder Umsiedlung betroffenen Bevölkerung schließt sich im zweiten Teil des Fragebogens an, unter Berücksichtigung der Kriterien verwendete Baumaterialien, Größe der Wohneinheiten (m$^2$/Be-

wohner) und ihrer Erweiterungsmöglichkeiten sowie die Nutzungsmöglichkeiten der angebotenen Wohnbaulösungen.
Ferner wurde auch nach der Ausstattung der Haushalte mit Brennstoffen und Gebrauchsgegenständen des täglichen und längerfristigen Bedarfs gefragt.

Von besonderem Interesse war im Rahmen der Untersuchung die Aufnahme und Präsenz von allegados in den befragten Haushalten, die erheblichen Einfluß auf die Wohnsituation ausüben (vgl. Kap. 7.2.5 und 7.3.5). Darüber hinaus wurden, auf der Basis von eigenen Kartierungen und der Auswertung kommunaler Entwicklungsberichte, die Existenz und Erreichbarkeit (Verkehrsanbindungen) von Bildungs- und Arbeitsstätten und das Versorgungs- und Freizeitangebot in den Wohnsiedlungen oder in ihrer Nähe in die Betrachtung mitaufgenommen[1].

Andere im Rahmen der Untersuchung reflektierte Fragestellungen betreffen die Konsolidierungsprozesse im Zusammenhang mit den ihnen möglicherweise zugrunde liegenden Faktoren (z.B. Beschäftigungssituation und Einkommen der Haushalte), die die Größe und die Ausstattung der Wohneinheiten und der Wohnsiedlungen prägen.

Die untersuchten Wohnbausiedlungen befinden sich in verschiedenen Kommunen und über das gesamte Stadtgebiet Groß-Santiagos verteilt. Dabei gilt es zu hinterfragen, inwieweit sich deren Lokalisation positiv oder negativ auf die Wohnbevölkerung bezüglich der Versorgung mit Wohnfolgeeinrichtungen auswirkt.
In Abhängigkeit von den angebotenen Lösungsansätzen staatlicher Wohnbauprogramme werden die Sanierungsmaßnahmen und die Umsiedlungsmaßnahmen getrennt behandelt und einzelne Wohneinheitstypen (Sanitärzelle, Doppelhaus, Reihenhaus, Wohnung in einem Wohnblock) gesondert dargestellt.

### 7.2 Die Campamento-Sanierung in Groß-Santiago: Die Wohnsiedlungen Patricio Mekis und Villa de los Héroes de la Concepción

Die Erhebungen zur Sanierung von campamentos in Groß-Santiago wurden in zwei verschiedenen Wohnsiedlungen dieser Art durchgeführt: Eine davon - Patricio Mekis - gehört zu der im Stadtzentrum gelegenen Kommune Estación Central, die zweite - Villa de los Héroes de la Conceptión[2] - ist Teil der sich am nördlichen Stadtrand befindenden Kommune Conchali.

Bis 1982 existierten in der Kommune Estación Central zehn campamentos, die bis 1984 mit Ausnahme von Patricio Mekis alle umgesiedelt wurden (vgl. Kap. 4.5.3). Das ehemalige campamento Patricio Mekis entstand in den 60er Jahren und umfaßte 1986 - nach Abschluß der Sanierungsmaßnahmen - 145 Parzellen.

---

1) Da bisher nur wenige Studien zur Wohnbevölkerung staatlicher Wohnbausiedlungen vorliegen, mangelt es an vergleichbaren Daten. Eine ausführliche Diskussion der Ergebnisse der vorliegenden Untersuchung ist in Kapitel 8.2 enthalten.
2) Der vollständige Name der Wohnsiedlung lautet Villa de los Héroes de la Concepción, doch im folgenden wird sie aus praktischen Gründen Villa de los Héroes genannt.

In dieser Wohnsiedlung wurden 93 Haushaltsvorstände befragt, 22 von ihnen sind weiblich.

Weitaus größeren Ausmaßes ist das Sanierungsgebiet der Siedlung Villa de los Héroes, das zum Zeitpunkt der Untersuchung (April/Mai 1986) aus 1.761 Parzellen bestand und dessen Sanierungsprozeß zwei Jahre zurückliegt. Die Gründung der Siedlung ist auf eine illegale Landnahme Anfang der 70er Jahre zurückzuführen. Die Befragung umfaßte hier 361 Haushalte, von denen 90 von Frauen geleitet werden.

Ca. 90% der befragten Bewohner beider Siedlungen lebten bereits vor der Durchführung der Sanierungsarbeiten in dem jeweiligen campamento. Die übrigen Befragten wohnten als Besetzer, allegados oder Mieter in verschiedenen anderen Kommunen Groß-Santiagos. Sie wurden durch die Gemeindeverwaltungen der jetzt sanierten Wohnsiedlungen in das Programm aufgenommen.

Bezüglich des Wohnstatus vor den Sanierungen (vgl. Tab. 31) waren mehr als 50% der Befragten beider Wohnviertel allegados oder Besetzer. 28% bzw. 35,2% wohnten zur Miete, und 18,3% bzw. 8,6% gaben an, Besitzer einer Wohneinheit gewesen zu sein. Letzteres entspricht nicht den Zielvorstellungen von MINVU, wonach die Teilnahme an dem Sanierungsprogramm, und generell an allen Einfachwohnbauprogrammen, bei bestehendem Grundbesitz ausgeschlossen sein sollte.

**Tabelle 31: Wohnstatus der Befragten vor der Sanierung der Siedlungen Patricio Mekis und Villa de los Héroes (in %)**

| Wohnstatus | Patricio Mekis | Villa de los Héroes |
|---|---|---|
| Besetzer | 45,2 | 17,8 |
| "Allegado" | 8,6 | 38,5 |
| Mieter | 28,0 | 35,2 |
| Eigentümer | 18,3 | 8,6 |

Quelle: Eigene Befragungen, April-Mai 1986

### 7.2.1 Zusammensetzung der Haushalte nach Alter, Größe und Familienstand in Patricio Mekis und Villa de los Héroes

In beiden Wohnsiedlungen, Patricio Mekis und Villa de los Héroes, dominiert die Altersgruppe der 35- bis 39jährigen Haushaltsvorstände (vgl. Abb. 15 a) und b)). Zusammen mit den jüngeren Jahrgängen stellen sie mehr als die Hälfte (54,1% in Patricio Mekis und 52,7% in Villa de los Héroes) aller befragten Haushaltsvorstände dar.

Dennoch liegt das Durchschnittsalter der Befragten in Patricio Mekis bei 41,8 und in Villa de los Héroes bei 40,7 Jahren. Dies erklärt sich zum einen aus der geringen Anzahl der unter 24jährigen und zum anderen aus dem hohen Anteil (27,2% in Villa de los Héroes und 22,7% in Patricio Mekis) von Personen der 40 bis 44 und 45 bis 48

Jahre alten Befragten. Das niedrigere Durchschnittsalter der befragten Wohnbevölkerung in Villa de los Héroes ist Folge des größeren Anteils der Altersgruppen bis 34 Jahre - er beträgt in Villa de los Héroes 29,7% und in Patricio Mekis 28,2% -, vor allem aber eines stärkeren Anteils der über 54jährigen in Patricio Mekis, dem 18,6% der befragten Haushaltsvorstände angehören. Diese Altersgruppe ist in Villa de los Héroes deutlich seltener (11,5%) vertreten.

**Abbildung 15: Altersstruktur der Haushaltsvorstände in**

a) Patricio Mekis          b) in Villa de los Héroes

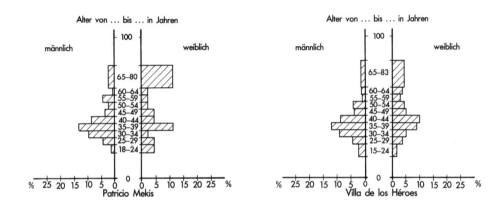

Quellen: Eigene Befragungen, April-Mai 1986; Entwurf und Kartographie: A. NICKEL-GEMMEKE

Generell gehört eine Vielzahl der weiblichen Haushaltsvorstände (ca. 25% aller Befragten) in beiden Fällen einer höheren Altersgruppe an: In Patricio Mekis sind nur 45,5% von ihnen unter 39 Jahre alt, in Villa de los Héroes sogar nur 38,9%. Allein 22,7% der Haushaltsvorsteherinnen in Patricio Mekis zählen mehr als 65 Jahre.

Der relativ hohe Anteil an älteren Frauen ist auf die Selektionskriterien zurückzuführen, die bei der Auswahl der Familien/Haushalte für eine Umsiedlung oder Sanierung der campamentos angelegt wurden: Alleinstehende und/oder ältere Frauen wurden mit ihrer Familie bei Sanierungsmaßnahmen verstärkt berücksichtigt. Ferner liegt die Entstehungszeit der beiden campamentos zwanzig bis fünfundzwanzig Jahre zurück, so daß anzunehmen ist, daß ein Großteil der Besiedler damals junge Paare oder Familien waren, die sich zwecks Familiengründung auf der Suche nach geeignetem Wohnraum dort niederließen (vgl. BÄHR 1976; BÄHR/MERTINS 1981; BÄHR 1986).

Aber auch heute ist noch mit einem Wachstum der Familiengrößen zu rechnen, denn in beiden Wohnsiedlungen ist ein Drittel aller männlichen und ein Fünftel aller weiblichen Haushaltsvorstände unter 35 Jahre alt.

Sind im Hinblick auf die Altersstruktur der befragten Haushaltsvorstände nur geringe Unterschiede zwischen der Bevölkerung der beiden Siedlungen erkennbar, so ergeben sich deutliche Differenzen bei der Haushaltsgröße (vgl. Abb. 16).

**Abbildung 16: Größe der Haushalte in Patricio Mekis und Villa de los Héroes**

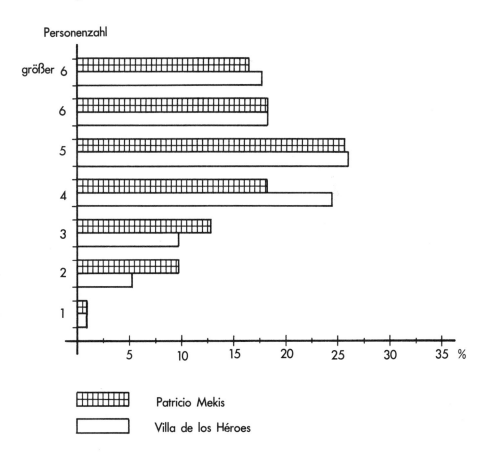

Quellen: Eigene Befragungen, April-Mai 1986; Entwurf und Kartographie A. NICKEL-GEMMEKE

In Villa de los Héroes, der Wohnsiedlung mit dem etwas höheren Anteil an jüngeren Haushaltsvorständen, beträgt die durchschnittliche Haushaltsgröße 5,0

Personen, in Patricio Mekis liegt der Durchschnitt bei 4,7 Personen[1].
In beiden Fällen dominiert zwar der Fünfpersonenhaushalt (vgl. Abb. 16), gefolgt von dem mit vier Personen, jedoch ist in Patricio Mekis der Anteil der Ein- bis Zweipersonenhaushalte doppelt so hoch wie in Villa de los Héroes. Dies ist in erster Linie auf den höheren Anteil alleinstehender, älterer Menschen in Patricio Mekis zurückzuführen. Es ist anzunehmen, daß die Kinder bereits ausgezogen sind und einen eigenen Hausstand gegründet haben.

Ebenso wie in Villa de los Héroes bestehen in Patricio Mekis ein Drittel aller befragten Haushalte aus sechs und mehr Personen, wenngleich in letztgenannter Wohnsiedlung die Großfamilien mit neun bis zwölf Personen nicht vertreten sind, sie aber in Villa de los Héroes 3,5% aller Haushalte umfassen.

In der Regel bestehen die Haushalte aus der "Kernfamilie" (LEIB/MERTINS 1983: 90 ff), d.h. den beiden Elternteilen und einem oder mehreren Kindern. So leben in Patricio Mekis 18,2% der befragten Frauen und 84,5% der Männer mit ihrem Ehemann bzw. ihrer Ehefrau und ihren Kindern zusammen (vgl. Tab. 32). In freien Lebensgemeinschaften wohnen 4,6% der Frauen und 11,3% der Männer. In Villa de los Héroes gaben 24,4% der Haushaltsvorsteherinnen und 84,9% der Haushaltsvorstände an, mit ihrer Kernfamilie zusammenzuleben. Eine freie Lebensgemeinschaft bevorzugen 3,3% der Frauen und 7,4% der Männer.

Auffallend ist jedoch der hohe Anteil an alleinstehenden Frauen, die durchschnittlich ein Viertel aller Haushalte leiten (vgl. Tab. 32). So leben in Patricio Mekis 78,1% der befragten Frauen allein, ein Drittel von ihnen ist über 65 Jahre alt und verwitwet; mehr als 50% der Frauen müssen außer für sich noch für ihre Kinder sorgen. In Villa de los Héroes leben 72,2% aller befragten Frauen ohne Partner oder Ehemann, und zwei Drittel sind allein für eine Familie verantwortlich.

Tabelle 32: Der Familienstand der Befragten von Patricio Mekis und Villa de los Héroes (in %)

| Familien-stand | Patricio Mekis | | | Villa de los Héroes | | |
|---|---|---|---|---|---|---|
| | männlich | weiblich | gesamt | männlich | weiblich | gesamt |
| ledig | 2,8 | 36,4 | 10,0 | 5,5 | 16,7 | 8,4 |
| verheiratet | 84,5 | 18,2 | 68,8 | 84,9 | 24,4 | 69,8 |
| mit Partner | 11,3 | 4,6 | 9,7 | 7,4 | 3,3 | 6,3 |
| geschieden | – | – | – | – | – | – |
| getrennt | – | 9,1 | 2,2 | 1,5 | 31,1 | 8,9 |
| verwitwet | 1,4 | 31,8 | 8,6 | 0,7 | 24,4 | 6,7 |

Quelle: Eigene Befragungen, April/Mai 1986

---

1) Das chilenische Instituto Nacional de Estadisticas (INE) (Nationales Institut für Statistik) geht nach dem letzten Zensus (1982) von einer durchschnittlichen Haushaltsgröße von 5,2 Personen aus (vgl. INE 1982).

Der große Anteil an alleinstehenden weiblichen Haushaltsvorständen läßt sich nur zum Teil mit der höheren Lebenserwartung der Frauen erklären (vgl. Kap. 3.5.1), denn in Villa de los Héroes sind nur 6,6% der befragten Frauen über 65 Jahre alt (vgl. Abb. 15). Neben den genannten Selektionskriterien (vgl. Kap. auch 6.3.2.3) bei der Auswahl der von der Sanierung betroffenen Haushalte spielt ebenso die Tatsache eine Rolle, daß eine Reihe von Männern ihre Familien verlassen haben[1].

### 7.2.2 Ausbildungs- und Beschäftigungsstruktur der Haushalte

Im Hinblick auf den Ausbildungsstand lassen sich, anders als bei der Beschäftigungsstruktur der befragten Haushaltsvorstände, in Patricio Mekis und Villa de los Héroes nur geringe Differenzen feststellen (vgl. Tab. 33 und 34). Beachtlich ist die im Vergleich zum nationalen Durchschnitt hohe Rate von Analphabeten in beiden campamentos: Sie beträgt in Patricio Mekis 7,5% und in Villa de los Héroes sogar 8,9%[2].

Nach eigenen Angaben verfügen jeweils ca. 5% der Befragten nur über geringe Schreib- und Lesekenntnisse, so daß die Quote funktionaler Analphabeten[3] ca. 18,6% bzw. 11,4% beträgt.

In beiden Siedlungen schlossen ca. 37% der Haushaltsvorstände die Primarschulausbildung (1.-6. Schuljahr)[4] nicht ab, nur ca. 21% erreichten diesen Abschluß. Ca. 40% der Befragten haben an Kursen der Sekundarstufe (7.-12. Schuljahr) teilgenommen, dabei haben aber nur 5,4% in Patricio Mekis und 8,6% in Villa de los Héroes einen Sekundarschulabschluß erzielt. Eine weiterführende schulische oder universitäre Bildungsstätte besuchten nur 2,2% bzw. 1,4% der befragten Haushaltungsvorstände in den beiden campamentos.

Bei den befragten Frauen ist der Bildungsstand deutlich niedriger als bei den Männern (vgl. Tab. 33). Nach eigenen Angaben erhielten 16,7% der Frauen in Villa de los Héroes und 9,1% der Frauen von Patricio Mekis keinerlei schulische Ausbildung. Zwar haben 54,4% der Frauen von Villa de los Héroes an einer Grundschulausbildung teilgenommen, aber nur 18,9% haben diese auch abgeschlossen, und nur 8,9% verfügen über einen weiterführenden Schulabschluß. In Patricio Mekis hat die

---

1) Auf dieses Problem der alleinstehenden Frauen, die für ihre Familien sorgen müssen, wurde auch in anderen Untersuchungen besonders hingewiesen (vgl. BALTES 1987, 1988; GILBERT/WARD 1983).
2) Die nationale Analphabetenrate liegt bei 5,3% der Bevölkerung im Alter von 15 und mehr Jahren (vgl. STATISTISCHES BUNDESAMT 1988: 25).
3) Der Begriff "funktionale" Analphabeten bezeichnet die Personen, die nur über geringe Lese- und Schreibkenntnisse verfügen und i.d.R. nicht länger als ein Jahr oder zwei Jahre zur Schule gegangen sind.
4) Bis Ende der 60er Jahre war das chilenische Schulsystem in eine sechsjährige Primarschulausbildung (Preparatoria/Básica) und eine ebenfalls sechsjährige Sekundarschulausbildung (Humanidades) gegliedert. Seit 1968/69 schließt sich der acht (Pflicht-)Schuljahre umfassenden Grundschulausbildung (Básica obligatoria) die vierjährige Sekundarstufe (Media) an, deren erfolgreicher Abschluß den Zugang zu einer Hochschule oder Universität gestattet. In Anbetracht des Alters der Haushaltsvorstände wurde der Untersuchung der zeitliche Verlauf des älteren Schulsystems zugrunde gelegt. Nach Angaben des STATISTISCHEN BUNDESAMTES (1988: 25) besuchen in Chile ca. 95% der Kinder eine Grundschule und 45% der Heranwachsenden eine weiterführende Bildungseinrichtung.

**Tabelle 33: Der Ausbildungsstand der Befragten von Patricio Mekis und Villa de los Héroes (in %)**

| Schuljahre | Patricio Mekis | | | Villa de los Héroes | | |
|---|---|---|---|---|---|---|
| | männlich | weiblich | gesamt | männlich | weiblich | gesamt |
| 0 | 7,0 | 9,1 | 7,5 | 6,3 | 16,7 | 8,9 |
| 1 | 1,4 | – | 1,1 | 2,6 | 2,2 | 2,5 |
| 2 | 7,0 | – | 5,4 | 4,1 | 3,3 | 3,9 |
| 3 | 5,6 | 18,2 | 8,6 | 4,8 | 11,1 | 6,8 |
| 4 | 5,6 | 9,1 | 6,5 | 7,6 | 12,2 | 8,9 |
| 5 | 7,0 | 9,1 | 7,5 | 6,3 | 6,7 | 6,4 |
| 6 | 23,9 | 13,6 | 21,5 | 21,8 | 18,9 | 21,1 |
| 7 | 4,2 | – | 3,2 | 8,5 | 3,3 | 7,2 |
| 8 | 12,7 | 13,6 | 12,9 | 8,1 | 5,6 | 7,5 |
| 9 | 5,6 | 13,6 | 7,5 | 5,9 | 4,4 | 5,5 |
| 10 | 8,5 | – | 6,5 | 8,1 | 3,3 | 6,9 |
| 11 | 1,4 | 13,6 | 4,3 | 5,5 | 3,3 | 5,0 |
| 12 | 7,0 | – | 5,4 | 8,9 | 7,8 | 8,6 |
| > 12 | 2,8 | – | 2,2 | 1,5 | 1,1 | 1,4 |

Quelle: Eigene Befragungen April/Mai 1986

Hälfte der Haushaltsvorsteherinnen nur eine Grundschulausbildung, einen Abschluß erzielten aber nur 13,6%. Die Sekundarstufe beendete in dieser Wohnsiedlung keine der Befragten erfolgreich.

Es wird deutlich, daß die ökonomische Situation der Familien, die eine Beteiligung der Frauen bei der Einkommensbeschaffung erfordert, und die Versorgung der Kinder eine qualifizierte Schulausbildung der Frauen nicht zuläßt (vgl. AGUILAR/ VOGEL 1983; BALTES 1988).

Bezüglich der Beschäftigungssituation ergeben sich deutliche Unterschiede zwischen den beiden Wohnsiedlungen (vgl. Tab. 34). Zunächst liegt der Anteil derer, die einen festen Arbeitsvertrag haben, in Patricio Mekis mit 35,6% über dem der Festbeschäftigten in Villa de los Héroes (31,9%). Ferner sind 8,6% der Befragten in Patricio Mekis entweder arbeitslos oder nehmen an einem Minimalarbeitsprogramm teil (vgl. Kap. 4.2). In Villa de los Héroes liegt diese Rate mit 16,9% fast doppelt so hoch. Alle anderen Haushaltsvorstände im erwerbsfähigen Alter betätigen sich im sogenannten "informellen Sektor"[1]. Dies gilt besonders für die Frauen, von denen nur 18,2% bzw. 16,7% einen festen, d.h. vertraglich gesicherten Arbeitsplatz haben.

---

1) Der informelle Sektor wurde 1972 nach dem ILO-Weltbeschäftigungsprogramm in einem Report für Kenia durch folgende Merkmale charakterisiert: "(a) ease of entry; (b) reliance on indigenous resources; (c) familyownership of enterprises; (d) small scale of operation; (e) labourintensive and adapted technology; (f) skills aquired outside the formal schoolsystem and (g) unregulated and competitive markets" (ILO (1972); zit. nach BROMLEY 1978).Die Zweiteilung der städtischen Wirtschaft in einen formellen und einen informellen Sektor führt zurück auf HART (1973), der diese Begriffe in seiner Untersuchung des städtischen Wirtschaftssektors in Ghana einführte. In der

Auch was die Art der Beschäftigung im Subsistenzbereich betrifft, differieren die Angaben der Bewohner der beiden campamentos (vgl. Tab. 34). So leben in Patricio Mekis allein 37,5% der Haushaltsvorstände vom Straßenverkauf. Dies hängt vor allem mit der zentrumsnahen Lage der Wohnsiedlung Patricio Mekis zusammen. Die An- und Abtransportwege der zum Verkauf angebotenen Waren sind kleinräumlich festgelegt, denn rund um den nahegelegenen Hauptbahnhof, die innerstädtischen Metrostationen und in den Fußgängerzonen befinden sich eine Reihe von Ständen und kleineren Kiosken, wo den Reisenden und Passanten neben Reiseproviant allerlei Artikel des täglichen Bedarfs angeboten werden und auch eine entsprechende Nachfrage besteht.

Tabelle 34: **Die Beschäftigungssituation der Befragten von Patricio Mekis und Villa de los Héroes (in %)**

| Art der Beschäftigung | Patricio Mekis | | | Villa de los Héroes | | |
|---|---|---|---|---|---|---|
| | männ-lich | weib-lich | ge-samt | männ-lich | weib-lich | ge-samt |
| mit Vertrag | 40,9 | 18,2 | 35,6 | 36,9 | 16,7 | 31,9 |
| Student/innen | 1,4 | – | 1,1 | – | – | – |
| Pensionär/Rentner | 5,6 | 22,7 | 9,7 | 4,4 | 24,4 | 9,4 |
| Hausfrau/-mann | – | 9,1 | 2,2 | 0,4 | 6,7 | 1,9 |
| arbeitslos | 5,6 | 4,6 | 5,4 | 9,2 | 5,6 | 8,3 |
| PEM/POJH* | 2,8 | 4,6 | 3,2 | 10,7 | 2,2 | 8,6 |
| ohne Vertrag | 43,7 | 40,9 | 42,8 | 38,4 | 44,4 | 39,9 |
| davon: - Straßenverkäufer | 48,4 | – | 37,5 | 17,3 | 8,2 | 14,3 |
| - Handwerker | 19,4 | 22,2 | 20,0 | 32,7 | 28,6 | 31,3 |
| - Tagelöhner | 29,1 | 55,6 | 35,0 | 50,0 | 28,6 | 42,8 |
| - Hausangestellte | – | 22,2 | 7,5 | – | 34,7 | 11,6 |

*) PEM und POJH sind die von der Militärregierung Mitte der 70er Jahre eingesetzten Minimalbeschäftigungsprogramme.

Quelle: Eigene Befragungen, April-Mai 1986

---

wissenschaftlichen Forschung wurde die von HART entwickelte Dualismus-Theorie städtischer Sektoren stark kritisiert, und jüngere Untersuchungen haben gezeigt, daß der informelle Sektor mit dem formellen Sektor verbunden ist und ebenso wie dieser als Teil der städtischen Wirtschaft fungiert (vgl. HERRLE 1982; ELWERT/EVENS/WILCKENS 1983; ELWERT 1985). Der Begriff "informeller Sektor" deutet auf eine Parallelität zu "informellem", d.h. illegalem Siedeln hin, die jedoch nicht vorhanden sein muß. So meint HERRLE (1982: 22) "Nicht alle Bewohner spontaner Siedlungsformen arbeiten in informellen Wirtschaftsformen; nicht alle Beschäftigten im informellen Sektor sind Bewohner von Spontansiedlungen. Die Analogie ist aber insoweit dennoch gerechtfertigt, als es sich um einen Sektor der Wirtschaft handelt, der sich dem Zugriff offizieller Statistik und Planung weitgehend entzieht und auf niedrigem Lohnniveau Einkommensmöglichkeiten für einen wachsenden Teil der armen Bevölkerung in den Städten der Dritten Welt bereitstellt. Hier findet die Masse der Händler, Straßenverkäufer, Schneider, Töpfer, Handwerker, der Rikschafahrer, der Barbiere usw. ein minimales Einkommen.

Im Gegensatz dazu ist in der an der Peripherie Groß-Santiagos gelegenen Villa de los Héroes die Nachfrage nach Waren aller Art sehr gering, da es an der notwendigen Kaufkraft mangelt. Hier arbeiten nur 14,3% der im informellen Sektor Tätigen als Straßenverkäufer. In Villa de los Héroes geht ein großer Teil der Befragten einer Beschäftigung im handwerklichen Bereich als Ofenbauer, Elektriker, Anstreicher, Maurer, Friseur etc. nach (vgl. Tab. 34). Ferner versucht der überwiegende Anteil der Beschäftigten, sein Einkommen durch Tagelöhnerarbeiten zu erwirtschaften: In Villa de los Héroes arbeiten ca. 43% als Gärtner, Wächter, Wäscher- oder Näherinnen, Aushilfen in Restaurants oder Supermärkten oder Papiersammler. 34,7% der Frauen von Villa de los Héroes arbeiten als Hausangestellte in einer der ökonomisch bessergestellten Familien Santiagos.

Bei der Lage der Arbeitsplätze - und vermutlich ebenso bei der Suche nach einer Beschäftigung - wirkt sich die marginale Lage der Wohnsiedlung Villa de los Héroes erschwerend aus. In Patricio Mekis arbeiten beispielsweise 41% der Befragten in der Kommune und 67,6% derer, die die Kommune verlassen müssen, um ihrer Beschäftigung im Raum Groß-Santiagos nachzugehen, finden ihren Arbeitsplatz in der Nachbarkommune Santiago (vgl. Tab. 35). 18,3% der Haushaltsvorstände von Patricio Mekis haben ihren Arbeitsplatz außerhalb von Groß-Santiago.

**Tabelle 35: Lage der Arbeitsplätze der Befragten von Patricio Mekis und Villa de los Héroes (in %)**

| Lage des Arbeitsplatzes | | Patricio Mekis | Villa de los Héroes |
|---|---|---|---|
| außerhalb Groß-Santiagos | | 18,3 | 3,1 |
| innerhalb der Kommune | | 40,9 | 44,8 |
| außerhalb der Kommune | | 40,9 | 52,1 |
| davon in: | Santiago[1] | 67,6 | 49,3 |
| | Providencia[2] | 5,4 | 28,4 |
| | anderen Kommunen | 27,0 | 22,3 |

1) Die Kommune Santiago steht stellvertretend für die im innerstädtischen Bereich gelegenen Kommunen Santiago, Estación Central, Recoleta und Independica.
2) Die Kommune Providencia steht stellvertretend für die im östlichen Stadtgebiet gelegenen Kommunen Providencia, Las Condes und La Reina.

Quelle: Eigene Befragungen, April-Mai 1986

Für die Erwerbstätigen in Conchali stellt sich die Situation anders dar: 51,7% der Haushaltsvorstände arbeiten außerhalb der Kommune, aber im Stadtgebiet Groß-Santiagos. Im innerstädtischen Bereich (Santiago) sind 49,3% von ihnen tätig, weitere 28,4% haben eine Anstellung im östlichen Stadtgebiet, in den Gemeinden Providencia und Las Condes, gefunden, wo eine entsprechende Nachfrage nach Hausangestellten und Hilfskräften besteht. Alle anderen Befragten arbeiten in verschiedenen Kommunen über das ganze Stadtgebiet verteilt, und nur 3,2% verlassen die Hauptstadt.

Um das Haushaltseinkommen zu sichern, arbeiten bei einem Drittel aller befragten Haushalte mindestens zwei Personen (vgl. Tab. 36). In Villa de los Héroes tragen teilweise sogar bis zu acht Haushaltsangehörige zum Einkommen bei. Dies betrifft vorwiegend ältere, größere Kernfamilien, wo die Kinder bereits im erwerbsfähigen Alter sind. Die durchschnittliche Anzahl der Beschäftigten liegt in Villa de los Héroes bei 1,4 Personen und damit leicht über der in Patricio Mekis mit 1,3 Personen.

Tabelle 36: Zum Familien-/Haushaltseinkommen beitragende Personen in Patricio Mekis und Villa de los Héroes (in %)

| Personenzahl | Patricio Mekis | Villa de los Héroes |
|---|---|---|
| bis zu 1 | 67,7 | 69,0 |
| 2 | 25,8 | 22,4 |
| 3 | 5,4 | 5,5 |
| 4 | – | 1,4 |
| 5 | 1,1 | 1,1 |
| 6 | – | 0,3 |
| 7 | – | – |
| 8 | – | 0,3 |

Quelle: Eigene Befragungen, April-Mai 1986

Zusammenfassend läßt sich festhalten, daß der Bildungsstand der Haushaltsvorstände von Villa de los Héroes dem der Befragten von Patricio Mekis gleicht. Dennoch geht ein größerer Anteil der Beschäftigten aus Villa de los Héroes einer weniger qualifizierten Tätigkeit nach. Dies spiegelt sich in den Einkommensverhältnissen wider.

### 7.2.3 Einkommensstrukturen der Haushalte

Die Analyse der Einkommensstrukturen der befragten Haushalte macht eine ökonomische Besserstellung der Bevölkerung von Patricio Mekis deutlich (vgl. Tab. 37). In Villa de los Héroes muß fast ein Drittel der Haushalte (30%) mit einem Familieneinkommen bis zu 7.000 Pesos auskommen[1]; in Patricio Mekis sind es nur 7,7% der Familien. 54,9% der Haushalte haben dort ein Einkommen zwischen 10.001 und 20.000 Pesos (in Villa de los Héroes sind es nur 34,4%) und 21,5% von mehr als 20.000 Pesos (in Villa de los Héroes sind es 15,3%).

In Anbetracht der geringen Höhe der Einkommen und dessen, was gemäß der Angaben für die Lebensmittelversorgung aufgewendet werden muß, bleiben den Haushalten nur geringe Beträge, die für Kleidung, Bildung, Freizeit, Transport etc. ausgegeben werden können.

---
1) Diese Beträge liegen unter denen, die bei den "Hilfseinkommen" (8.000 Pesos) der Minimalbeschäftigungsprogramme gezahlt werden, und unter denen des Mindestlohns, der 1984 bei 9.870 Pesos lag (RUIZ-TAGLE 1984: 573; SCHÜTZ 1987: 61).

**Tabelle 37: Einkommensstruktur und durchschnittliches Monatseinkommen der Haushalte von Patricio Mekis und Villa de los Héroes (in %)**

| Einkommen (in chil. Pesos*) | Patricio Mekis | Villa de los Héroes |
|---|---|---|
| <    5.000 | 3,3 | 12,5 |
| 5.001 -   7.000 | 4,4 | 17,5 |
| 7.001 - 10.000 | 16,1 | 20,5 |
| 10.001 - 15.000 | 32,3 | 17,5 |
| 15.001 - 20.000 | 22,6 | 16,9 |
| 20.001 - 25.000 | 12,9 | 8,9 |
| 25.001 - 30.000 | 3,2 | 3,6 |
| 30.001 - 40.000 | 5,4 | 2,8 |
| >  40.000 | – | – |
| Monatsdurchschnittseinkommen | 12.000 | 8.800 |

*) 198 chil. Pesos entsprechen 1 US $, Mai 1986

Quelle: Eigene Befragungen, April-Mai 1986

Von dieser prekären Sitution sind besonders die einkommensschwächsten Familien von Villa de los Héroes betroffen. In Patricio Mekis sind 51,6% der Familien in der Lage, für Lebensmittel monatlich mehr als 10.000 Pesos ausgeben zu können. Dies können sich in Villa de los Héroes nur 37,4% der befragten Haushalte leisten; 13,3% müssen mit weniger als 3.501 Pesos auskommen.

**Abbildung 17: Durchschnittliches Einkommen und durchschnittliche Ausgaben für Lebensmittel und die Nutzung der Wohneinheit in Patricio Mekis und Villa de los Héroes (in % und chil. Pesos)**

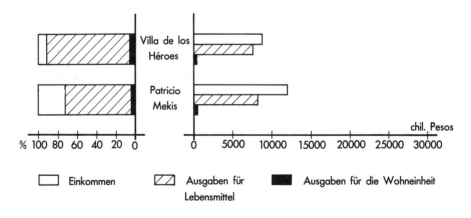

Quellen: Eigene Befragungen, April-Mai 1986; Entwurf und Kartographie: A. NICKEL-GEMMEKE

Die Benutzung öffentlicher Verkehrsmittel belastet zusätzlich das Familieneinkommen. Auch in dieser Hinsicht sind die Bewohner von Villa de los Héroes benachteiligt, da sie eines oder mehrere öffentliche Verkehrsmittel in Anspruch nehmen müssen, um beispielsweise das Stadtzentrum zu erreichen.

Einen weiteren maßgeblichen Anteil an den Ausgaben haben die monatlichen finanziellen Belastungen für die infrastrukturelle Erschließung der Parzelle und die Nutzung der Sanitärzelle. Hierfür bezahlen die Bewohner zwischen 400 und 750 Pesos, im Durchschnitt liegen die Beträge zwischen 450 und 500 Pesos, an die Gemeinden. Entsprechend der Richtlinien des Sanierungsprogramms sollen diese Zahlungen nicht 10% des Haushaltseinkommens übersteigen (vgl. Tab. 23 in Kap. 6.3.2.3 und Abb. 17). Bei 3,3% der Bewohner von Patricio Mekis und 12,5% der Befragten von Villa de los Héroes ist dies dennoch der Fall (vgl. Kap. 8.1).

Nach Abzug aller monatlich anfallenden Kosten, die ausschließlich der Daseinssicherung dienen (Lebensmittelversorgung und Wohnraumnutzung), stehen einem Haushalt in Villa de los Héroes durchschnittlich nicht mehr als 750 Pesos (3,8 US $) zur Verfügung. In Patricio Mekis liegt der Betrag höher, er beläuft sich auf 3.300 Pesos (16,6 US $). Die Ausgaben für Kleidung und Transport sind in diesen Rechnungen nicht berücksichtigt.

### 7.2.4 Analyse der Wohnsituation nach der Sanierung der campamentos

Man kann - wenn auch mit Einschränkungen[1] - davon ausgehen, daß die sozioökonomische Situation der untersuchten Haushalte an der Größe und Ausstattung ihrer Wohneinheiten sichtbar wird. Fraglich ist, inwiefern sich die Höhe der Einkommen auf den Umfang der Erweiterungen (in m²) und die bei den Anbauten verwendeten Materialien auswirkt.

Auch die Art der Nutzung der Wohneinheit wird evtl. von sozioökonomischen Aspekten determiniert.

### 7.2.4.1 Anzahl, Umfang und Nutzung der Anbauten in Patricio Mekis und Villa de los Héroes

In Villa de los Héroes erfolgten die Sanierungsarbeiten, d.h. die Neuvermessung und Neuverteilung der Parzellen, die Anbindung an infrastrukturelle Einrichtungen (Ver- und Entsorgungsnetz) und die Aufstellung der Sanitärzelle mit den entsprechenden Vorrichtungen, sukzessive zwischen 1982 und 1984, d.h. sie waren zum Zeitpunkt der Befragung mindestens seit zwei Jahren abgeschlossen. In Patricio Mekis führte man die Sanierungsmaßnahmen erst 1985 durch.

Demzufolge hatten in der in Conchali gelegenen Wohnsiedlung bereits drei Viertel der befragten Haushalte im Jahr 1986 eine Erweiterung der Sanitärzelle vorläufig abgeschlossen, was in Patricio Mekis nur bei 12,9% der Fälle festgestellt

---

1) Nicht alle Haushalte räumen dem Grundbedürfnis "Wohnen" den gleichen Stellenwert ein. Beispielsweise wird die Ausbildung der Kinder oft höher eingeschätzt, und es wird dafür finanziell mehr aufgewendet.

werden konnte (vgl. Tab. 38). Auf allen anderen Parzellen befinden sich die Anbauten noch - oder erneut - im Bauprozeß.

Tabelle 38: **Erweiterungen der Wohneinheiten in Patricio Mekis und Villa de los Héroes (in %)**

| Erweiterungen (in m$^2$) von ... bis... | Patricio Mekis | Villa de los Héroes |
|---|---|---|
| < 10    | –    | 2,0  |
| 10 - 14 | 1,1  | 4,0  |
| 15 - 19 | 17,2 | 8,9  |
| 20 - 24 | 23,6 | 13,0 |
| 25 - 29 | 13,0 | 5,6  |
| 30 - 34 | 21,5 | 11,7 |
| 35 - 39 | 11,9 | 22,1 |
| 40 - 44 | 7,5  | 15,2 |
| 45 - 49 | 2,2  | 6,6  |
| > 50    | 2,2  | 11,4 |
| im Bau befindliche Erweiterungen | 87,1 | 24,7 |
| abgeschlossene Erweiterungen | 12,9 | 75,3 |

Quelle: Eigene Befragungen, April-Mai 1986

Beim Umfang der Erweiterungen ergeben sich sowohl deutliche Unterschiede innerhalb der beiden campamentos als auch bei einem Vergleich zwischen den beiden (vgl. Tab. 38). In Villa de los Héroes gibt es Erweiterungen von 2 m$^2$ oder auch 81 m$^2$, in Patricio Mekis reicht die Spanne von 12 m$^2$ bis zu 40 m$^2$. Die durchschnittliche Quadratmeterzahl der Erweiterungen beträgt in Villa de los Héroes 34 m$^2$, und in Patricio Mekis 27,5 m$^2$. Dort übersteigt die Anbaufläche selten (nur bei 4,4% der befragten Haushalte) den Umfang von 44 m$^2$, was in Villa de los Héroes dagegen bei 18% der Befragten der Fall ist (vgl. Tab. 38).

Bedingt durch die Haushaltsgröße kommen Anbauten mit einer Fläche von weniger als 10 m$^2$ nur für einzelne Haushalte in Frage. Gerade auch in Patricio Mekis, wo ein relativ hoher Anteil an Ein- und Zweipersonenhaushalten besteht, liegen alle Anbauten über der genannten Größe. In dieser Siedlung haben viele Haushalte (40,8%) bisher zwischen 15 m$^2$ und 24 m$^2$ an zusätzlicher Nutz- oder Wohnfläche fertiggestellt. Bei einer Reihe anderer Haushalte (34,5%) betragen die Erweiterungen zwischen 25 m$^2$ und 34 m$^2$. Zwischen 35 m$^2$ und 44 m$^2$ bauten 19,4% der Haushalte aus.

Dagegen umfassen in Villa de los Héroes die bebauten Flächen in vielen Fällen 35 m$^2$ bis 44 m$^2$ (bei 37,3% der Befragten).

Die höhere Quadratmeterzahl der Anbauten in Villa de los Héroes hängt in erster Linie mit den im Vergleich zu Patricio Mekis größeren Haushalten und dem damit verbundenen Bedarf an Wohnfläche bzw. Räumen zusammen. So haben in Patricio

Mekis 36,6% der Befragten bisher nur ein oder zwei Zimmer angebaut, knapp die Hälfte aller Haushalte (48,4%) verfügt über drei Zimmer, und 15% erweiterten ihre Wohneinheit auf vier und fünf Räume (vgl. Tab. 39). In Villa de los Héroes bestehen 70% der Wohneinheiten aus mehr als ein bis zwei Räumen, etwa ein Drittel (31,3%) der Haushalte hat die angebaute Fläche in drei Zimmer aufgeteilt, und in 38,5% der Fälle gaben die Befragten an, vier und mehr Räume abgeteilt zu haben.

**Tabelle 39: Zimmerzahl in den Wohneinheiten der Siedlungen Patricio Mekis und Villa de los Héroes**

| Anzahl der Zimmer | Patricio Mekis | Villa de los Héroes |
|---|---|---|
| 1 | 5,4 | 5,0 |
| 2 | 31,2 | 25,5 |
| 3 | 48,4 | 31,3 |
| 4 | 11,8 | 29,4 |
| 5 | 3,2 | 5,3 |
| > 5 | – | 3,6 |

Quelle: Eigene Befragungen, April-Mai 1986

In beiden Wohnsiedlungen verfügen die Haushalte meist nur über einen oder zwei Schlafräume (79,8% in Villa de los Héroes und 93,6% in Patricio Mekis). Alle anderen Räume werden gemeinschaftlich genutzt, d.h. es bestehen nur wenig Möglichkeiten für das Privatleben des einzelnen, da er innerhalb der Wohneinheit aufgrund der beengten räumlichen Verhältnisse permanent in das Familienleben integriert ist.

Den Bewohnern von Villa de los Héroes und Patricio Mekis wurden weder von seiten der Gemeinden noch von anderen Institutionen (z.B., MINVU) Auflagen (Beachtung bestimmter Bauvorschriften) beim Ausbau der Sanitärzellen gemacht.

**Tabelle 40: Die kommerzielle Nutzung der Erweiterungsbauten in Patricio Mekis und Villa de los Héroes (in %)**

| | Patricio Mekis | Villa de los Héroes |
|---|---|---|
| kommerzielle Nutzung | 5,4 | 6,9 |
| Art der Nutzung als: | | |
| - Kiosk | 60,0 | 64,0 |
| - Werkstatt | – | 12,0 |
| - Reparaturwerkstatt | 20,0 | 24,0 |
| - Getränkeladen | – | – |
| - Friseur | – | – |
| - andere Nutzung | 20,0 | – |

Quelle: Eigene Befragungen, April-Mai 1986

Sie erhielten aber auch keinerlei Hilfestellungen oder Ratschläge bezüglich einer sinnvollen Bebauung des Grundstücks oder baustatischer Fragen etc. Nach der Bereitstellung der Sanitärzelle (vgl. Abb. 18) durch die Gemeinde blieben die Bewohner ihren Selbsthilfearbeiten überlassen.

**Abbildung 18: Grundriß einer Sanitärzelle**

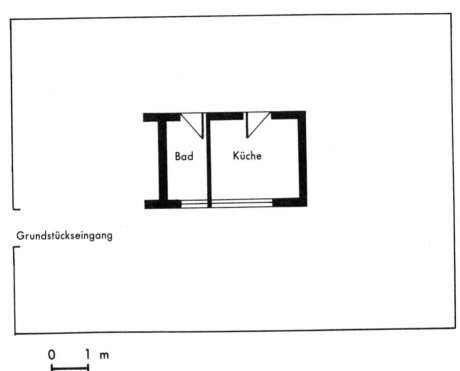

Quellen: Eigene Kartierung, April-Mai 1986; Entwurf und Kartographie: A. NICKEL-GEMMEKE

Neben der Wohnfunktion beansprucht auch die kommerzielle Nutzung einen Teil der Erweiterungen (vgl. Tab. 40): In Villa de los Héroes ist bei 7% der Haushalte ein Teil der bebauten Fläche dieser Nutzung vorbehalten. In Patricio Mekis führen nur 5% der Befragten den Raum partiell einer anderen als der Wohnfunktion zu.
Bei einer kommerziellen Nutzung handelt es sich meist um Kioske. Das betrifft 64% der Räume in Villa de los Héroes und 60% derselben in Patricio Mekis. Reparatur- oder Kunsthandwerkstätten (bei letzterem sind auch die Friseurläden miteingeschlossen) sind in Villa de los Héroes zu 24% und 12% vertreten, in Patricio Mekis zu je 20%.
Die häufigere kommerzielle Nutzung von Anbauflächen in der räumlich marginal gelegenen Wohnsiedlung Villa de los Héroes hängt mit der Erwerbsstruktur zusam-

men; der Anteil an Beschäftigten im handwerklichen Subsistenzbereich ist um 11% höher als in Patricio Mekis (vgl. Kap. 7.2.2.2).

### 7.2.4.2 Verwendete Baumaterialien bei den Erweiterungsbauten der Sanitärzellen

Den Baumaterialien, d.h. ihrer Qualität, ihrer Erreichbarkeit und der Art ihrer Verwendung, kommt im Hinblick auf die Wohnsituation und deren Verbesserung eine entscheidende Bedeutung zu. Sie sind einer der Hauptkostenfaktoren im Bauprozeß, denn zwischen 40% bis 60% der Baukosten entfallen auf die Baustoffe und -materialien (vgl. NIERMANN 1978, 1982; ZISS/KOTOWSKI-ZISS 1986). Im Rahmen der dargestellten staatlichen Wohnbaulösungen ist die Erreichbarkeit von Baumaterialien für die Bewohner der Upgrading-Siedlungen unabdingbar, da sie bis auf die Sanitärzelle die eigentliche Wohneinheit in Selbsthilfe bauen müssen.

In bezug auf die bei der Erweiterung der Wohneinheit verwendeten Baumaterialien gilt es zunächst zu untersuchen, welche Baumaterialien verwendet wurden und inwieweit das Einkommen der Befragten auf die Wahl der Baustoffe und -materialien Einfluß nimmt[1].

Im Hinblick auf die Wohnqualität ist die konstruktive Verwendung der Wandmaterialien ausschlaggebend, "die sowohl die Lebensdauer als auch die technische Flexibilität des Hauses bestimmen" (ZISS/ZISS-KOTOWSKI 1986: 90).

In beiden Wohnsiedlungen sind die Dächer überwiegend mit Zink- bzw. Betonplatten bzw. Ziegeln oder Wellasbestzement abgedeckt, und nur wenige Haushalte griffen auf Abfallprodukte, wie Plastik oder Pappe, zurück (vgl. Tab. 41). Allerdings sind in Villa de los Héroes einzelne Häuser (4,7%) mit Holzbohlen, Preßspanplatten oder anderen Materialien bedeckt, die mangels Festigkeit und Isolierung im Winter weder Schutz vor Regen noch vor Kälte bieten können. Dies gilt auch für die Außenwände, die bei 90% aller Befragten von Villa de los Héroes aus Holz-/Preßspanplatten bestehen und deshalb nicht die notwendige Stabilität und Dauerhaftigkeit aufweisen; nur 8,6% der Haushalte bauten mit Steinen. Ferner verwendeten 5% gepreßte Pappe oder Abfallprodukte (andere Materialien).

In Patricio Mekis sind ein Viertel aller Außenwände aus festem Mauerwerk, 2,2% aus Beton und die übrigen aus Holz.

Der Fußboden ist in den Haushalten beider campamentos meist aus Holzbohlen (59,1% in Patricio Mekis und 62% in Villa de los Héroes, vgl. Tab. 41). In 28% der Häuser von Patricio Mekis, gegenüber nur 18% in Villa de los Héroes, findet man Estrichböden. Ohne jegliche Bodenbedeckung oder nur mit notdürftigen Plastikbelägen (PVC oder Abfall) müssen in Villa de los Héroes 15,4% der Familien auskommen, in Patricio Mekis sind dies 11,9% der Haushalte.

Was die Innenwände betrifft, bestehen sie in den meisten Fällen aus Holzbrettern bzw. Preßspanplatten. In Villa de los Héroes bestehen nur bei 7% der befragten

---
1) Der Anteil, den die Baumaterialien an den Gesamtkosten beim Bau der Wohneinheit in Selbsthilfe einnehmen, schätzen NIERMANN (1978) und ZISS/KOTOWSKI-ZISS (1986) auf 60% bis 75%.

Haushalte die Innenwände aus Mauerwerk, in Patricio Mekis ist dies immerhin bei jedem fünften Haushalt der Fall. Alle anderen Befragten benutzen Karton oder Stoff zur Raumtrennung. In Patricio Mekis, wo die Sanierungsarbeiten erst wenige Monate vor dem Beginn der Befragung abgeschlossen wurden, scheint der Konsolidierungsprozeß weiter fortgeschritten zu sein als der in der seit 1984 sanierten Siedlung Villa de los Héroes. Dies ist u.a. auf die Verwendung von qualitativ besserem Baumaterial in Patricio Mekis zurückzuführen, so daß die Wohneinheiten einen stabileren Eindruck machen und die Siedlung gepflegter erscheint.

Ein Überblick über die beim Bau von Dach, Außenwänden, Boden und Innenwänden benutzten Baumaterialien macht dies deutlich (vgl. Tab. 41).

**Tabelle 41: Verwendete Baumaterialien bei den Erweiterungsbauten der Sanitärzellen in Patricio Mekis und Villa de los Héroes (in %)**

| | Baumaterialien | Patricio Mekis | Villa de los Héroes |
|---|---|---|---|
| Dach | Abfall (Karton/Plastik) | 2,2 | 0,6 |
| | Wellasbestzement | 20,4 | 22,7 |
| | Ziegeln/Holzplatten | 77,4 | 7,1 |
| | Zink-/Betonplatten | – | 69,8 |
| | andere Materialien | – | 4,7 |
| Außenwände | Abfall (Karton/Plastik) | – | 0,3 |
| | Holz-/Preßspanplatten | 72,0 | 89,8 |
| | Betonplatten | 2,2 | 1,1 |
| | Mauerwerk | 24,7 | 8,6 |
| | andere Materialien | – | 4,7 |
| Fußboden | Erde | 4,3 | 10,2 |
| | Abfall (Karton/Plastik) | 2,2 | 3,0 |
| | Holz-/Preßspanplatten | 59,1 | 62,0 |
| | Mauerwerk/Estrich | 28,0 | 19,4 |
| | PVC | 5,4 | 2,2 |
| | Teppichboden | – | 0,3 |
| | Parkett/Keramik | – | – |
| | andere Materialien | – | – |
| Innenwände | Karton | 9,7 | 8,0 |
| | Holz-/Preßspanplatten | 67,7 | 81,2 |
| | Betonplatten | 1,1 | 1,7 |
| | Mauerwerk | 19,4 | 6,9 |
| | andere Materialien | 2,2 | 2,2 |

Quelle: Eigene Befragungen, April-Mai 1986

Die häufigere Verwendung von teueren Materialien, wie Zink- und Betonplatten, Mauersteine etc., gibt einen Hinweis auf die bereits mehrfach angesprochene ökonomische Besserstellung der Bewohner in Patricio Mekis im Vergleich zu den Bewohnern von Villa de los Héroes. Allerdings besteht kein direkter Zusammenhang zwischen der Höhe der Einkommen und der Art des Materials, und auch die Größe der Wohneinheit hängt in erster Linie von der Haushaltsgröße ab.

Es kann aber keine Aussage darüber gemacht werden, inwiefern die "besseren" Baumaterialien fachgerecht eingesetzt worden sind, um einen optimalen Nutzen aus ihrer Verwendung zu gewährleisten.

Die klimatischen Bedingungen in Santiago machen eine Wohneinheit erforderlich, die sowohl starker Sonneneinstrahlung und Wärme als auch Regen und Kälte (selten unter -1° Celsius) widerstehen muß (vgl. HARAMOTO 1983a). Dies ist bei vielen Wohneinheiten in Villa de los Héroes und in Patricio Mekis nicht gegeben.

### 7.2.4.3 Zur Ausstattung der Wohneinheiten mit Gebrauchsgegenständen

Im Zusammenhang mit den Unterschieden bezüglich der sozioökonomischen Verhältnisse zwischen den beiden Wohnsiedlungen differiert auch die Ausstattung der Haushalte mit Gebrauchsgegenständen aller Art (vgl. Tab. 42).

Tabelle 42: **Ausstattung der Haushalte mit Gebrauchsgegenständen in Patricio Mekis und Villa de los Héroes (in %)**

| Ausstattung | Patricio Mekis | Villa de los Héroes |
|---|---|---|
| Kochvorrichtungen | | |
| - Elektro | – | 1,4 |
| - Gas | 87,1 | 76,2 |
| - Kohl | 11,8 | 15,2 |
| - Holz | 1,1 | 7,2 |
| Heizung | 3,3 | 3,9 |
| Radio/Cassettenrecorder | 82,6 | 37,0 |
| TV (s/w) | 83,6 | 73,0 |
| TV (color) | 25,0 | 16,2 |
| Waschmaschine | 53,3 | 32,7 |
| Kühlschrank | 52,4 | 46,4 |
| Telefon | – | 0,3 |
| Motorrad/Moped | 1,1 | 0,3 |
| Auto | 3,3 | 3,1 |
| keine der genannten Ausstattungen | 1,1 | 5,5 |

Quelle: Eigene Befragungen, April/Mai 1986

So kochen 87,1% der Befragten in Patricio Mekis mit Gas, 11,8% mit Kohle und 1,1% mit Holz. In Villa de los Héroes benutzen nur 76,2% der Haushalte Gas als Brennstoff, 15% verwenden Kohle und 7% Holz. 1,4% der Haushalte gaben an, mit einem elektrischen Ofen zu kochen. Ferner sind 5,5% aller Familien von Villa de los Héroes - im Gegensatz zu 1,1% der Familien in Patricio Mekis - weder im Besitz eines Radios noch eines Fernsehers, Kühlschranks, Herdes oder eines ähnlichen Gebrauchsgegenstands (vgl. Tab. 42).

Der Anteil der Haushalte, die in Villa de los Héroes mit einer Waschmaschine, einem Kühlschrank und anderen Artikeln ausgerüstet sind, bleibt deutlich unter dem der Haushalte von Patricio Mekis.

### 7.2.5 Zum Problem der allegados nach der Sanierung der campamentos

Der Mangel an Wohnraum für die unteren Sozialschichten in Groß-Santiago zeigt entsprechende Auswirkungen auf die Entwicklung der vor kurzer Zeit sanierten campamentos: Noch während des Sanierungsprozesses zogen erneut Familien oder Einzelpersonen nach Patricio Mekis und Villa de los Héroes, um sich dort als allegados niederzulassen. Sie werden entweder von ansässigen Familien/Haushalten innerhalb der bestehenden Wohneinheit untergebracht, oder sie bauen sich auf der Parzelle eine Unterkunft, wobei häufig mit den eigentlichen Bewohnern die Küchen- und Sanitäreinrichtungen der Sanitärzelle gemeinsam genutzt werden (vgl. Tab. 43 und 44).

**Tabelle 43: Die Aufnahme von allegados in Patricio Mekis und Villa de los Héroes (in %)**

| | | Patricio Mekis | Villa de los Héroes |
|---|---|---|---|
| Keine Aufnahme von allegados | | 81,7 | 66,5 |
| Aufnahme von allegados | | 18,3 | 33,5 |
| Aufnahme nur in eigener Wohneinheit | | 76,4 | 27,3 |
| Aufnahme nur in anderer Wohneinheit auf dem selben Grundstück | | 11,8 | 1,7 |
| Aufnahme sowohl in eigener als auch in anderer Wohneinheit | | 11,8 | 71,1 |
| | Personen | | |
| | 1 | 29,4 | 25,6 |
| Anzahl der allegados in | 2 | 23,6 | 12,4 |
| eigener Wohneinheit | 3 | 17,6 | 18,2 |
| | 4 | 17,6 | 18,2 |
| | > 4 | 11,8 | 25,6 |
| | 1 | – | 2,3 |
| Anzahl der allegados in | 2 | – | 87,5 |
| anderer Wohneinheit | 3 | 50,0 | 10,2 |
| | 4 | 25,0 | – |
| | > 4 | 25,0 | – |
| Anzahl der aufgenommenen allegados* | | 56 | 1.159 |
| Anzahl zusätzlicher Wohneinheiten* | | 4 | 88 |
| Anteil der allegados in eigener Wohneinheit | | 80,4 | 37,4 |
| Anteil der allegados in anderer Wohneinheit | | 19,6 | 62,6 |

*) Angaben in absoluten Zahlen

Quelle: Eigene Befragungen, April-Mai 1986

**Tabelle 44: Gemeinsame Nutzung von Einrichtungen in den Wohneinheiten von Patricio Mekis und Villa de los Héroes (in %)**

|  | Patricio Mekis | Villa de los Héroes |
|---|---|---|
| gemeinsame Nutzung von |  |  |
| - Küche | – | – |
| - Bad | – | 60,2 |
| - Küche und Bad | 100,0 | 33,0 |
| keine gemeinsame Nutzung | – | 6,8 |

Quelle: Eigene Befragungen, April-Mai 1986

Von einem permanenten Bevölkerungszuwachs aufgrund von Zuwanderungen und einer damit einhergehenden Bevölkerungsverdichtung innerhalb der Wohnsiedlung ist die Bevölkerung von Villa de los Héroes in besonderem Maße betroffen: Zwei Jahre nach Abschluß der Sanierungsarbeiten haben 33,5% der befragten Haushalte (121 von 361) eine oder mehrere Person/en aufgenommen (vgl. Tab. 43). 27,3% (33) dieser Haushalte teilen die Wohneinheit mit einer oder mehreren anderen Personen (vgl. Tab. 43), weitere 71,11% (86) der Befragten haben allegados sowohl in ihrer Wohneinheit als auch in eigens dafür gebauten Unterkünften auf dem Grundstück untergebracht (vgl. Tab. 43).

60% der befragten Haushalte teilen mit den Zugewanderten das Bad, 33% nutzen Küche und Bad gemeinsam. Nur 7% der allegados leben "unabhängig" von der ursprünglichen Wohneinheit, indem sie sich eine eigene Kochstelle eingerichtet haben und ein pozo negro[1] die Toilette ersetzt (vgl. Tab. 44).

Das starke, durch Zuwanderung bedingte Bevölkerungswachstum hat erhebliche Konsequenzen auf die Wohnqualität, die unter Berücksichtigung dieses Gesichtspunktes in Patricio Mekis erheblich besser ist als in Villa de los Héroes. Für die innerstädtische Wohnsiedlung ist zum Zeitpunkt der Befragung ein Bevölkerungszuzug von einem Umfang wie in Villa de los Héroes nicht nachweisbar. Nur 18,3% (17 von 93) der Haushaltsvorstände in Patricio Mekis gaben an, allegados zu beherbergen.

In der Mehrzahl der Fälle (29,4% und 23,6%) wurden nur ein oder zwei Personen aufgenommen. Etwa ein Drittel (35,2%) der Befragten in Patricio Mekis teilt die Wohneinheit mit zwei oder drei nicht zur Familie gehörigen Personen, und 11,8% der Haushalte haben mehr als vier Menschen aufgenommen (vgl. Tab. 43).
76,4% (13) der befragten Haushalte teilen die Wohneinheit mit den allegados, in Einzelfällen (bei 11,8% (2) der befragten Haushalte) wohnen die allegados in zusätzlich erstellten Wohneinheiten auf dem gleichen Grundstück.

Aus der Befragung ergab sich, daß 17 Haushalte (von 93 befragten) insgesamt 56 allegados aufgenommen haben (vgl. Tab. 43). Der Anteil an allegados beträgt somit,

---
1) Ein in die Erde gegrabenes Loch ersetzt das WC.

bei einer durchschnittlichen Haushaltsgröße von 4,7 Personen (vgl. Kap. 7.2.1), 12,8% der befragten Wohnbevölkerung. Insgesamt ergibt sich demnach eine durchschnittliche Wohndichte von 5,3 Personen pro Grundstück.

In Villa de los Héroes leben nach dem Ergebnis der Befragung 1.159 allegados bei 121 verschiedenen Haushalten. Dies entspricht - bei einer durchschnittlichen Haushaltsgröße von fünf Personen (vgl. Kap. 7.2.1) - einem Anteil von 64,2% an der befragten Wohnbevölkerung (361 Haushalte) und ergibt eine Belegungsdichte von 8,2 Personen pro Grundstück.

Diese hohe Wohndichte verursacht eine geminderte Wohnqualität, und zwar sowohl im engeren als auch im weiteren Sinn: Innerhalb der Wohnsiedlung besteht eine Unterversorgung im Hinblick auf die sanitären Einrichtungen. Die hohe Bevölkerungsdichte auf den kleinen Grundstücken führt zu einer erhöhten Lärmbelästigung und läßt nur sehr begrenzt persönliches Leben zu.

Ferner steigt in Zusammenhang mit dem starken, auf Zuwanderung beruhenden Bevölkerungszuwachs die Nachfrage nach medizinischen Einrichtungen, sozialer Fürsorge, Kindergärten, Schulen, Ausbildungs- und Arbeitsplätzen in den Wohnsiedlungen bzw. in den Kommunen. Von offizieller Seite, d.h. von den Gemeindeverwaltungen und entsprechenden Ministerien, ist diesem "illegalen" Bewohnerzuwachs bisher nicht Rechnung getragen worden (vgl. Kap. 8.2).

### 7.3 Die Umsiedlung von campamento-Bewohnern: Die Wohnsiedlungen El Mariscal, Eleuterio Ramírez, Villa Angelmó und Los Quillayes

Die vier im folgenden Kapitel im Mittelpunkt stehenden Wohnsiedlungen entstanden im Rahmen der campamento-Umsiedlungsmaßnahmen und sind Bestandteile der staatlich geförderten Wohnbauprogramme Vivienda Básica, Saneamiento de Campamentos und Postulación Habitacional (vgl. Kap. 6.3.2.2, 6.3.2.3 und 6.3.2.4).

Je nach Programm differieren die Wohneinheiten - neben den Modalitäten staatlicher Finanzierungshilfen - im Hinblick auf ihre Bauform, ihre Größe und den Möglichkeiten der Erweiterung in Selbsthilfe. So wurden in den ersten Jahren der Umsiedlung (1979-1983) innerhalb der Programme Vivienda Básica und Saneamiento de Campamentos die campamento-Bewohner bevorzugt in Doppelhäusern untergebracht, wobei zumindest bei letzterem Programm ein Ausbau der Wohneinheiten in Selbsthilfe bereits ausdrücklicher Bestandteil dieses Lösungsansatzes gewesen ist (vgl. Kap. 6.3.2.3). Seit 1984 - dem Beginn der Implementierung des Programms Postulación Habitacional - findet die umgesiedelte Bevölkerung vorwiegend in Wohnungen drei- bis viergeschossiger Wohnblocks eine Unterkunft (vgl. MINVU 1986). Diese Wohnform bietet keine Ausbaumöglichkeiten der Wohneinheiten.

Die Doppelhaussiedlungen El Mariscal und Eleuterio Ramirez, die Reihenhaussiedlung Villa Angelmó und die Wohnblocks von Los Quillayes wurden zwischen 1982 und 1985 gebaut und befinden sich in den im Süden Groß-Santiagos gelegenen Kommunen Puente Alto, La Pintana, San Bernardo und La Florida (vgl. Tab. 30).

Ihre Bewohner, die jeweils direkt nach Fertigstellung der Siedlungen einzogen, entstammen den verschiedensten Gemeinden Groß-Santiagos (vgl. Kap. 6.4.2)[1].

Gemäß der Zielsetzungen der Wohnbauprogramme und der Umsiedlung soll die Zielgruppe die in "extrema pobreza" lebenden Bevölkerungsgruppe sein, welche vor der Umsiedlung als Besetzer oder allegados in einem campamento Groß-Santiagos wohnte. Diese Regelung wurde in vielen Fällen nicht eingehalten. Aus Tabelle 45 ist ersichtlich, daß in allen Siedlungen Leute anzutreffen sind, die vor dem Einzug in dieses Haus/diese Wohnung entweder zur Miete gewohnt haben oder sogar Eigentümer einer Wohneinheit gewesen sind. Diese Fälle treten besonders häufig in den Siedlungen Villa Angelmó und Los Quillayes auf (vgl. Tab. 45).

**Tabelle 45: Wohnstatus der Befragten in El Mariscal, Eleuterio Ramírez, Villa Angelmó und Los Quillayes vor der Umsiedlung (in %)**

|  | Besetzer | allegados | Mieter | Eigentümer |
|---|---|---|---|---|
| El Mariscal | 70,1 | 19,5 | 5,2 | 5,2 |
| Eleuterio Raminez | 77,1 | 10,8 | 8,5 | 3,1 |
| Villa Angelmó | 20,0 | 50,0 | 28,0 | 2,0 |
| Los Quillayes | 11,9 | 35,2 | 47,2 | 5,7 |

Quelle: Eigene Befragungen, Juni-August 1986

Den Befragungsergebnissen der o.g. Wohnsiedlungen werden Erhebungsergebnisse aus zwei weiteren Wohnsiedlungen gegenübergestellt.
Dabei handelt es sich zum einen um die am westlichen Stadtrand gelegene Siedlung General Baquedano in Maipú, deren zweigeschossige Reihenhäuser Ende der 70er Jahre im Rahmen des Programms Sistema Unico de Postulación entstanden und zum anderen um die Siedlung Jaime Eyzaguirre in der Kommune Nuñoa. Der Bau dieser Wohnsiedlung, die aus dreigeschossigen Wohnblöcken besteht, wurde noch unter der Regierung Allendes (1970-1973) begonnen und im Jahr 1975, innerhalb des Programms Vivienda Social, abgeschlossen.

Zunächst erfolgt eine Charakterisierung der befragten Haushalte nach demographischen und sozioökonomischen Strukturmerkmalen.

---

1) In der erstgenannten Wohnsiedlung, El Mariscal, wurden 77 Haushaltsvorstände befragt, 22 von ihnen sind weiblich. Von den 1.962 Haushalten der Siedlung Eleuterio Ramirez nahmen 130 Haushalte an der Befragung teil; 20% dieser Haushalte werden von Frauen ("Haushaltsvorsteherinnen") geführt. In Los Quillayes partizipierten 176 (33 weibliche und 143 männliche) Haushaltsvorstände an der Untersuchung. Der Anteil der weiblichen Haushaltsvorstände liegt in Jaime Eyzaguirre bei 31,2% (53 von 170). Von den 100 befragten Haushaltsvorständen in der Siedlung Villa Angelmó sind 84 männlich und 16 weiblich, und in General Baquedano werden 12 der 95 ausgewählten Haushalte von Frauen geführt.

**7.3.1 Zusammensetzung der Haushalte nach Alter, Größe und Familienstand**

Die Altersstruktur der befragten Haushaltsvorstände in den vier Wohnsiedlungen ist gekennzeichnet durch einen überwiegenden Anteil an jungen Menschen (vgl. Abb. 19): Bis auf die Befragten in Eleuterio Ramirez ist fast die Hälfte - oder sogar

**Abbildung 19: Altersstruktur der Haushaltsvorstände in El Mariscal, Eleuterio Ramírez, Villa Angelmó und Los Quillayes**

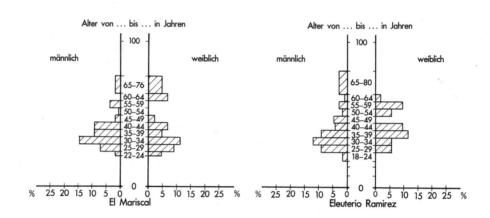

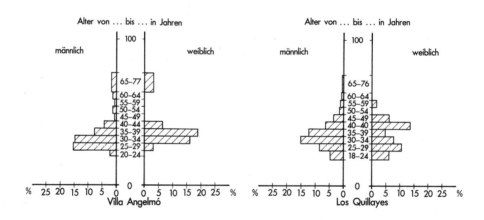

Quellen: Eigene Befragungen, Juni-August 1986; Entwurf und Kartographie: A. NICKEL-GEMMEKE

62% (in Villa Angelmó) - der Haushaltsvorstände unter oder bis zu 34 Jahre alt. Die Altersgruppe der 30- bis 34jährigen ist dabei besonders stark vertreten; lediglich in Villa Angelmó dominiert die der 25- bis 29jährigen. Das hat zur Folge, daß hier das Durchschnittsalter der Haushaltsvorstände mit 35,1 Jahren deutlich unter dem der Befragten aus anderen Siedlungen bleibt.

In Los Quillayes liegt das Durchschnittsalter nur geringfügig über dem von Villa Angelmó, wobei in beiden Wohnsiedlungen die nur geringe Anzahl an über 49jährigen auffallend ist; nur 5,6% bzw. 6% zählen zu dieser Altersgruppe.

Generell sind in allen Wohnsiedlungen "ältere Haushaltsvorstände" nur selten vertreten. Der Anteil der über 65jährigen beträgt zwischen 0,6% in Los Quillayes und 5,2% in El Mariscal. In Villa Angelmó sind 4% und in Eleuterio Ramirez 4,7% der Befragten älter als 65 Jahre, wobei in Villa Angelmó - ebenso wie auch in El Mariscal - der Anteil an Frauen diesen Alters besonders hoch ist (vgl. Abb. 19).

Die Angaben zum Alter der Haushaltsvorstände weisen daraufhin, daß in den genannten Wohnsiedlungen vorwiegend junge, noch wachsende Familien oder Haushalte wohnen. Aufgrund der Daten zu den Befragungen nach Familienstand und Haushaltsgröße wird diese Aussage bestätigt.

Im Hinblick auf den Familienstand ergeben sich jedoch "geschlechtsspezifische" Unterschiede: Die Mehrzahl der Frauen wohnt allein. Sie leben entweder von ihrem Ehemann getrennt, oder ohne einen Partner, oder sind Witwen (vgl. Tab. 46).Verheiratet sind nur 3,9% der weiblichen Befragten in Eleuterio Ramirez, 9,1% derjenigen in Los Quillayes, 12,5% in Villa Angelmó und 18,2% in El Mariscal. Nur in Eleuterio Ramirez und Los Quillayes gaben 11,5% bzw. 18,2% der Frauen an, in freier Lebensgemeinschaft mit einem Partner zu leben.

Tabelle 46: **Der Familienstand der Befragten von El Mariscal, Eleuterio Ramírez, Villa Angelmó und Los Quillayes (in %)**

| Familien stand | El Mariscal männl. | weibl. | ges. | Eleuterio Ramirez männl. | weibl. | ges. | Villa Angelmó männl. | weibl. | ges. | Los Quillayes männl. | weibl. | ges. |
|---|---|---|---|---|---|---|---|---|---|---|---|---|
| ledig | 1,8 | 31,8 | 10,4 | 1,9 | 11,5 | 3,9 | 4,8 | 6,3 | 5,0 | 0,7 | 36,4 | 7,4 |
| verheiratet | 85,5 | 18,2 | 66,2 | 82,7 | 3,9 | 66,9 | 82,1 | 12,5 | 71,0 | 86,7 | 9,1 | 72,2 |
| mit Partner | 12,7 | – | 9,1 | 14,5 | 11,5 | 13,9 | 10,7 | – | 9,0 | 11,2 | 18,2 | 12,5 |
| geschieden | – | – | – | – | 3,9 | 0,8 | – | 6,3 | 1,0 | – | – | – |
| getrennt | – | 31,8 | 9,1 | – | 53,9 | 10,8 | 1,2 | 50,0 | 9,0 | 0,7 | 24,2 | 5,1 |
| verwitwet | – | 18,2 | 5,2 | 1,0 | 15,4 | 3,9 | 1,2 | 25,0 | 5,0 | 0,7 | 12,1 | 2,8 |

Quelle: Eigene Befragungen, Juni-August 1986

Der Anteil an verwitweten Personen ist entsprechend der Altersstruktur relativ niedrig und beträgt höchstens 5,2% (El Mariscal). Allerdings liegt er bei den befragten Frauen deutlich höher; in Villa Angelmó gab jede vierte Haushaltsvorsteherin an, Witwe zu sein.

**Abbildung 20: Größe der Haushalte in El Mariscal, Eleuterio Ramírez, Villa Angelmó und Los Quillayes**

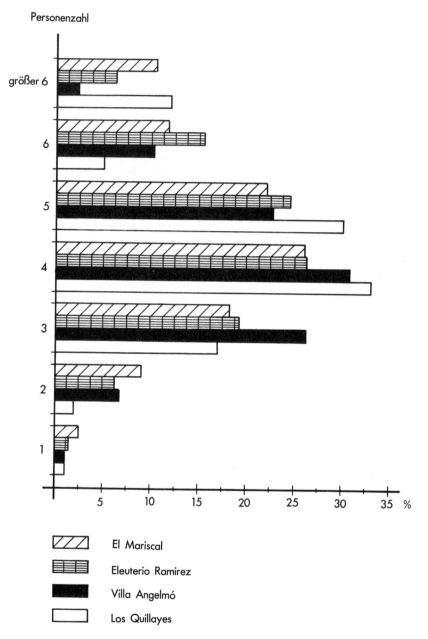

Quellen: Eigene Befragungen, Juni-August 1986; Entwurf und Kartographie: A. NICKEL-GEMMEKE

Fast alle Frauen haben zwischen einer und fünf weiteren Person/en in ihrer Wohneinheit aufgenommen. Aus diesem Grund sind Einpersonenhaushalte nur selten vertreten (vgl. Abb. 20). In allen Wohnsiedlungen dominieren die Vierpersonenhaushalte, also die Kernfamilien, bestehend aus beiden Elternteilen und zwei Kindern. Stärker vertreten als in den beiden anderen Wohnsiedlungen sind in Eleuterio Ramirez und El Mariscal die sechs und mehr Personen umfassenden Familien, die ein Fünftel aller Familien betragen. Dies geht einher mit dem durchschnittlich höheren Alter der dortigen Haushaltsvorstände und ihrer Partner, d.h. die Familie hat sich bereits vergrößert.

Im Hinblick auf die Adäquanz der vom Staat geförderten Wohnbauten ist die Größe der Wohneinheit immer im Zusammenhang mit der Familien-/Haushaltsgröße und dem generativen Verhalten der Familie, d.h. ihrer momentanen Stellung im Lebenszyklus zu sehen. Besteht nicht die Möglichkeit zum Ausbau der Wohneinheit in Eigenarbeit oder mit Hilfe anderer Personen, so nimmt mit dem Wachstum der Familie/des Haushalts und einer damit verbundenen steigenden Wohndichte die Wohnqualität ab. Beispielsweise ist in einer Wohnsiedlung wie Los Quillayes, die sich durch viele junge Haushaltsvorstände (das Durchschnittsalter liegt bei 35,5 Jahren) und einen hohen Anteil an Dreipersonenhaushalten auszeichnet, mit einem größeren, natürlichen Bevölkerungszuwachs zu rechnen, was auf die Wohnsituation in den Wohnblocks, wo keine Möglichkeiten der Wohnraumerweiterung gegeben sind, entsprechende Auswirkungen haben wird. Noch liegt in Los Quillayes die Familiengröße im Durchschnitt bei 4,1 Personen und damit unter dem der anderen Wohnsiedlunen mit durchschnittlich 4,4 Familienmitgliedern in El Mariscal, 4,5 in Eleuterio Ramirez und 4,6 in Villa Angelmó.

Ferner werden aufgrund der Altersstruktur der Wohnbevölkerung der untersuchten Wohnsiedlungen quantitativ umfangreiche Anforderungen an das Angebot von Bildungs- und Beschäftigungseinrichtungen gestellt. Ca. 40% der Wohnbevölkerung sind im schul- und ausbildungspflichtigen Alter. Von den Haushaltsvorständen sind ca. 95% im erwerbsfähigen Alter. Dem hätte auch bei der Umsiedlung der Familien Rechnung getragen werden müssen.

### 7.3.2 Ausbildungs- und Beschäftigungsstruktur der Haushalte

Das Ausbildungsniveau zeigt nicht nur starke Schwankungen zwischen den einzelnen befragten Haushaltsvorständen innerhalb einer Wohnsiedlung, sondern auch beim Vergleich zwischen den vier Siedlungen (vgl. Tab. 47).

So haben in El Mariscal nach eigenen Angaben 10,4% der Befragten keinerlei schulische Ausbildung erhalten (vgl. Tab. 47). In Eleuterio Ramirez liegt diese Rate mit 6,9% deutlich niedriger. In Los Quillayes sind es 3,4% und in Villa Angelmó 2%, die nie eine Schule o.ä. besuchten. Zählt man die Personen dazu, die lediglich über geringe Schreib- und Lesekenntnisse verfügen, so übersteigt die Quote funktionaler Analphabeten (0-1 Schuljahre, vgl. Fußnote 8 in Kap. 7.2.2) in El Mariscal und auch in Eleuterio Ramirez mit 11,7% und 11,5% die der beiden anderen Siedlungen um 7,2% oder 8,5% (vgl. Tab. 47). Dennoch liegen die Quoten der funktionalen Anal-

**Tabelle 47: Der Ausbildungsstand der Befragten von El Mariscal, Eleuterio Ramírez, Villa Angelmó und Los Quillayes (in %)**

| Schul-jahre | El Mariscal männl. | weibl. | ges. | Eleuterio Ramirez männl. | weibl. | ges. | Villa Angelmó männl. | weibl. | ges. | Los Quillayes männl. | weibl. | ges.. |
|---|---|---|---|---|---|---|---|---|---|---|---|---|
| 0 | 10,9 | 9,1 | 10,4 | 6,7 | 7,7 | 6,9 | 2,4 | – | 2,0 | 2,1 | 9,1 | 3,4 |
| 1 | – | 4,6 | 1,3 | 3,9 | 7,7 | 4,6 | – | – | – | 0,7 | 3,1 | 1,1 |
| 2 | 3,6 | 9,1 | 5,2 | 1,9 | – | 1,5 | 1,2 | – | 1,0 | 1,4 | 3,1 | 1,7 |
| 3 | 10,9 | – | 7,8 | 3,9 | 3,9 | 3,9 | 4,8 | 6,3 | 5,0 | 2,1 | 3,1 | 2,3 |
| 4 | 16,4 | 18,2 | 16,9 | 11,5 | 11,5 | 11,5 | 6,0 | 12,5 | 7,0 | 2,8 | 6,1 | 3,4 |
| 5 | 7,3 | 4,6 | 6,5 | 4,8 | 19,2 | 7,7 | 9,5 | 18,8 | 11,0 | 4,9 | 9,1 | 5,7 |
| 6 | 14,6 | 4,6 | 11,7 | 15,4 | 11,5 | 14,6 | 7,2 | 6,3 | 7,0 | 15,4 | 9,1 | 14,2 |
| 7 | – | 9,1 | 2,6 | 2,9 | – | 2,3 | 3,6 | 6,3 | 4,0 | 7,7 | 3,1 | 6,8 |
| 8 | 7,3 | 18,2 | 10,4 | 18,3 | 7,7 | 16,2 | 19,1 | 6,3 | 17,0 | 10,5 | 6,1 | 9,7 |
| 9 | 10,1 | 13,6 | 11,7 | 11,5 | 7,7 | 10,8 | 3,6 | – | 3,0 | 7,0 | 12,1 | 8,0 |
| 10 | 7,3 | 4,6 | 6,5 | 3,9 | 3,9 | 3,9 | 10,7 | 12,5 | 11,0 | 8,4 | 12,1 | 9,1 |
| 11 | 3,6 | 4,6 | 3,9 | 3,9 | 3,9 | 3,9 | 10,7 | 12,5 | 11,0 | 10,5 | 3,1 | 9,1 |
| 12 | 7,3 | – | 5,2 | 9,6 | 11,5 | 10,0 | 17,9 | 6,3 | 16,0 | 14,0 | 21,2 | 15,3 |
| >12 | – | – | – | 2,0 | 3,9 | 2,4 | 3,6 | 12,6 | 5,0 | 12,6 | – | 10,3 |

Quelle: Eigene Befragungen, Juni-August 1986

phabeten in den genannten Wohnsiedlungen im Bereich derer von Villa de los Héroes (11,4%) und Patricio Mekis (8,6%).

Der auffallend niedrige Bildungsstand der Wohnbevölkerung von El Mariscal wird besonders dadurch deutlich, daß fast die Hälfte aller Befragten (48,1%) keine abgeschlossene Primarschulausbildung haben. Auch wenn 40,3% der Bewohner Kurse der Sekundarstufe besucht haben, so erlangten aber nur 5,2% den entsprechenden Abschluß (vgl. Tab. 47).

In der Siedlung Eleuterio Ramirez verfügen 36,1% der Befragten nicht über einen Primarschulabschluß. 46,9% der Haushaltsvorstände haben eine weiterführende Schule besucht, und 12,4% von ihnen konnten sich für eine universitäre oder ähnliche Laufbahn qualifizieren, und 2,4% haben dies in Anspruch genommen.

Ganz anders ist der Bildungsstand in den beiden Wohnsiedlungen Villa Angelmó und Los Quillayes. In Los Quillayes gaben 10,3% an, mehr als 12 Jahre zur Schule gegangen zu sein; in Villa Angelmó sind dies 5%. Eine Primarschulausbildung weisen in Los Quillayes 28,4% der Befragten auf. 58% besuchten die Kurse der Sekundarschule, und ein Viertel beendete sie erfolgreich. Ähnlich stellt sich die Situation in Villa Angelmó dar, wo ebenfalls ein Viertel der ehemaligen Sekundarschüler (62% der Befragten) die Berechtigung für eine weiterführende Qualifikation erlangten - dies entspricht einem Anteil von 5% aller Befragten - (vgl. Tab. 47).

Die Ursache für das im Vergleich zu den anderen Wohnsiedlungen geringe Bildungsniveau der befragten Bevölkerung von El Mariscal und - wenn auch weniger drastisch - der von Eleuterio Ramirez kann anhand der Untersuchungsergebnisse nicht geklärt werden.

Erwartungsgemäß ist das Bildungsniveau der Frauen, die in den vier Wohnsiedlungen befragt wurden, niedriger als das der Männer (vgl. Tab. 47). In El Mariscal hat keine der Frauen die Sekundarschule abgeschlossen. Lediglich in Los Quillayes verfügt ein Fünftel aller Frauen (21,2% = 7 Personen) über einen Sekundarschulabschluß, jedoch hat keine der Befragten, im Gegensatz zu 12,6% der weiblichen Befragten in Villa Angelmó, eine weitere Ausbildung absolviert.

Bei allen vier untersuchten Wohnsiedlungen überwiegt die Anzahl derer, die nicht über einen festen, d.h. vertraglich gesicherten Arbeitsvertrag verfügen und im informellen Sektor tätig sind (vgl. Tab. 48).

**Tabelle 48: Die Beschäftigungssituation der Befragten von El Mariscal, Eleuterio Ramírez, Villa Angelmó und Los Quillayes (in %)**

| Art der Beschäftigung | El Mariscal männl. | weibl. | ges. | Eleuterio Ramirez männl. | weibl. | ges. | Villa Angelmó männl. | weibl. | ges. | Los Quillayes männl. | weibl. | ges. |
|---|---|---|---|---|---|---|---|---|---|---|---|---|
| mit Vertrag | 24,1 | 5,3 | 18,2 | 37,8 | 15,4 | 33,1 | 40,7 | 7,1 | 35,8 | 44,7 | 21,2 | 40,2 |
| Student(in) | – | – | – | – | – | – | – | – | – | – | – | – |
| Pensionär/Rentner | 1,8 | 13,6 | 5,2 | 5,8 | – | 4,6 | 3,6 | 12,5 | 5,0 | 1,4 | – | 1,1 |
| Hausfrau/-mann | 1,8 | 5,3 | 2,6 | – | 3,9 | 0,8 | 1,2 | 7,1 | 2,1 | – | 6,1 | 1,1 |
| Arbeitslose | 5,6 | 21,1 | 9,1 | 1,0 | 3,9 | 1,6 | 13,6 | 14,3 | 13,7 | 5,0 | 9,1 | 5,7 |
| PEM/POJH* | 16,7 | 15,8 | 15,6 | 14,3 | 26,9 | 16,9 | 7,4 | 28,6 | 12,5 | 7,7 | 12,11 | 8,6 |
| ohne Vertrag | 51,9 | 52,6 | 49,4 | 46,9 | 50,0 | 47,6 | 37,0 | 42,9 | 37,9 | 42,6 | 51,5 | 44,8 |
| davon: | | | | | | | | | | | | |
| Straßenverkäufer | 21,4 | – | 15,8 | 23,9 | 7,7 | 20,3 | 22,6 | – | 18,9 | 23,0 | 27,8 | 24,1 |
| Handwerker | 17,9 | – | 13,2 | 19,6 | 15,4 | 18,6 | 12,9 | – | 10,8 | 32,8 | – | 25,3 |
| Tagelöhner | 60,7 | 30,0 | 52,6 | 56,5 | 23,1 | 49,1 | 61,3 | 83,3 | 64,9 | 39,3 | 16,7 | 34,2 |
| Hausangestellte(r) | – | 70,0 | 18,4 | – | 53,8 | 11,9 | 3,2 | 16,7 | 5,4 | 4,9 | 55,6 | 16,6 |

*) PEM und POJH sind die von der Militärregierung Mitte der 70er Jahre eingesetzten Minimalbeschäftigungsprogramme

Quelle: Eigene Befragungen, Juni-August 1986

Zählt man noch diejenigen Befragten hinzu, die angaben, arbeitslos zu sein, oder bei einem Beschäftigungsminimalprogramm eingestellt waren, so erreicht die Quote derer, die unbeschäftigt oder unterbeschäftigt sind, bis zu 74,1% (El Mariscal) aller Befragten im erwerbsfähigen Alter. In Eleuterio Ramirez sind es 66,1%, in Villa Angelmó 64,1% und in Los Quillayes 59,1%.

Die hohen Quoten an Arbeitslosen und Unterbeschäftigten lassen sich einerseits durch das niedrige Bildungsniveau der Befragten erklären. Die Hauptursache ist jedoch andererseits der Mangel an Arbeitsplatzangeboten in den Kommunen. Durch die Art der Umsiedlung, mit einer zu geringen (oder keiner) Vorbereitungszeit für die Gemeinden zur Bereitstellung adäquater Versorgungseinrichtungen (vgl. Kap. 8.2), fanden viele Neuansiedler keinen Arbeitsplatz vor. Viele von der Umsiedlung Betroffene verloren ihre Beschäftigung in der Ursprungsgemeinde, denn aufgrund der räumlichen Distanz und dem damit verbundenen Zeit- und Kostenaufwand erwiesen sich An- und Abreise zum Arbeitsplatz als unerschwinglich oder nicht lohnend.

Von der "offenen" Arbeitslosigkeit sind besonders Frauen betroffen (vgl. Tab. 48).

In den Wohnsiedlungen, in denen die Beschäftigungssituation am schlechtesten ist, versuchte die Regierung über den Einsatz von Minimalbeschäftigungsprogrammen Arbeitsplätze und damit ein - wenn auch geringes - Einkommen anzubieten. Frauen stellen den weitaus größten Anteil an Arbeitskräften innerhalb dieser Beschäftigungsprogramme. Lediglich in Los Quillayes gehen 21,2% der Frauen einer vertraglich gesicherten Arbeit nach; in allen anderen Wohnsiedlungen sind es weitaus weniger Frauen, die über einen solchen Arbeitsplatz verfügen (vgl. Tab. 48).

In Los Quillayes beläuft sich die Rate der Arbeitslosen und der in Minimalbeschäftigungsprogrammen Tätigen auf 14,3%, in Eleuterio Ramirez auf 18,5%, in Villa Angelmó auf 24,2% und in El Mariscal auf 26% (vgl. Tab. 48).

In drei der vier Wohnsiedlungen arbeiten die meisten der Befragten als Tagelöhner (vgl. Tab. 48), nur in Los Quillayes ist ein großer Teil der Haushaltsvorstände im handwerklichen Bereich tätig. Aufgrund der peripheren Lage der Wohnsiedlungen und der geringen Kaufkraft der Bewohner der Kommunen von La Pintana, Puente Alto, San Bernardo und La Florida bleibt beispielsweise die Zahl der Straßenverkäufer deutlich hinter der aus der zentrumsnahen Kommune Patricio Mekis zurück (vgl. Kap. 7.2.2). Der relativ hohe Anteil von Straßenverkäufern in der Wohnsiedlung Los Quillayes in der Kommune La Florida (24,1%) ist auf den dortigen größeren Anteil an Bevölkerung mit mittleren Einkommen zurückzuführen.

Für alle im informellen Sektor Tätigen stellt sich das Problem einer geringen Nachfrage nach Tagelöhnerarbeiten in den Zielgemeinden, da die Bewohner nicht entsprechend zahlungskräftig sind.

Die befragten Frauen arbeiten meist als Hausangestellte, und zwar vor allem in den im Osten der Stadt gelegenen Gemeinden Providencia, Las Condes und La Reina. Nur aus der Siedlung Villa Angelmó haben auffallend wenige Befragte ihren Arbeitsplatz in diesen Kommunen. Dies liegt vermutlich an der Entfernung und den vergleichsweise schlechten Verkehrsverbindungen der Kommune San Bernardo zu den Oberschichtsvierteln Groß-Santiagos.

Bei der Frage nach dem Ort der Beschäftigung gaben in Villa Angelmó 48,8% der Befragten an, in anderen innerstädtischen Kommunen Groß-Santiagos zu arbeiten (vgl. Tab. 49). Die meisten Beschäftigten finden ihre Arbeitsplätze in den benachbarten Kommunen San Bernados (La Cisterna, San Miguel oder Puente Alto). Fahrtzeiten von einer dreiviertel Stunde bis zu eineinhalb Stunden sind dabei die Regel. Weitere 46,3% der Haushaltsvorstände von Villa Angelmó arbeiten in der Kommune.

Dagegen liegt bei 73,7% der Beschäftigten in Los Quillayes - der Wohnsiedlung mit dem größten Anteil an legal Beschäftigten und illegal tätigen Straßenverkäufern - der Arbeitsplatz außerhalb ihrer Kommune (vgl. Tab. 49). Überwiegend befinden sich die Arbeitsplätze (38,0%) in Santiago. Nur für die, die in der Kommune arbeiten (25,6%), beträgt die Fahrtzeit zur Arbeitsstelle weniger als eine halbe Stunde.

Die Mehrzahl der befragten Bewohner aus der Wohnsiedlung El Mariscal arbeitet außerhalb der Kommune (52,3%) (vgl. Tab. 49). Sie sind in besonderem Maße auf ihren Arbeitsplatz in den Ober- und Mittelschichtvierteln von La Reina, Providencia, Las Condes und Santiago angewiesen, wo 61,8% der außerhalb der Kommune Tätigen beschäftigt sind. Sie erreichen diese Stadtteile im Vergleich zu anderen relativ gut (bei eineinhalb Stunden Fahrtzeit pro Strecke!).

Aufgrund der schlechten Arbeitsmarktlage in La Pintana sind 57% der Erwerbsfähigen von Eleuterio Ramirez außerhalb dieser Kommune tätig, und zwar bevorzugt im zentrumsnahen Bereich (Santiageo, Estacion Central und Recoleta) oder aber in anderen Kommunen, die über das gesamte Stadtgebiet verstreut liegen (vgl. Tab. 49).

Tabelle 49: **Lage der Arbeitsplätze der Befragten von El Mariscal, Eleuterio Ramírez, Villa Angelmó und Los Quillayes (in %)**

| Lage der Arbeitsplätze | El Mariscal | Eleuterio Ramirez | Villa Angelmó | Los Quillayes |
|---|---|---|---|---|
| außerhalb Groß-Santiagos | – | 3,3 | 5,0 | 0,6 |
| innerhalb der Kommune | 47,7 | 39,7 | 46,3 | 25,6 |
| außerhalb der Kommune | 52,3 | 57,0 | 48,8 | 73,7 |
| davon in: Santiago[1] | 20,6 | 31,9 | 42,1 | 38,0 |
| Providencia[2] | 61,8 | 20,3 | 5,3 | 24,8 |
| and. Kommunen | 17,6 | 47,8 | 52,6 | 37,2 |

1) Santiago steht stellvertretend für die innerstädtischen Kommunen Santiago, Estación Central, Independencia und Recoleta.
2) Die Kommune Providencia steht stellvertretend für die Kommunen Providencia, Las Condes, La Reina und Vitacura.

Quelle: Eigene Befragungen, Juni-August 1986

In den meisten Haushalten ist nur eine Person erwerbstätig. Der Anteil der Haushalte, wo zwei oder mehrere Personen das Haushaltseinkommen sichern, schwankt zwischen 10% und 18,2% (vgl. Tab. 50).

Lediglich in Eleuterio Ramirez verdienen in jedem dritten Haushalt zwei oder drei Personen das Haushaltseinkommen. Diese hohe Beteiligung von mehreren Erwerbspersonen hängt mit der Altersstruktur der Befragten zusammen. Aufgrund der vielen 35- bis 39jährigen und des relativ hohen Durchschnittsalters von 30,8 Jahren in dieser Siedlung kann man davon ausgehen, daß die Kinder in einem elternunabhängigeren Alter sind, so daß beide Elternteile einer Beschäftigung nachgehen können. Ferner können die Erwerbsfähigen in Eleuterio Ramirez auch inner-

**Tabelle 50: Zum Familien-/Haushaltseinkommen beitragende Personen in El Mariscal, Eleuterio Ramírez, Villa Angelmó und Los Quillayes (in %)**

| Personenzahl | El Mariscal | Eleuterio Ramirez | Villa Angelmó | Los Quillayes |
|---|---|---|---|---|
| < 1 | 80,5 | 70,0 | 88,0 | 84,6 |
| 2 | 18,2 | 25,4 | 10,0 | 14,8 |
| 3 | 1,3 | 4,6 | 2,0 | 0,6 |
| > 3 | – | – | – | – |

Quelle: Eigene Befragungen, Juni-August 1986

halb ihres Hauses, bei dessen partieller kommerzieller Nutzung, eine (geschäftliche) Tätigkeit verrichten, ohne die Familie vernachlässigen zu müssen. Die Möglichkeiten der kommerziellen Nutzung von Wohnraum zum Nebenerwerb ist deshalb von großer Bedeutung, und zwar besonders dann, wenn ein Einkommen nicht ausreicht, um die Familienexistenz zu sichern (vgl. Kap. 7.3.4.1.1).

### 7.3.3 Einkommensstruktur der Haushalte

Die Höhe der Einkommen, als eine entscheidende Determinante des sozioökonomischen Status, läßt zwar Unterschiede zwischen den einzelnen Wohnsiedlungen erkennen (vgl. Tab. 51), generell gilt jedoch, daß die monatlichen Durchschnittseinkommen sehr gering ausfallen. Sie betragen zwischen 6.800 und 13.500 Pesos (34,3 bis 68,2 US $).

So leben mehr als ein Viertel der Familien (26%) in El Mariscal von einemEinkommen der untersten Einkommensklasse (bis 5.000 Pesos). Knapp die Hälfte der befragten Haushalte (48,1%) lebt von einem Betrag, der noch unter dem des gesetzlichen Mindestlohnes (9.870 Pesos, 1984/85) liegt. Im Gegensatz dazu sind in der Siedlung Los Quillayes die Gruppen mit einem Einkommen zwischen 7.001 und 15.000 Pesos besonders häufig vertreten (50,6% aller Haushalte), und 26,7% der Befragten verdienen mehr als 15.000 Pesos, 1,7% sogar über 30.000 Pesos (vgl. Tab. 51).

Das durchschnittliche Haushaltseinkommen beträgt in Los Quillayes ca. 13.500 Pesos und ist damit doppelt so hoch wie das der Wohnbevölkerung von El Mariscal mit 6.800 Pesos (vgl. Tab. 51).

In Villa Angelmó und in Eleuterio Ramirez müssen jeweils ca. ein Drittel der Haushalte mit einem Einkommen bis zu 7.000 Pesos auskommen. Die meisten Haushalte - 51% in Villa Angelmó und 40,8% in Eleuterio Ramirez - gehören aber, wie auch die Befragten in Los Quillayes, den Einkommensklassen von 7.001 bis 15.000 Pesos an. Mehr als 15.000 Pesos verdienen in Villa Angelmó 17% und in Eleuterio Ramirez 26,9% der Haushalte. Die durchschnittlichen Haushaltseinkommen umfassen in Villa Angelmó 7.900 und in Eleuterio Ramirez 8.800 Pesos (vgl. Tab. 51).

**Tabelle 51: Einkommensstruktur und durchschnittliches Monatseinkommen der Haushalte von El Mariscal, Eleuterio Ramírez, Villa Angelmó und Los Quillayes (in %)**

| Einkommen (in chil. Pesos) | El Mariscal | Eleuterio Ramirez | Villa Angelmó | Los Quillayes |
|---|---|---|---|---|
| <    5.000       | 26,0 | 12,3 | 20,0 | 12,5 |
| 5.001 -  7.000   | 22,1 | 20,0 | 11,0 | 10,2 |
| 7.001 - 10.000   | 20,8 | 15,4 | 25,0 | 26,7 |
| 10.001 - 15.000  | 18,2 | 25,4 | 26,0 | 23,9 |
| 15.001 - 20.000  | 5,2  | 15,4 | 8,0  | 13,1 |
| 20.001 - 25.000  | 1,3  | 3,1  | 3,0  | 9,1  |
| 25.001 - 30.000  | 1,3  | 4,6  | 4,0  | 2,8  |
| 30.001 - 40.000  | 5,2  | 3,8  | 1,0  | 1,1  |
| >    40.000      | –    | –    | 1,0  | 0,6  |
| Monatsdurchschnittseinkommen in chil. Pesos* | 6.800 | 8.800 | 7.900 | 13.500 |

*) 198 chil. Pesos entsprechen 1 US $, Mai 1986

Quelle: Eigene Befragungen, Juni-August 1986

Bei den Angaben zu den Ausgaben für Lebensmittel machen sich im Verhältnis zur Höhe der Einkommen Abweichungen von den erwarteten Ergebnissen bemerkbar: Am wenigsten investieren die befragten Haushalte von Villa Angelmó in die Lebensmittelversorgung. Jeder vierte Haushalt gibt nur bis zu 3.500 Pesos monatlich dafür aus. Gemäß der Angaben liegen die Ausgaben für Lebensmittel der befragten Haushalte von El Mariscal (bis auf 7,8% der befragten Haushalte) über dem letztgenannten Wert, obwohl die Einkommen hier deutlich geringer sind als in Villa Angelmó. Die meisten Haushaltsvorstände (zwischen 40% und 46% pro Wohnsiedlung) wenden 5.001 bis 10.000 Pesos pro Monat für die Ernährung auf. Am höchsten sind die durchschnittlichen Ausgaben für Lebensmittel - parallel zur Höhe der Einkommen - in Los Quillayes (vgl. Abb. 21).

Weitere feststehende Ausgaben stellen die Beträge für die Nutzung der Wohneinheit dar, die gemäß der in den staatlich geförderten Wohnbauprogrammen fixierten Zielsetzungen 20% des Familieneinkommens nicht übersteigen sollen.

Bis auf die Wohnbevölkerung von Eleuterio Ramirez zahlt die Mehrheit der Befragten monatlich zwischen 1.001 und 2.000 Pesos pro Haushalt für die Nutzung der Wohneinheit an die Gemeinde. In Eleuterio Ramirez liegt der Betrag zwischen 501 und 1.000 Pesos.

Bis auf die Wohnbevölkerung der letztgenannten Siedlung müssen die Haushalte der übrigen Wohnsiedlungen mit einem Einkommen bis zu 5.000 Pesos - das sind zwischen 12,3% und 26% aller Haushalte - mehr als 20% des Familieneinkommens für die obengenannten Zahlungen aufwenden. Haushalte mit Einkünften zwischen 5.001 und 7.000 Pesos zahlen Anzahlungsraten bis zu einer Höhe von 1.400 Pesos, das sind 20% bis 30% ihres Einkommens.

**Abbildung 21: Durchschnittliches Einkommen und durchschnittliche Ausgaben für Lebensmittel und die Nutzung der Wohneinheit in El Mariscal, Eleuterio Ramírez, Villa Angelmó und Los Quillayes (in % und in chil. Pesos)**

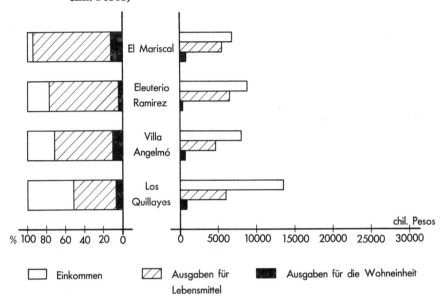

Eigene Befragungen, Juni-August 1986; Entwurf und Kartographie: A. NICKEL-GEMMEKE

Daraus folgt, daß zwischen 20% und 30% der befragten Familien in El Mariscal, Villa Angelmó und Los Quillayes aufgrund ihrer sozioökonomischen Lebensverhältnisse nicht in der Lage sind, die innerhalb der staatlich geförderten Wohnbauprogramme festgelegten Rückzahlungsbeträge zu erstatten. Außerdem ist zu berücksichtigen, daß mit dem Umzug in eine "legale" Siedlung für die vormals als Besetzer oder allegados wohnende Bevölkerung zusätzliche Ausgaben in Form von Nebenkosten für Elektrizität, Gas und Wasser entstehen.

Der geringere Rückzahlungsbetrag für die Nutzung der Wohneinheit in der Wohnsiedlung Eleuterio Ramírez ist mit der Reduzierung der abzuführenden Beträge durch die Gemeindeverwaltung zu erklären. In dieser Wohnsiedlung haben 20,8% der Befragten aus Protest jede Zahlung, d.h. die der anfallenden Kosten für die Nutzung der Wohneinheit und für die Nebenabgaben, eingestellt. Wenn auch in geringerem Ausmaß, so sind ähnliche Reaktionen seitens der Befragten in allen anderen Wohnsiedlungen ebenso beobachtet worden.

### 7.3.4 Die Wohnsituation in den Wohnbausiedlungen El Mariscal, Eleuterio Ramírez, Villa Angelmó und General Baquedano, Los Quillayes und Jaime Eyzaguirre

Im Zusammenhang mit den demographischen und sozioökonomischen Strukturmerkmalen der Haushalte gewinnt die Frage nach der Adäquanz der vom Staat angebotenen Wohnbaulösungsansätze, d.h. ob und inwieweit sich die angebotenen Wohneinheiten den persönlichen, familiären Wohnbedürfnissen der Bewohner anpassen lassen, besondere Bedeutung. In den folgenden Kapiteln werden die unterschiedlichen Wohn- oder Haustypen, wie sie nach 1973 im Rahmen des staatlich geförderten Wohnbaus angeboten worden sind, anhand der Fallbeispiele untersucht.

### 7.3.4.1 Größe und Ausstattung der Wohneinheiten in den Doppelhaussiedlungen El Mariscal und Eleuterio Ramírez

Die Wohnsiedlungen El Mariscal in Puente Alto und Eleuterio Ramirez in La Pintana bestehen aus 400 bzw. 1.062 je 100 m² großen Grundstücken und den zwischen 30 m² und 35 m² umfassenden Doppelhaushälften (vgl. Tab. 31).

Bei Einzug sind die Wohneinheiten mit Küchen- und Sanitäreinrichtungen (Spüle, ein Hängeschrank, WC und Waschbecken) in abgeteilten Räumen ausgestattet. Daneben gibt es zwei Schlafräume und einen Wohn- und Eßraum (vgl. Abb. 22). Flächen für eine mögliche Erweiterung der Wohneinheiten bestehen hinter dem Haus und seitlich des Hauses.

#### 7.3.4.1.1 Größe und Nutzung der Erweiterungen

Von den Möglichkeiten der Erweiterung der Wohneinheiten haben bis 1986 knapp ein Viertel (23,1%) der befragten Haushalte in der 1983 entstandenen Siedlung Eleuterio Ramirez und ein Fünftel (20,8%) der Haushalte in der 1984 bezogenen Siedlung El Mariscal Gebrauch gemacht (vgl. Tab. 52).
In der älteren Wohnsiedlung umfassen die Anbauten durchschnittlich 15,1 m², sie reichen von 4 m² bis 36 m², die meisten liegen zwischen 5 m² und 14 m².

In El Mariscal beträgt die erweiterte Fläche durchschnittlich 9,4m², in Einzelfällen auch 16 m² oder 18 m² (vgl. Tab. 52).

**Tabelle 52: Die Erweiterungen der Wohneinheiten von El Mariscal und Eleuterio Ramírez (in %)**

| Erweiterungen (in m²)<br>von ... bis ... | El Mariscal | Eleuterio Ramirez |
|---|---|---|
| < 5 | 12,5 | 23,3 |
| 5 - 9 | 68,8 | 23,3 |
| 10 - 14 | – | 20,0 |
| 15 - 19 | 18,8 | 6,7 |
| 20 - 24 | – | 13,3 |
| > 25 | – | 13,3 |
| keine Erweiterungen | 79,2 | 76,9 |
| Erweiterungen | 20,8 | 23,1 |
| davon - im Bau befindliche | 31,2 | 50,0 |
| - abgeschlossene Erweiterungen | 68,8 | 50,0 |

Quellen: Eigene Befragungen, Juni-August 1986

**Abbildung 22: Grundriß eines Doppelhauses und potentielle Anbauflächen in El Mariscal**

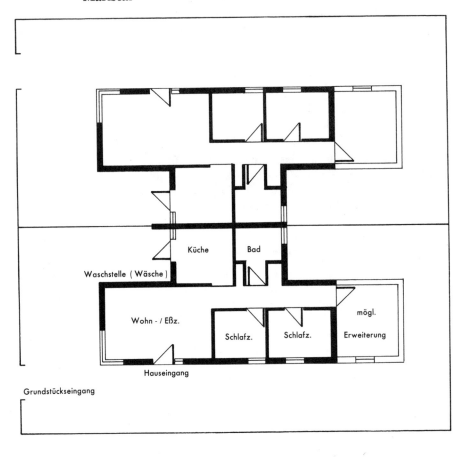

Quellen: MINVU 1980; Kartographie A. NICKEL-GEMMEKE

Alle Anbauten entstanden in Selbsthilfe durch Eigenarbeit der Haushaltsmitglieder oder durch Nachbarschaftshilfe. Nur in Einzelfällen stand die Gemeindeverwaltung mit technischer Hilfe zur Verfügung. Beratungen im Hinblick auf eine günstige räumliche Aufteilung des Grundstücks oder architektonische und statische Fragen erhielten die Bewohner nicht.

In beiden Wohnsiedlungen werden die Erweiterungen meist als Schlafräume genutzt (bei 56,3% der Familien in El Mariscal und 53,5% derjenigen von Eleuterio Ramirez). In einzelnen Fällen wurden auch die Küchenräume ausgebaut. Ferner dienen die Erweiterungen als Abstellflächen und Aufbewahrungsort für Fahrräder und Werkzeuge, oder sie werden zu kommerziellen Zwecken verwendet (vgl. Tab. 53).

Tabelle 53: Die Nutzung der Erweiterungsbauten und der gesamten Wohneinheiten in El Mariscal und Eleuterio Ramírez (in %)

|  | El Mariscal | Eleuterio Ramirez |
|---|---|---|
| Nutzung der Erweiterungsbauten: | | |
| - Küche | 6,3 | 6,7 |
| - Bad | – | – |
| - Schlafzimmer | 56,3 | 53,5 |
| - Eß-/Wohnzimmer | 12,6 | – |
| - Abstellraum/andere Nutzung | 24,8 | 40,0 |
| kommerzielle Nutzung der Wohneinheit | 6,5 | 8,5 |
| Art der Nutzung als: | | |
| - Kiosk, Reparaturwerkstatt | 100,0 | 100,0 |

Quelle: Eigene Befragungen, Juni-August 1986

In Eleuterio Ramirez wurden 8,5% der Anbauten einer kommerziellen Nutzung als Kioske oder als Reparaturwerkstätten zugeführt (vgl. Tab. 53). Dies steht in Zusammenhang mit dem hohen Anteil an Handwerkern, die in dieser Wohnsiedlung leben und vornehmlich im informellen Sektor beschäftigt sind (vgl. Kap. 7.2.2).

Die Anbauten bieten einigen Bewohnern die Möglichkeit, sich eine (oder eine zusätzliche) Erwerbsmöglichkeit zu schaffen, und verbessern zugleich die Versorgung der anderen Stadtteilbewohner durch ein an ihren Lebensbedingungen und Ansprüchen ausgerichtetes Warenangebot, vor allem im Lebensmittelbereich[1].

### 7.3.4.1.2 Verwendete Baumaterialien bei den Erweiterungen

Im Hinblick auf die beim Anbau verwendeten Baumaterialien dominiert in beiden Wohnsiedlungen Holz (81,3% in El Mariscal und 86,7% in Eleuterio Ramirez) (vgl. Tab. 54). Daneben existieren vereinzelt Steinbauten (12,5% in El Mariscal und 13,3% in Eleuterio Ramirez). Ferner griffen in El Mariscal 6,3% der Befragten beim Anbau auf Abfallprodukte (Plastik, Karton) zurück.

### 7.3.4.1.3 Ausstattung der Haushalte mit Gebrauchsgegenständen

In beiden Wohnsiedlungen werden vorwiegend Gas und Kohle als Brennstoffe genutzt (vgl. Tab. 55). Andere Haushalte versorgen sich mit Elektrizität aus illegal angezapften Stromleitungen.

---

1) In diesen kleinen Läden oder Kiosken werden u.a. die am meisten gebrauchten Lebensmittel angeboten, und zwar in Portionen, die den Einkommen angemessen sind. So kann man beispielsweise Milch tassen- und Öl löffelweise bekommen.

**Tabelle 54: Verwendete Baumaterialien bei den Erweiterungen in El Mariscal und Eleuterio Ramírez (in %)**

| verwendete Baumaterialien | El Mariscal | Eleuterio Ramirez |
|---|---|---|
| Mauerwerk, Beton, Zement | 12,5 | 13,3 |
| Holz | 81,3 | 86,7 |
| Abfallmaterial (Karton/Plastik) | 6,3 | – |

Quelle: Eigene Befragungen, Juni-August 1986

Die Ausstattung mit Gebrauchsgütern ist besonders in El Mariscal als dürftig zu bezeichnen. Dort verfügen 10,4% der befragten Haushalte weder über Radio noch über Fernseher, Telefon, Waschmaschine, Kühlschrank oder ähnliche Gegenstände (vgl. Tab. 55). 76,7% und 65% der Befragten gaben an, einen Fernseher (schwarz/weiß) und ein Radio zu besitzen. Eine Waschmaschine und einen Kühlschrank gibt es nur in 14,3% und 16,9% der Haushalte. Ein Auto, Motorrad oder Telefon besitzt keiner der Befragten.

**Tabelle 55: Ausstattung der Haushalte mit Gebrauchsgegenständen in El Mariscal und Eleuterio Ramírez (in %)**

| Ausstattung | El Mariscal | Eleuterio Ramirez |
|---|---|---|
| Kochvorrichtung | | |
| - Elektro | 10,4 | 14,6 |
| - Gas | 63,6 | 63,1 |
| - Kohle | 18,2 | 20,0 |
| - Holz | 7,8 | 2,3 |
| Heizung | – | 4,0 |
| Radio/Cassettenrecorder | 65,0 | 81,6 |
| TV (s/w) | 76,7 | 80,7 |
| TV (color) | 5,2 | 14,4 |
| Waschmaschine | 14,3 | 33,1 |
| Kühlschrank | 16,9 | 30,8 |
| Telefon | – | – |
| Motorrad/Moped | – | 0,8 |
| Auto | – | 2,4 |
| keine der genannten Ausstattungen | 10,4 | 5,4 |

Quelle: Eigene Befragungen, Juni-August 1986

Die Wohnbevölkerung von Eleuterio Ramirez ist mit Gebrauchsgegenständen besser ausgestattet. "Nur" 5,4% der Haushalte konnten sich bisher keinen der erfragten Ausstattungsgenstände leisten (vgl. Tab. 55). 81,6% besitzen ein Radio und 80,7% einen Schwarzweißfernseher. Ein Drittel der Haushalte besitzt eine Waschmaschine und einen Kühlschrank. 2,4% der befragten Haushalte besitzen ein Auto, 0,8% ein

Motorrad. Auch in dieser Wohnsiedlung hat keiner der befragten Haushalte ein Telefon.

Die deutlich schlechtere Wohnsituation in El Mariscal, die sich in der durchschnittlich geringeren Größe der Wohneinheiten, dem prozentual geringeren Anteil an Erweiterungen und einer schlechteren Ausstattung mit Artikeln des langfristigen Bedarfs manifestiert, steht im Zusammenhang mit sozioökonomischen Faktoren, wie dem niedrigen Ausbildungsstand und der hohen Anzahl Arbeitsloser oder in Minimalbeschäftigungsprogrammen Tätigen (vgl. Kap. 7.3.1, 7.3.2 und 7.3.3). Die ökonomischen Bedingungen erschweren einen rascher voranschreitenden Ausbau der Wohneinheiten.

### 7.3.4.2 Größe und Ausstattung der Wohneinheiten in den Reihenhaussiedlungen Villa Angelmó und General Baquedano

Die in San Bernardo gelegene und 1985 fertiggestellte Wohnsiedlung Villa Angelmó umfaßt 588 Wohneinheiten, angelegt als zweistöckige Reihenhaussiedlung.

Die auf zwei Stockwerke verteilte Wohneinheit umfaßt 35 m², wobei das Erdgeschoß aus Küche und Bad, Wohn- und Eßraum (insgesamt ca. 20 m²) und der erste Stock aus zwei Schlafräumen besteht (insgesamt ca. 15 m²) (vgl. Abb. 23).
Die Grundstücke haben auch hier eine Größe von ca. 100 m²:

**Abbildng 23: Grundriß eines Reihenhauses in Villa Angelmó**

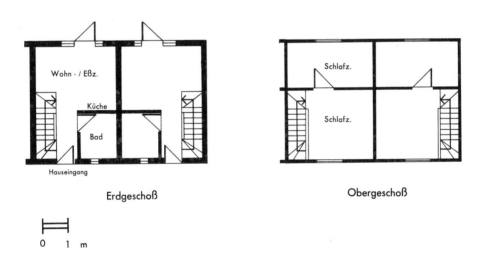

Quellen: Eigene Kartierung, Juni-August 1986; Entwurf und Kartographie: A. NICKEL-GEMMEKE

Die ebenfalls zweistöckigen Reihenhäuser der Wohnsiedlung General Baquedano, die 1980 im Rahmen des Programms Sistema Unicode Postulación gebaut wurden, bestehen aus Küche, Bad, Eß- und Wohnzimmer und zwei (bei 68,2% der befragten Haushalte) oder drei (bei 31,8% der Befragten) Schlafräumen und umfassen ca. 50 m². Die Grundstücksgröße beträgt ca. 120 m².

#### 7.3.4.2.1 Größe und Nutzung der Erweiterungen

Im Gegensatz zu den Doppelhaussiedlungen El Mariscal und Eleuterio Ramirez wurden die Häuser in der Siedlung Villa Angelmó schneller und umfangreicher ausgebaut: Bereits ein knappes Jahr nach dem Einzug haben ca. 15% aller befragten Haushalte bereits einen im Durchschnitt 9,6 m² großen Anbau erstellt (vgl. Tab. 56).

**Tabelle 56: Die Erweiterungen der Wohneinheiten in Villa Angelmó und General Baquedano (in %)**

| Erweiterungen (in m²) von ... bis ... | Villa Angelmó | General Baquedano |
|---|---|---|
| < 5 | 20,0 | – |
| 5 - 9 | 33,3 | 30,8 |
| 10 - 14 | 33,3 | 15,4 |
| 15 - 19 | 13,3 | 30,8 |
| 20 - 24 | – | 7,7 |
| > 25 | – | 15,4 |
| keine Erweiterung | 85,0 | 84,7 |
| Erweiterungen | 15,0 | 15,3 |
| davon - im Bau befindliche | 25,0 | 15,4 |
| - abgeschlossene Erweiterungen | 75,0 | 84,6 |

Quellen: Eigene Befragungen, Juni-August 1986

Die direkt nach dem Einzug begonnene Anbautätigkeit steht in Zusammenhang mit der Haushaltsgröße (durchschnittlich 4,6 Personen), einem relativ hohen Anteil an Fünf- (30%) und Mehrpersonenhaushalten (17%) bei relativ jungen, noch wachsenden Familien (das Durchschnittsalter der Haushaltsvorstände liegt bei 35,5 Jahren; vgl. Kap. 7.3.1). Es besteht somit ein erhöhter Bedarf an Wohnraum.

In der Wohnsiedlung General Baquedano erweiterten zwischen 1980 und 1986 15,3% der befragten Haushalte ihr Haus, und zwar durchschnittlich um 16,3 m² (vgl. Tab. 56). Nach Aussagen der Befragten entstanden die meisten Anbauten (84,6%) erst vor drei bis vier Jahren.

In Villa Angelmó dienen die Anbauten den Bewohnern in erster Linie (bei 56,3% der Befragten) als Schlafräume. Ferner hat jeder fünfte Haushalt (18,8%) die Küche, teilweise auch die Wohn- und Eßräume (12,5%) erweitert, oder es wurden zusätzliche Abstellräume (6,3%) benötigt (vgl. Tab. 57).

**Abbildung 24: Altersstruktur der Haushaltsvorstände in General Baquedano**

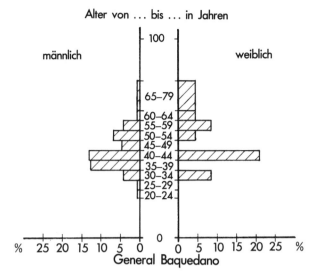

Quellen: Eigene Befragungen, Juni-August 1986; Entwurf und Kartographie A. NICKEL-GEMMEKE

**Abbildung 25: Größe der Haushalte in General Baquedano**

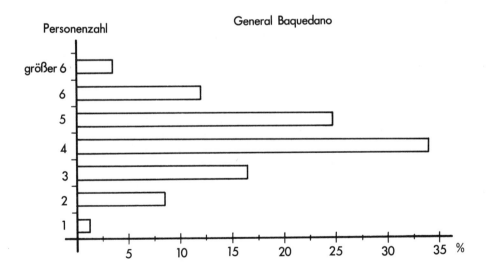

Quellen: Eigene Befragungen, Juni-August 1986; Entwurf und Kartographie: A. NICKEL-GEMMEKE

**Tabelle 57: Die Nutzung der Erweiterungsbauten und der Wohneinheiten in Villa Angelmó und General Baquedano (in%)**

|  | Villa Angelmó | General Baquedano |
|---|---|---|
| Nutzung der Erweiterungsbauten: |  |  |
| - Küche | 18,8 | 15,4 |
| - Bad | 6,3 | – |
| - Schlafzimmer | 56,3 | 23,1 |
| - Eß-/Wohnzimmer | 12,5 | 7,7 |
| - Abstellraum oder andere Nutzung | 6,3 | 53,8 |
| kommerzielle Nutzung der Wohneinheit | 6,0 | 8,2 |
| - Kiosk | 17,0 | 42,9 |
| - Werkstatt | – | 42,9 |
| Art der Nutzung als |  |  |
| - Reparaturwerkstatt | 34,0 | 14,3 |
| - Friseur | 34,0 | – |
| - andere Nutzung | 17,0 | – |

Quelle: Eigene Befragungen, Juni-August 1986

Auch wenn die Anbauten nicht vollständig kommerziellen Zwecken dienen werden, so gaben doch 6% der Haushaltsvorstände an, die Wohneinheit partiell als Kiosk (17,0%), Friseurladen (34,0%) oder Reparaturwerkstatt (34,0%) zu nutzen (vgl. Tab. 57).

Im Gegensatz dazu werden in der Siedlung General Baquedano die Erweiterungen meist nicht der Wohnraumnutzung zugeführt: 53,8% der Anbauten erfüllen entweder die Funktion von Abstellräumen oder kleineren Läden bzw. Werkstätten. Nur knapp die Hälfte der Familien hat die Anbauflächen zu Schlaf-, Eß- oder Wohnzimmer erweitert oder die Küche ausgebaut (vgl. Tab. 57).

Da die Wohneinheiten in der Wohnsiedlung General Baquedano ca. 20 m² größer sind als die, die in den letzten Jahren (seit 1982) mit staatlicher Förderung gebaut werden, ist der Bedarf an zusätzlichem Wohnraum offensichtlich deutlich geringer.

Ferner bewirkt auch der hohe Anteil kleinerer Haushalte (60% der Haushalte bestehen aus 1 bis 4 Person/en (vgl. Abb. 25), bei einem durchschnittlichen Alter der Haushaltsvorstände von 44 Jahren, der Anteil der unter 35jährigen erreicht nur 12,2% (vgl. Abb. 24)), daß größere Wohnflächen nicht benötigt werden.

### 7.3.4.2.2 Verwendete Baumaterialien bei den Erweiterungen

Ebenso wie in El Mariscal und Eleuterio Ramirez bevorzugen die befragten Bewohner von Villa Angelmó Holz als Baumaterial; 81,5% aller Erweiterungen bestehen aus Holzbohlen oder -brettern. Alle anderen Anbauten sind aus festem Material, wie Backstein oder vorgefertigten Betonteilen (vgl. Tab. 58).
In der Siedlung General Baquedano bestehen mehr als die Hälfte (61,5%) der Erweiterungen aus Steinen oder Betonteilen und 38,5% aus Holz.

**Tabelle 58: Verwendete Baumaterialien bei den Erweiterungen in Villa Angelmó und General Baquedano (in %)**

| Verwendete Baumaterialien | Villa Angelmó | General Baquedano |
|---|---|---|
| Mauerwerk, Beton, Zement | 18,5 | 61,5 |
| Holz | 81,5 | 38,5 |
| Abfallmaterial (Karton/Plastik) | – | – |

Quelle: Eigene Befragungen, Juni-August 1986

### 7.3.4.2.3 Ausstattung der Haushalte mit Gebrauchsgegenständen

Da die Ausstattung eines Haushalts mit Gebrauchsgegenständen ein Merkmal des sozioökonomischen Status ist, muß die befragte Bevölkerung von General Baquedano einer einkommensstärkeren Schicht zugerechnet werden als die Bevölkerung von der Siedlung Villa Angelmó.
So "luxuriöse" Gebrauchsgegenstände wie Heizung, Telefon und Motorrad finden sich in den Haushalten von Villa Angelmó nicht. Und auch nur 2% der Befragten besitzen ein Auto, in General Baquedano verfügt jeder fünfte über ein eigenes Fahrzeug (vgl. Tab. 59).

**Tabelle 59: Ausstattung der Haushalte mit Gebrauchsgegenständen in Villa Angelmó und General Baquedano (in %)**

| Ausstattung | Villa Angelmó | General Baquedano |
|---|---|---|
| Kochvorrichtung | | |
| - Elektro | 2,0 | – |
| - Gas | 74,0 | 98,8 |
| - Kohle | 22,0 | 1,2 |
| - Holz | 7,8 | – |
| Heizung | – | 37,6 |
| Radio/Cassettenrecorder | 71,0 | 89,4 |
| TV (s/w) | 69,0 | 69,4 |
| TV (color) | 10,0 | 35,3 |
| Waschmaschine | 22,0 | 71,8 |
| Kühlschrank | 24,0 | 57,6 |
| Telefon | – | 5,9 |
| Motorrad/Moped | – | 1,2 |
| Auto | 2,0 | 18,8 |
| keine der genannten Gegenstände | 7,0 | – |

Quelle: Eigene Befragungen, Juni-August 1986

71,8% und 57,6% der Bewohner aus General Baquedano benutzen eine eigene Waschmaschine oder einen Kühlschrank (22,0% und 24,05% der Bewohner von Villa

Angelmó). Auch ist in dieser Wohnsiedlung die Ausstattung der Haushalte mit Fernseher und Radios deutlich besser (vgl. Tab. 59).

### 7.3.4.2.4 Zum Vergleich: Ergänzende Angaben zur Haushaltsstruktur, zum Haushaltseinkommen und zur Wohnsituation in der Wohnsiedlung General Baquedano

Die verstärkt kommerzielle Nutzung der Wohneinheiten in der Wohnsiedlung General Baquedano bietet einer Reihe von Bewohnern eine zusätzliche Verdienstmöglichkeit. Die durchschnittlich weitaus höheren Einkommen, die die Befragten der Siedlung General Baquedanos im Vergleich zu den Bewohnern der anderen Wohnsiedlungen aufweisen, sind aber Ergebnis anderer Faktoren, wie z.B. die eines höheren Bildungsniveaus und einer besseren Beschäftigungssitution.

Nur 6,8% der befragten Männer und 16,6% der Frauen sind weniger als sechs Jahre zur Schule gegangen (vgl. Tab. 60). 9,6% der befragten Männer haben die Primarschule beendet, 27,4% schlossen auch die Sekundarschule ab, und 13,6% verfolgten eine weiterführende Ausbildung. Von den Frauen haben 41,7% einen Sekundarschulabschluß, dem sich allerdings keine weitere Ausbildung anschloß (vgl. Tab. 60).

Tabelle 60: Der Ausbildungsstand der Befragten von General Baquedano (in %)

|  | \<Primarschule\> | | | | | Schuljahre | | | \<Sekundarschule\> | | | | | |
|---|---|---|---|---|---|---|---|---|---|---|---|---|---|---|
|  | 0 | 1 | 2 | 3 | 4 | 5 | 6 | 7 | 8 | 9 | 10 | 11 | 12 | >12 |
| männl. | – | 1,4 | – | 2,7 | 2,7 | – | 9,6 | 6,9 | 13,7 | 8,2 | 9,6 | 4,1 | 27,4 | 13,6 |
| weibl. | – | – | – | – | 8,3 | 8,3 | 25,0 | – | 8,3 | – | – | 8,3 | 41,7 | – |
| gesamt | – | 1,2 | – | 2,4 | 3,5 | 1,2 | 11,8 | 5,9 | 12,9 | 7,1 | 8,2 | 4,7 | 29,4 | 11,9 |

Quelle: Eigene Befragungen, Juni-August 1986

50% der erwerbstätigen Frauen und 65,8% der Männer verfügen über einen vertraglich abgesicherten Arbeitsplatz (vgl. Tab. 61).

Nur 4,7% aller Befragten sind arbeitslos, und innerhalb eines Minimalbeschäftigungsprogramms (POJH oder PEM) arbeitet nur einer (1,4%). Weniger als 25% der Haushaltsvorstände sind im informellen Sektor tätig, wobei die Mehrzahl der Befragten (45,0%) ihr Einkommen durch Tagelöhnertätigkeiten oder mit handwerklichen Arbeiten (35,0%) erwirbt, was die relativ hohe Anzahl an Reparaturwerkstätten in der Wohnsiedlung erklärt.

Die meisten Haushaltsvorstände aus der Siedlung General Baquedano arbeiten außerhalb der Kommune (62,2%), und zwar bevorzugt in der Innenstadt von Groß-Santiago (63,8%; vgl. Tab. 62), wo viele von ihnen als Angestellte tätig sind.

**Tabelle 61: Die Beschäftigungssituation der Befragten von General Baquedano (in %)**

| Art der Beschäftigung | General Baquedano männlich | weiblich | gesamt |
|---|---|---|---|
| mit Vertrag | 65,8 | 50,0 | 63,5 |
| Student/in | – | – | – |
| Pensionär/Rentner | 2,8 | 33,3 | 7,1 |
| Hausfrau/-mann | – | – | – |
| Arbeitslose | 4,1 | 8,3 | 4,7 |
| PEM/POJH* | 1,4 | – | 1,2 |
| ohne Vertrag | 26,0 | 8,3 | 23,5 |
| davon: | | | |
| - Straßenverkäufer | 17,7 | – | 15,9 |
| - Handwerker | 58,8 | – | 35,0 |
| - Tagelöhner | 17,7 | 50,0 | 45,0 |
| - Hausangestellte | 5,9 | 50,0 | 5,0 |

*) PEM und POJH sind die Mitte der 70er Jahre von der Militärregierung eingesetzten Minimalbeschäftigungsprogramme.

Quelle: Eigene Befragungen, Juni-August 1986

**Tabelle 62: Lage der Arbeitsplätze der Haushaltsvorstände von General Baquedano (in %)**

| Lage der Arbeitsplätze | General Baquedano |
|---|---|
| außerhalb Groß-Santiagos | 1,4 |
| innerhalb der Kommune | 36,5 |
| außerhalb der Kommune | 62,2 |
| davon in - Santiago[1] | 63,8 |
| - Providencia[2] | 8,5 |
| - anderen Kommunen | 27,7 |

1) Die Kommune Santiago steht stellvertretend für die Kommunen Santiago und Estación Central.
2) Die Kommune Providencia steht stellvertretend für die Kommunen Providencia und La Reina.

Quelle: Eigene Befragungen, Juni-August 1986

Das durchschnittliche Familieneinkommen liegt mit 22.000 Pesos deutlich über dem der bisher untersuchten Wohnsiedlungen (vgl. Tab. 63 und 51). Gemäß der Angaben liegt der Verdienst bei 94% der Befragten über dem des Mindestlohnes (9.870 Pesos); mehr als die Hälfte der befragten Haushalte (55,3%) weisen ein Einkommen von mehr als 25.000 Pesos auf (vgl. Tab. 63), eine Summe, die in den bisher dargestellten Wohnsiedlungen von höchstens 8,6% der Haushalte (in Patricio Mekis) eingenommen wird.

**Tabelle 63: Einkommensstruktur und durchschnittliches Monatseinkommen der Haushalte in General Baquedano (in%)**

| Einkommen (in chil. Pesos*) | General Baquedano |
|---|---|
| <    5.000 | 1,2 |
| 5.001 -  7.000 | 2,4 |
| 7.001 - 10.000 | 2,4 |
| 10.001 - 15.000 | 8,2 |
| 15.000 - 20.000 | 15,3 |
| 20.001 - 25.000 | 15,3 |
| 25.001 - 30.000 | 21,2 |
| 30.001 - 40.000 | 25,9 |
| >   40.000 | 8,2 |
| Monatsdurchschnittseinkommen | 22.000 |

*)

Quelle: Eigene Befragungen, Juni-August 1986

Diese relativ hohen Einkommen resultieren in erster Linie aus einer deutlich besseren Beschäftigungssituation, und darüber hinaus hängen sie auch mit der Altersstruktur und einer damit verbundenen vertikalen Mobilität zusammen, d.h. einem beruflichen Aufstieg aufgrund langjähriger Beschäftigung.

Keinesfalls sind die höheren Einkommen die Folge einer höheren Zahl von zum Haushaltseinkommen beisteuernden Personen, denn ähnlich wie in den anderen Wohnsiedlungen erwirtschaftet in General Baquedano bei 71,8% der Familien nur eine Person das Einkommen. Nur in einem Fall (1,2%) tragen mehr als drei Personen zum Familieneinkommen bei (vgl. Tab. 64).

**Tabelle 64: Zum Familien-/Haushaltseinkommen beitragende Personen in General Baquedano (in %)**

| | \multicolumn{9}{c}{Anzahl der Personen} |
|---|---|---|---|---|---|---|---|---|
| bis zu | 1 | 2 | 3 | 4 | 5 | 6 | 7 | > 8 |
| | 71,8 | 20,0 | 7,1 | – | – | – | 1,2 | – |

Quelle: Eigene Befragungen, Juni-August 1986

Analog zu den höheren Haushaltseinkommen lassen sich höhere Ausgaben für Lebensmittel konstatieren. Knapp die Hälfte aller Haushalte (44,7%) gibt mehr als 15.000 Pesos aus, 38% wenden dafür zwischen 10.000 und 15.000 Pesos auf (vgl. Abb. 26). Allerdings liegen die Kosten für die Nutzung bzw. den Erwerb der Wohneinheiten deutlich höher als bei den anderen Wohnsiedlungen innerhalb der Programme Saneamiento de Campamentos und Postulacion Habitacional.

**Abbildung 26: Durchschnittliches Einkommen und durchschnittliche Ausgaben für Lebensmittel und die Nutzung der Wohneinheit in General Baquedano (in % und in chil. Pesos)**

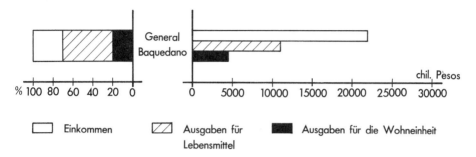

Quellen: Eigene Befragungen, Juni-August 1986; Entwurf und Kartographie: A. NICKEL-GEMMEKE

2,4% der Befragten gaben an, keinerlei finanzielle Aufwendungen mehr für das Haus zu haben, da es bereits in ihr Eigentum übergegangen sei. Die meisten Befragten (65,8%) zahlen zwischen 4.000 und 6.000 Pesos für die Abzahlung des Kredits, teilweise handelt es sich aber auch um die Zahlung von Mietzins, da 17,6% der befragten Haushaltsvorstände angaben, zur Miete zu wohnen. Daraus folgt, daß der ursprüngliche Bewohner und Teilnehmer am Programm Sistema Unico de Postulación umgezogen ist und das Haus vermietet hat. Auch wenn über die Gründe des Auszugs keine Angaben vorliegen, ist im Einklang mit anderen Studien zu staatlicher Wohnbauprogramme anzunehmen, daß es sich um einen "Verdrängungsprozeß" handelt (BÄHR/MERTINS 1988): Aufgrund der hohen Kredittilgungsraten und Zinsbelastungen, die in manchen Fällen das Haushaltseinkommen um mehr als 20% übersteigen, mieten die ursprünglichen Bewohner ein preisgünstigeres Quartier an und zahlen mit den Mieteinnahmen einen Teil der Abzahlungsraten. Damit tritt genau das ein, was TREVILLI (1981 a, 1981 b, 1982) und ARELLANO (1982) in ihren Anfang der 80er Jahre veröffentlichen Untersuchungen zur Entwicklung des Wohnraumdefizits in Santiago und seinen Konsequenzen konstatierten: Da die von seiten des Staates angebotenen Wohnbaulösungen für untere Sozialschichten nicht erschwinglich sind, setzt eine Verdrängung dieser Bevölkerungsgruppe aus den staatlich geförderten Wohneinheiten und anderen preisgünstigen Quartieren ein. Der Mangel an Wohnraum und die ökonomische Krise Anfang der 80er Jahre haben auch Auswirkungen auf die Wohnraumversorgung der Mittelschichten, die zunehmend die staatlich geförderten Lösungsansätze in Anspruch nehmen (vgl. Kap. 8.3).

### 7.3.4.3 Größe und Ausstattung der Wohneinheiten in den Wohnblöcken der Siedlungen Los Quillayes und Jaime Eyzaguirre

Die 1985 fertiggestellten dreigeschossigen Wohnblocks von Los Quillayes befinden sich an der Peripherie der Kommune La Florida. Zum Zeitpunkt der Befragung (Sommer 1986) sollten an die bereits bestehenden 1.700 Wohneinheiten (Sektoren 1 bis 7) noch weitere 1.000 Wohneinheiten angeschlossen werden.

Ein Jahr nach Bezug, im Sommer 1986, waren in der Wohnsiedlung weder Straßen noch Gehwege oder andere öffentliche Freiflächen (Parks, Spielplätze etc.) angelegt. Erste Ansätze eines Konsolidierungsprozesses, wie zum Beispiel die Anlage von notdürftigen Vorgärten und der Aufbau eines kleinen Gemüseverkaufsstandes, existierten jedoch bereits.

Die Wohnungen, bestehend aus Küche, Bad, einem Eß- und Wohnraum und zwei Schlafräumen, umfassen 30-35 m². Es gibt keine Möglichkeiten zur Erweiterung der Wohnfläche. In einzelnen Fällen (bei 8% der Befragten) wurden die Räume durch Pappwände weiter unterteilt. Vereinzelt wurden Anbauten an die Wohneinheiten im Erdgeschoß vorgenommen. Dies ist jedoch verboten und führt bei den Bewohnern innerhalb der Wohnblocks zu Spannungen, da grundsätzlich nur für die im Erdgeschoß Wohnenden die Möglichkeit solcher Anbauten besteht (vgl. Abb. 27).

**Abbildung 27: Grundriß einer Wohneinheit in einem dreigeschossigen Wohnblock in Los Quillayes**

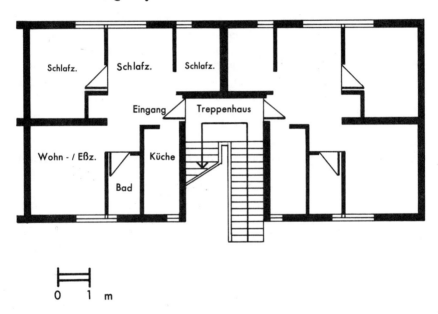

Quellen: MINVU 1985; Entwurf und Kartographie: A. NICKEL-GEMMEKE

Die Wohnsituation war zum Zeitpunkt der Befragung als äußerst kritisch zu bezeichnen. Für die jungen, noch im Wachstum befindlichen Familien (vgl. Kap. 7.3.1), von denen die meisten (52,8%) - neben den allegados - vier bis fünf Personen umfassen, sind die Wohneinheiten, die keinerlei Anbaumöglichkeiten bieten, zu klein. Es mangelt aber nicht nur an Wohnräumen, sondern ebenso an Abstellräumen, Möglichkeiten zum Wäschetrocknen etc.

Ferner geben die beim Bau der Wohneinheiten verwendeten Baumaterialien (Betonböden und -decken, rote Backsteinwände, dichtschließende Metallfensterrahmen und nur spaltweise zu öffnende Fenster) Anlaß zu Beanstandungen seitens der Bewohner: In erster Linie sind die Belüftungsmöglichkeiten unzureichend. Bei der hohen Wohndichte führt dies zu feuchten Wänden, was durch starken Schimmelbefall und abfallende Tapeten offensichtlich wird.

Aufgrund der defizitären Wohnsituation und einer allgemein schlechten Versorgungslage (vgl. Kap. 8.2) haben die Bewohner, organisiert in einer Junta de Vecino (Nachbarschaftsgemeinschaft), mehrfach mit der Einstellung der Zahlungen an die kommunale Verwaltung gedroht und dies teilweise auch bereits praktiziert. Die Gemeinde versucht, über den Einsatz von Sozialarbeitern die Situation zu entspannen. Konkrete Hilfe kann sie nicht anbieten. Mehrere Familien haben ihre Wohnungenm bereits verlassen und sind in ihr Ursprungscampamento zurückgezogen. Die freigewordenen Wohnungen wurden ausgebrannt, die Einrichtungsgegenstände (Waschbecken, Toilettenvorrichtungen u.ä.) zerstört. Dies ist ein Ausdruck der Enttäuschung und Aggression der Bewohner gegenüber den ihnen angebotenen Wohneinheiten und den Folgen der Umsiedlung, was auch auf besonders eklatante Weise bei der mangelhaften Versorgung mit Arbeitsplätzen und Dienstleistungen in diesem Viertel spürbar wird.

Ganz anders als in Los Quillayes stellt sich die Situation in der in Nuñoa gelegenen Wohnsiedlung Jaime Eyzaguirre dar. Mit dem Bau der dreigeschossigen Wohnblökke war Anfang der 70er Jahre begonnen worden. Nach 1973 wurden die Wohneinheiten unter der Militärjunta fertiggestellt und an die Teilnehmer des Programms Vivienda Social (vgl. Kap. 6.3.2.1) vergeben.

Die Siedlung ist seit langem konsolidiert; Grünanlagen, ein Wegenetz, Sportplatz, Kindergarten und Kinderspielplatz weisen darauf hin.
Die 544 Wohneinheiten, pro Block sind es 32, bestehen aus Küche, Bad, Eß- und Wohnzimmer und drei Schlafräumen. Die Wohnungen sind ca. 57 m² groß. Erweiterungen der Wohnflächen wurden nicht vorgenommen. Dies ist zum einen auf das Verbot von Anbauten zurückzuführen, zum anderen bietet die Größe dieser Wohnungen ausreichenden Raum für die darin lebenden Familien, so daß ein Anbau nicht unbedingt notwendig erscheint.

In beiden Siedlungen gab jeweils ein Haushaltsvorstand an, die Wohneinheit partiell zu kommerziellen Zwecken zu nutzen. In beiden Fällen handelt es sich um Kioske.

### 7.3.4.3.1 Zum Vergleich: Ergänzende Angaben zur Haushaltsstruktur, zum Haushaltseinkommen und zur Wohnsituation der Wohnsiedlung Jaime Eyzaguirre

In der Wohnsiedlung dominieren die Altersgruppen der zwischen 40- und 50jährigen (39,5% aller Befragten) (vgl. Abb. 28). Das Durchschnittsalter liegt bei 43 Jahren und ist damit das höchste von den Bewohnern aller dargestellten Wohnsiedlungen (vgl. Kap. 7.2.1, 7.3.1, 7.3.4.2.4). 25% aller befragten Bewohner sind über 50

**Abbildung 28: Altersstruktur der Haushaltsvorstände in Jaime Eyzaguirre**

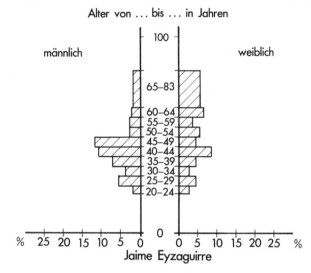

Quellen: Eigene Befragungen, Juni-August 1986; Entwurf und Kartographie: A. NICKEL-GEMMEKE

Jahre alt, und nur 20% der Haushaltsvorstände gaben an, 35 Jahre oder jünger zu sein. Aufgrund der Altersstruktur ist nicht mehr mit einem umfangreicheren, natürlichen Wohnbevölkerungswachstum zu rechnen.

Die durchschnittliche Haushaltsgröße liegt bei 4,3 Personen, wobei der Vierpersonenhaushalt (27,6%) vor dem Fünf- und dem Dreipersonenhaushalt (22,9% und 19,4%) am stärksten vertreten ist (vgl.Abb. 29).

**Abbildung 29: Größe der Haushalte in Jaime Eyzaguirre**

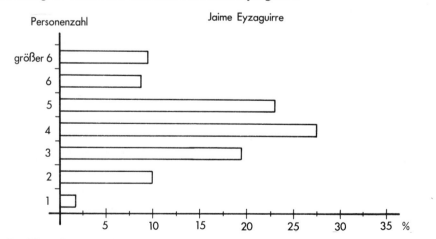

Quellen: Eigene Befragungen, Juni-August 1986; Entwurf und Kartographie: A. NICKEL-GEMMEKE

11,8% sind Ein- und Zweipersonenhaushalte, und 15,3% der Haushalte bestehen aus sechs und mehr Personen.

Die Angaben der Bewohner von Jaime Eyzaguirre zur Ausbildungs- und Beschäftigungssituation lassen deutliche Unterschiede zu den Befragten der vier Wohnsiedlungen El Mariscal, Eleuterio Ramirez, Villa Angelmó und Los Quillayes erkennen. Nur 2,4% der Befragten sind nach eigenen Aussagen funktionale Analphabeten (0-1 Schuljahr) (1,9% der Frauen und 2,6% der Männer) (vgl. Tab. 65). Weitere 4% haben die Primarschule ohne Abschluß verlassen aber nur 8,6% beendeten mit der Primarschule ihre schulische Laufbahn (11,3% der Frauen und 7,7% der Männer). Mehr als ein Drittel (22,6% der Frauen und 40,1% der Männer) verfügen über einen zweiten, qualifizierenden Schulabschluß, der eine zwölfjährige Schulausbildung umfaßt. Besonders hoch ist der Anteil derer, die einen höheren als den Sekundarschulabschluß haben (29,5% der Frauen und 31,7% der Männer) (vgl. Tab. 65).

Tabelle 65: **Der Ausbildungsstand der Befragten von Jaime Eyzaguirre (in %)**

| | \multicolumn{5}{c}{Schuljahre} | | | | | | | |
|---|---|---|---|---|---|---|---|---|---|---|---|---|
| | Primarschule | | | | | | | Sekundarschule | | | | |
| | 0 | 1 | 2 | 3 | 4 | 5 | 6 | 7 | 8 | 9 | 10 | 11 | 12 | >12 |
| männl. | 1,7 | 0,9 | 2,6 | – | 0,9 | 0,9 | 7,7 | 0,9 | 6,0 | 1,7 | 2,6 | 2,6 | 40,1 | 31,7 |
| weibl. | 1,9 | – | – | 1,9 | – | – | 11,3 | 1,9 | 17,0 | 1,9 | 7,8 | 3,8 | 22,6 | 29,5 |
| gesamt | 1,8 | 0,6 | 1,8 | 0,6 | 0,6 | 0,6 | 8,8 | 1,2 | 9,4 | 1,8 | 4,1 | 2,9 | 34,7 | 30,7 |

Quelle: Eigene Befragungen, Juni-August 1986

Dieser hohe Ausbildungsstand, mit durchschnittlich 11,5 besuchten Schuljahren pro Person, zeigt Auswirkungen auf die Beschäftigungssituation.

Der Anteil derer, die einen vertraglich gesicherten Arbeitsplatz haben, liegt mit 60% deutlich über dem der Bevölkerung in den anderen Untersuchungsgebieten (vgl. Tab. 66 und Kap. 7.2.2, 7.3.2, 7.3.4.2.4). Analog dazu ist die Arbeitslosenrate mit 1,8% - bei den Frauen beträgt sie allerdings 3,8% - sehr niedrig.Bis auf zwei "Haushaltsvorsteherinnen" (1,9% aller Befragten) nimmt niemand an den Minimalbeschäftigungsprogrammen (POJH oder PEM) teil.

Nur jeder fünfte Befragte geht einer Tätigkeit im informellen Sektor nach. Die Frauen arbeiten dann meist (50,0%) als Hausangestellte, als Näherinnen ( = Handwerkerinnen, 25%) oder als Straßenverkäuferinnen (25%). Die Mehrzahl der männlichen Beschäftigten ist im handwerklichen Bereich tätig, oder sie arbeiten als Straßenverkäufer oder Tagelöhner (vgl. Tab. 66).

Auch in dieser Wohnsiedlung liegen die Arbeitsplätze der meisten Befragten (66,4%) außerhalb der Kommune, vorwiegend im Stadtzentrum (50,5%). 28,5% der Befragten verfügen über einen Arbeitsplatz in ihrer Kommune (vgl. Tab. 67).

**Tabelle 66: Die Beschäftigungssituation der Befragten von Jaime Eyzaguirre (in %)**

| Art der Beschäftigung | Jaime Eyzaguirre männlich | weiblich | gesamt |
|---|---|---|---|
| mit Vertrag | 67,5 | 43,4 | 60,0 |
| Student/in | – | 1,9 | 0,6 |
| Pensionär/Rentner | 8,5 | 32,1 | 15,8 |
| Hausfrau/-mann | – | – | – |
| Arbeitslose | 0,9 | 3,8 | 1,8 |
| PEM/POJH* | – | 1,9 | 0,6 |
| ohne Vertrag | 23,1 | 17,0 | 21,2 |
| davon: | | | |
| - Straßenverkäufer | 25,0 | 25,0 | 27,8 |
| - Handwerker | 50,0 | 25,0 | 38,9 |
| - Tagelöhner | 25,0 | – | 19,4 |
| - Hausangestellte | – | 50,0 | 13,9 |

*) PEM und POJH sind die Mitte der 70er Jahre von der Militärregierung eingesetzten Minimalbeschäftigungsprogramme.

Quelle: Eigene Befragungen, Juni-August 1986

**Tabelle 67: Lage der Arbeitsplätze der Haushaltsvorstände von Jaime Eyzaguirre (in %)**

| Lage der Arbeitsplätze | Jaime Eyzaguirre |
|---|---|
| außerhalb Groß-Santiagos | 5,1 |
| innerhalb der Kommune | 28,5 |
| außerhalb der Kommune | 66,4 |
| davon in - Santiago[1] | 50,5 |
| - Providencia[2] | 18,7 |
| - anderen Kommunen | 30,7 |

1) Santiago steht stellvertretend für die innerstädtischen Kommunen Santiago und Estación Central.
2) Providencia steht stellvertretend für die Kommunen Providencia, La Reina. und Las Condes.

Quelle: Eigene Befragungen, Juni-August 1986

In Übereinstimmung mit den Angaben zur Beschäftigungssituation liegen die Einkommen weit über denen anderer Wohnsiedlungen. Nur 4,1% der Befragten verdienen weniger als 10.000 Pesos (vgl. Tab. 68). Am stärksten ist die Einkommensgruppe derjenigen vertreten, die mehr als 40.000 Pesos verdienen (32,9%).

Neben den günstigeren Beschäftigungsverhältnissen macht sich bei den Haushalten von Jaime Eyzaguirre auch die Tatsache bemerkbar, daß - im Gegensatz zu der

**Tabelle 68: Einkommensstruktur und durchschnittliches Monatseinkommen der Haushalte von Jaime Eyzaguirre (in%)**

| Einkommen (in chil. Pesos*) | Jaime Eyzaguirre |
|---|---|
| <   5.000 | 0,6 |
| 5.001 - 7.000 | – |
| 7.001 - 10.000 | 3,5 |
| 10.001 - 15.000 | 4,7 |
| 15.001 - 20.000 | 11,2 |
| 20.001 - 25.000 | 15,3 |
| 25.001 - 30.000 | 8,8 |
| 30.001 - 40.000 | 22,9 |
| >  40.000 | 32,9 |
| Monatsdurchschnittseinkommen | 26.000 |

*) 198 chil. Pesos entsprechen 1 US $, Mai 1986

Quelle: Eigene Befragungen, Juni-August 1986

Situation der Bewohner von General Baquedano - bei 37,5% der Haushalte zwei oder mehr Personen zum Haushaltseinkommen beitragen (vgl. Tab. 69).

**Tabelle 69: Zum Familien-/Haushaltseinkommen beitragende Personen in Jaime Eyzaguirre (in%)**

| bis zu | \multicolumn{8}{c}{Anzahl der Personen} |
|---|---|---|---|---|---|---|---|---|
|  | 1 | 2 | 3 | 4 | 5 | 6 | 7 | > 8 |
|  | 62,4 | 31,2 | 4,1 | 2,2 | - | - | - | - |

Quelle: Eigene Befragungen, Juni-August 1986

In Abhängigkeit vom Einkommen liegen auch die Ausgaben für Lebensmittel deutlich über denen der anderen untersuchten Wohnbevölkerungsgruppen: 22,4% der Haushalte von Jaime Eyzaguirre geben für die Lebensmittelversorgung zwischen 10.000 und 15.000 Pesos aus, und 62,4% wenden dafür mehr als 15.000 Pesos auf (vgl. Abb. 30).

Die Bewohner von Jaime Eyzaguirre können auch deshalb größere Beträge für die Lebensmittelversorgung ausgegeben, weil zwei Drittel der Befragten (63,5%) ihre Wohneinheit bereits erworben haben und somit keine starken finanziellen Belastungen mit der Nutzung der Wohneinheit mehr verbunden sind.

27,6% der Haushaltsvorstände gaben an, sie seien Mieter der Wohnung. Daraus folgt, daß, ähnlich wie in der Wohnsiedlung General Baquedano, auch in Jaime Eyzaguirre ein Teil der ursprünglichen Bewohner die Wohnung aufgegeben und

**Abbildung 30: Durchschnittliches Einkommen und durchschnittliche Ausgaben für Lebensmittel und für die Nutzung der Wohneinheit in Jaime Eyzaguirre (in % und in chil. Pesos)**

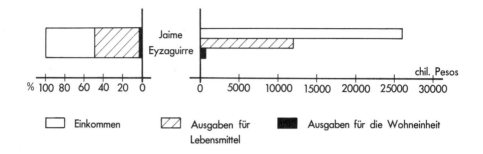

Quellen: Eigene Befragungen, Juni-August 1986; Entwurf und Kartographie: A. NICKEL-GEMMEKE

weitervermietet hat. Dies widerspricht den Bestimmungen des staatlich geförderten Wohnbaus. Die hohen Kredittilgungsraten machen - abgesehen von dem geforderten Eigenkapital - eine Teilnahme unterer Einkommensgruppen an dem Programm Vivienda Social, so wie es direkt nach 1973 gehandhabt wurde, unmöglich.

Die sozioökonomische Struktur der Wohnbevölkerung zeigt eindeutig, daß die Mehrzahl der Bewohner zur Mittelschicht gehört. Hinweise dafür bieten auch die

**Tabelle 70: Ausstattung der Wohneinheiten mit Gebrauchsgegenständen in Jaime Eyzaguirre und Los Quillayes (in %)**

| Ausstattung | Jaime Eyzaguirre | Los Quillayes |
|---|---|---|
| Kochvorrichtungen | | |
| - Elektro | – | 3,4 |
| - Gas | 99,4 | 88,1 |
| - Kohle | 0,6 | 8,5 |
| - Holz | – | – |
| Heizung | 84,3 | 1,2 |
| Radio/Cassettenrecorder | 94,0 | 77,7 |
| TV (s/w) | 89,2 | 78,3 |
| TV (color) | 38,7 | 9,7 |
| Waschmaschine | 68,5 | 28,5 |
| Kühlschrank | 88,0 | 24,6 |
| Telefon | 38,1 | – |
| Motorrad/Moped | 1,8 | – |
| Auto | 28,3 | 1,7 |
| keine der genannten Ausstattungen | – | 6,8 |

Quelle: Eigene Befragungen, Juni-August 1986

Angaben zur Wohnsituation vor dem Einzug in Jaime Eyzaguirre. Im Gegensatz zu den anderen Wohnsiedlungen sind 55,9% der befragten Bewohner bereits vorher Mieter gewesen, 21,2% gaben an, eine andere Wohneinheit besessen zu haben, und nur 22,9% waren Besetzer (13,5%) oder allegados (9,4%).

Diese sozial höhere Stellung der Bewohner von Jaime Eyzaguirre kommt auch in den Angaben zur Ausstattung der Wohneinheiten mit Gebrauchsgegenständen zum Ausdruck (vgl. Tab. 70).

Die Ausstattung der Wohneinheiten in Jaime Eyzaguirre ist vergleichbar mit der Ausstattung der Wohneinheiten von General Baquedano (vgl. Kap. 7.3.4.2.3). Demgegenüber läßt sich aber eine erhebliche Differenz zu der Ausstattung der Haushalte von Los Quillayes feststellen. So verfügt in Los Quillayes keiner der untersuchten Haushalte über ein Telefon oder ein motorisiertes Zweirad. Nur bei 1,2% der Befragten ist in der Wohneinheit eine Heizung vorhanden, und ca. 7% verfügen über keinen der in Tabelle 67 aufgeführten Ausstattungsgegenstände. Dagegen ist in Jaime Eyzaguirre fast jeder Haushalt mit einer Heizung (84,3%), Kühlschrank (88%) und Schwarzweißfernseher (89,2%) ausgestattet. Ferner besitzen hier 28,3% ein Auto und 38,1% ein Telefon (vgl. Tab. 70).

Die Wohnsituation in Jaime Eyzaguirre ist demnach deutlich besser als in Los Quillayes. Die Ursachen dafür liegen in der Größe der Wohneinheiten, der besseren Beschäftigungssituation der Bewohner, verbunden mit entsprechend höheren Einkommen, einem länger andauernden Konsolidierungsprozeß der Wohnsiedlung und einer generell besseren Versorgungslage mit Dienstleistungen aller Art.

### 7.3.5  Zum Problem der allegados in den Wohnsiedlungen El Mariscal, Eleuterio Ramírez, Villa Angelmó, Los Quillayes, General Baquedano und Jaime Eyzaguirre

In allen untersuchten Wohnsiedlungen kommt die alarmierende Wohnraumnot durch Aufnahme von allegados deutlich zum Ausdruck. Wenngleich die Anzahl der Haushalte pro Wohnsiedlung, die eine oder mehrere Personen in ihrer Wohneinheit oder auf ihrem Grundstück beherbergen, von Siedlung zu Siedlung variiert (vgl. Tab. 71), so sind doch in allen Wohnsiedlungen allegados anzutreffen.

Neben der Frage nach der Anzahl von allegados ist ferner die Frage nach den für die Präsenz von allegados ausschlaggebenden Faktoren klärungsbedürftig.

Dabei kann man zunächst davon ausgehen, daß im heutigen Santiago de Chile das Alter der Wohnsiedlungen (Bestandsdauer), wenn überhaupt einen, dann nur einen geringen Einfluß auf die Anzahl der allegados in den Wohnsiedlungen hat. Die untersuchten Beispiele zeigen, daß beispielsweise bei 20% der Haushalte der 1975 bezogenen Wohnsiedlung Jaime Eyzaguirre noch eine oder mehrere Personen außer der Kernfamilie wohnen. Gleichzeitig haben in der 1985 fertiggestellten Wohnsiedlung Los Quillayes, ein Jahr nach Bezug derselben, bereits 16% der Haushalte einen oder mehrere Mitbewohner beherbergt. Auch in El Mariscal oder Eleuterio Ramírez, den beiden 1983 und 1984 entstandenen Doppelhaussiedlungen, bestätigten 18,2% und 21,3% der Haushalte die Aufnahme von allegados.

**Tabelle 71: Die Aufnahme von allegados in El Mariscal, Eleuterio Ramirez, Villa Angelmó, Los Quillayes, General Baquedano und Jaime Eyzaguirre (in %)**

|  |  | El Mariscal | Eleuterio Ramirez | Villa Angelmó | Los Quillayes | General Baquedano | Jaime Eyzaguirre |
|---|---|---|---|---|---|---|---|
| Keine Aufnahme von allegados | | 81,8 | 78,7 | 92,0 | 84,1 | 70,6 | 80,0 |
| Aufnahme von allegados | | 18,2 | 21,3 | 8,0 | 15,9 | 29,4 | 20,0 |
| Aufnahme nur in eigener Wohneinheit | | 35,7 | 75,0 | 87,5 | 100,0 | 96,0 | 100,0 |
| Aufnahme nur in zusätzlicher Wohneinheit auf dem selben Grundstück | | 42,9 | 7,1 | 12,5 | – | 4,0 | – |
| Aufnahme sowohl in eigener als auch in zusätzlicher Wohneinheit | | 21,4 | 17,9 | – | – | – | – |
|  | Personen |  |  |  |  |  |  |
| Anzahl der allegados in eigener Wohneinheit | 1 | 12,5 | 38,5 | 57,1 | 71,4 | 50,5 | 58,8 |
|  | 2 | 37,5 | 30,8 | 14,3 | 10,7 | 15,4 | 29,4 |
|  | 3 | 25,0 | 19,2 | 14,3 | 17,9 | 11,5 | 2,9 |
|  | 4 | – | 7,7 | 14,3 | – | 7,7 | 2,9 |
|  | > 4 | 25,0 | 3,8 | – | – | 15,4 | 5,9 |
| Anzahl der allegados in zusätzlicher Wohneinheit | 1 | 11,1 | 28,6 | – | – | – | – |
|  | 2 | – | 28,6 | – | – | – | – |
|  | 3 | 22,2 | 14,3 | – | – | – | – |
|  | 4 | 44,4 | 14,3 | 100,0 | – | – | – |
|  | > 4 | 22,2 | 14,3 | – | – | 100,0 | – |
| Anzahl der aufgenommenen allegados* | | 59 | 77 | 11 | 41 | 31 | 57 |
| Anzahl zusätzlicher Wohneinheiten* | | 11 | 7 | 1 | – | 1 | – |
| Anteil der allegados in eigener Wohneinheit | | 42,4 | 76,6 | 70,0 | 100,0 | 80,8 | 100,0 |
| Anteil der allegados in zusätzlicher Wohneinheit | | 57,6 | 23,4 | 30,0 | – | 19,2 | – |

*) Angaben in absoluten Zahlen

Quelle: Eigene Befragungen, Juni-August 1986

In den Wohneinheiten, die die Möglichkeiten der Erweiterung der Wohnfläche einschließen, ist - wie zu erwarten - die Anzahl der allegados pro Haushalt/Wohneinheit höher. Drei und mehr Personen außer der Kernfamilie pro Wohneinheit sind in El Mariscal keine Seltenheit (vgl. Tab. 71). Auch in General Baquedano tritt dies häufig auf (bei 34,6% der Befragten), ebenso in Eleuterio Ramirez (30,7%) und Villa Angelmó (28,6%). In den Wohnblöcken von Los Quillayes liegt die maximale Anzahl von allegados pro Wohneinheit bei drei Personen, und auch in Jaime Eyzaguirre sind drei oder mehr Personen die Ausnahme.

Die Gründe für die höhere Anzahl an allegados in erweiterungsfähigen Wohneinheiten sind einleuchtend: Die ursprüngliche Wohnfläche läßt sich schnell ausbauen, und es besteht ferner die Möglichkeit, ein weiteres Gebäude auf dem Grundstück zu erstellen. Besonders oft werden eigene Unterkünfte auf dem Grundstück in den Doppelhaussiedlungen gebaut (vgl. Tab. 71).

Bis auf Ausnahmen nutzen die Bewohner dieser zusätzlichen Wohneinheiten das Bad oder die Küche, in vielen Fällen beides, gemeinsam mit den Bewohnern der Hauptwohneinheit (vgl. Tab. 72). In Villa Angelmó und General Baquedano werden nur die Sanitäranlagen der Hauptwohneinheit von den allegados in Anspruch genommen.

Tabelle 72: Gemeinsame Nutzung von Einrichtungen in den Wohneinheiten von El Mariscal, Eleuterio Ramirez, Villa Angelmó und General Baquedano (in %)

|  | El Mariscal | Eleuterio Ramirez | Villa Angelmó | General Baquedano |
|---|---|---|---|---|
| gemeinsame Nutzung von |  |  |  |  |
| - Küche | 28,6 | – | – | – |
| - Bad | – | 50,0 | 100,0 | 100,0 |
| - Küche und Bad | 64,3 | 37,5 | – | – |
| keine gemeinsame Nutzung | 7,1 | 12,5 | – | – |

Quelle: Eigene Befragungen, Juni-August 1986

Auch wenn die Anzahl an allegados pro Wohneinheit in den Doppel- und Reihenhaussiedlungen höher ist als in den Wohnblöcken von Los Quillayes und Jaime Eyzaguirre, kann daraus nicht der Schluß gezogen werden, daß die Wohnform (Haus, Wohnblock oder auch Sanitärzelle; vgl. Kap. 7.2.5) ein entscheidender Faktor für oder gegen die Anwesenheit von allegados ist. So haben beispielsweise 10% der Bewohner der Wohnblocksiedlung Los Quillayes Unterkünfte für allegados geboten, in der zwei Jahre länger bestehenden Doppelhaussiedlung El Mariscal waren es 18,2%, also eine nur geringfügig höhere Prozentzahl als in Los Quillayes. Und in der parallel zu Los Quillayes fertiggestellten Reihenhaussiedlung Villa Angelmó, die von ihren räumlichen Voraussetzungen besser für die Aufnahme von allegados geeignet wäre als die Wohnblocksiedlung Los Quillayes, trifft man nur bei 8% der Befragten allegados an.

Bemerkenswert ist ferner, daß die Anzahl von allegados auch nicht von der Lage der Siedlungen im Raum Groß-Santiagos abhängig ist. So ist die Anzahl der allegados (im Verhältnis zur Anzahl der befragten Haushalte), die in der in der Nähe des städtischen Zentrums gelegenen Siedlung Jaime Eyzaguirre wohnen, nicht höher als die in den anderen Wohnsiedlungen.

Es muß allerdings berücksichtigt werden, daß diese Bewohner einen durchschnittlich höheren Einkommens- und Lebensstandard haben als die Befragten der übrigen Siedlungen. Somit fehlen hier unter Umständen die ökonomischen Motivationen, gegen Bezahlung von Miete eine oder mehrere Personen in der Wohneinheit aufzunehmen. Auch wenn nicht ermittelt werden konnte, ob und in welchem Umfang die "Untermieter"-Haushalte für die entsprechenden Familien notwendige oder willkommene Nebeneinnahmequellen bedeuten, ist dies doch zu vermuten und in anderen Untersuchungen nachgewiesen worden (vgl. SABORRIDO 1955).

Da weder die Wohnform noch die Bestandszeit der Siedlung oder die Lage der Wohnsiedlung als hinreichende Begründungen für die Vielzahl von allegados in allen Wohnsiedlungen gelten können, kann man in Übereinstimmung mit BÄHR (1986) davon ausgehen, daß neben den ökonomischen Gründen, vor allem seit 1973 politische Strukturen - und im Zusammenhang damit entsprechende Entwicklungen auf dem Boden- und Immobilienmarkt (vgl. Kap. 4.5 und Kap. 8.3.) - das Wohnverhalten unterer Sozialschichten bestimmen (vgl. auch GILBERT/WARD 1932; GILBERT 1983; GANS 1987). Vor allem zwei Fakten haben in den letzten Jahren in Santiago zu der dramatischen Zunahme von allegados geführt: Zum einen ist dies das Verbot der illegalen Landnahme und Besiedlung und zum anderen die Verschlechterung der Einkommenssituation unterer Sozialschichten bei steigenden Wohnraumpreisen und einer Aufhebung der Mietpreisbindungen.

Die Folgen der Überbelegung der Wohneinheiten lassen sich wie folgt zusammenfassen: Es besteht die Gefahr eines raschen Verfalls der Wohneinheiten, die für diese Überbelastung nicht adäquat gebaut und ausgerüstet sind. Ferner ist die Infrastruktur völlig überlastet, was neben den Mängeln, die dabei auftreten, außerdem eine ernsthafte Gefährdung der Gesundheit der Bewohner darstellt. Außerdem ist eine normale, erstrebenswerte psychische Entwicklung der Familie/des Haushalts aufgrund der hohen Personenzahl pro Wohneinheit und dem damit verbundenen Mangel an Privatsphäre nicht gewährleistet. Für die allegados bleibt zusätzlich noch die Unsicherheit bezüglich ihrer (rechtlichen) Wohnsituation.

# 8.
## Auswirkungen der durchgeführten Maßnahmen im Bereich des staatlich geförderten Wohnbaus für untere Sozialschichten auf die Wohnsituation, die kommunale Entwicklung und das räumliche Wachstum Groß-Santiagos

### 8.1 Bewertung der Wohnsituation der Teilnehmer staatlicher Wohnbaumaßnahmen für untere Sozialschichten

Lange Zeit standen die Genese, die bauliche Entwicklung und die Bevölkerungsstruktur inner- und randstädtischer Hüttenviertel im Zentrum wissenschaftlicher Studien. Nur vereinzelt waren staatliche Wohnbaulösungen Schwerpunkt umfassender Abhandlungen, und wenn, dann blieb es meist bei der - hinlänglich bekannten - Feststellung vom mangelnden Umfang der Maßnahmen und der nicht zielgruppengerechten Strukturierung der Wohnbauprogramme.

Im folgenden geht die Verfasserin von der Voraussetzung aus, daß der Staat nicht aus der Verantwortung entlassen werden darf, die Bevölkerungsschichten mit Wohnraum zu versorgen, deren eigene Finanzkraft unzureichend ist, menschlich adäqute Wohnbedingungen zu gewährleisten. Bei der Suche nach Lösungsstrategien zur Behebung der HABITAT-Misere stellt sich, vor der Entwicklung neuer Lösungsansätze, die Aufgabe einer profunden Analyse von Merkmalen der Bewohner staatlicher Wohnbaulösungen, das heißt ihrer demographischen und sozioökonomischen Charakteristika und ihrer sozialen Bedürfnisse. Nur unter Berücksichtigung dieser Aspekte und jüngerer Forschungsergebnisse lassen sich qualitativ wie quantitativ veränderte, zielgruppenadäquate Lösungsansätze im Bereich des staatlichen, öffentlichen wie auch privaten Wohnbaus entwickeln und umsetzen. Dabei müssen die lokalen oder regionalen Wohnbedürfnisse der (jetzigen wie zukünftigen) Bewohner, die politischen und legislativen Rahmenbedingungen staatlichen Handelns im Wohnbausektor, die Struktur des Immobilien- und Bodenmarktes und die Verflechtungen des Sektors "Wohnraumversorgung" mit wirtschaftlichen, gesellschaftlichen und politischen Bereichen mit in die Analyse einbezogen werden.

Die Ergebnisse der vorliegenden Untersuchung sollen deshalb zielgerichtet bezüglich folgender Fragestellungen zusammenfassend ausgewertet werden:
- Inwiefern haben sich die Wohnbedingungen der Partizipanten staatlicher Wohnbaulösungen im Vergleich zu ihrer vorangegangenen Wohnsituation verändert?
- Wie lassen sich die Bewohner staatlicher Wohnsiedlungen charakterisieren?
- Welche Reichweite erfüllen die Programme?
- Welche baulichen Veränderungen der Wohneinheiten werden von den Bewohnern vorgenommen, und welche Haushalte greifen zu diesen Maßnahmen?

Ferner gilt es, die Konsequenzen der staatlichen Wohnbaumaßnahmen, wie sie in Chile nach 1973 implementiert wurden, auf die kommunale und räumliche Entwicklung Groß-Santiagos aufzuzeigen und zu diskutieren.

### 8.1.1 Zur Wohnsituation der Bevölkerung nach Abschluß der Sanierungs- und Umsiedlungsmaßnahmen

Fast alle befragten Bewohner (zwischen 70% und 99,2%) der acht untersuchten Wohnsiedlungen hatten bereits vor ihrem Einzug in eine der staatlich geförderten Wohneinheiten ihren Wohnsitz im Raum Groß-Santiago.

So gaben etwa 90% der Befragten von Patricio Mekis und Villa de los Héroes an, vor der Sanierung in einem der beiden campamentos gelebt zu haben (vgl. Kap. 7.2). Die von der Umsiedlung Betroffenen entstammen den verschiedensten Kommunen Groß-Santiagos. Aber auch die ehemaligen Quartiere der heutigen Bewohner von General Baquedano und Jaime Eyzaguirre lagen über das ganze Stadtgebiet verstreut. Dieses Befragungsergebnis stützt "eine generell anerkannte These, daß unter den Bewerbern für alle Programme des Niedrigkosten-Wohnungsbaus kaum Neuzuwanderer sind, sondern überwiegend Haushalte, die mit den örtlichen Maßnahmen und Möglichkeiten vertraut sind" (BÄHR/MERTINS 1988: 216) und sich an die städtische Lebensweise adaptiert haben[1].

Die Angaben bezüglich des Wohnstatus ergaben, daß der überwiegende Teil der Befragten der Siedlungen General Baquedano und Jaime Eyzaguirre vorher entweder Mieter oder Eigentümer einer Wohneinheit (vgl. Kap. 7.3.4.2.4 und 7.3.4.3.1) war. Die Untersuchungsergebnisse der soziodemographischen und sozioökonomischen Strukturdaten der befragten Bevölkerung dieser beiden Wohngebiete haben deutlich gemacht, daß sie aufgrund ihrer Einkommens- und Beschäftigungssituation nicht auf die Vergünstigungen einer staatlich geförderten Wohneinheit angewiesen ist, um ihr Grundbedürfnis nach einer Unterkunft zu erfüllen.

Ferner erweist sich für die Bevölkerung dieser Wohnsiedlungen die Vermutung, daß der Einzug in eine staatlich geförderte Wohneinheit der letzte Schritt einer mehrphasigen innerstädtischen Wanderung für die Hauseigentümer ist, als unzutreffend. Vielmehr geht aus den Befragungen hervor, daß ein Teil der eigentlichen Bewohner die Siedlung nach Verkauf oder Vermietung der Wohneinheit wieder verlassen hat. Dieses Ergebnis vom Wechsel des Hausbesitzes in Einfachwohnbausiedlungen ist auch bei anderen staatlichen Wohnbauprojekten nachgewiesen worden, wie z.B. die Studie von BÄHR/MERTINS (1988) zu staatlichen Wohnbauprojekten und deren Bewohnern in Groß-Recife belegt.

Im Gegensatz zu den Möglichkeiten der Bewohner von General Baquedano und Jaime Eyzaguirre, ihre Wohnsituation mit eigenen Mitteln zu verändern, bedeutet die Vergabe der Besitztitel und die Bereitstellung einer Sanitärzelle für die Bewohner der sanierten campamentos die einzige Chance einer Verbesserung ihrer Wohnsituation: Für sie endet mit der rechtlichen Anerkennung die permanente Unsicher-

---

1) Auf die Probleme der Anpassung von Zuwanderern an die städtischen Lebensweisen verbunden mit einer allmählichen Ablösung von traditionellen, ländlichen Gewohnheiten ist z.B. WARD (1982 b, 1984) bei seinen Untersuchungen in Hüttenvierteln in Mexico-City gestoßen. Er stellte fest, daß die Konsolidierungsstufe der Wohneinheiten abhängig ist von der Herkunft der Bewohner: Die Mehrzahl der Befragten, die in einer nichtkonsolidierten Wohneinheit lebten, waren in einem Dorf geboren.

heit, die dem Status des allegado und ocupante durch eine mögliche Vertreibung seitens des Staates oder der anderen Bewohner anhaftet. Ferner bedeutet für diese Bevölkerungsgruppe die Sanitärzelle mit ihren entsprechenden Einrichtungen eine eindeutige Verbesserung ihrer bisherigen Wohnsituation im sanitär-hygienischen Bereich. Dies gilt auch für die Mehrheit der umgesiedelten Bevölkerung, die vor ihrem Einzug in die staatlich geförderten Wohneinheiten ebenso als Besetzer oder Mitbewohner bei anderen Haushalten untergebracht war.

Dieser Verbesserung der Wohnsituation stehen die notwendigen finanziellen Aufwendungen gegenüber, die von den Bewohnern erbracht werden müssen, um den Wohnstatus zu erhalten (vgl. Kap. 8.1.2).

### 8.1.2 Die soziale Reichweite der staatlichen Wohnbauprogramme für untere Sozialschichten

Die soziale Reichweite der vom Staat in Chile nach 1973 angebotenen Wohnbauprogramme steht in Interdependenz zu den sozioökonomischen Lebensbedingungen der Bewohner der staatlich geförderten Wohnbausiedlungen.

Die Angaben zur Beschäftigungssituation der befragten Haushaltsvorstände in Patricia Mekis, Villa de los Héroes, El Mariscal, Eleuterio Ramirez, Villa Angelmó und Los Quillayes haben gezeigt, daß ein großer Teil der Wohnbevölkerung der einzelnen Siedlungen in unsicheren Arbeitsverhältnissen mit schwankenden Einkommen leben muß. Ferner sind zwischen 8,6% (Patricio Mekis) und bis zu 26,2% (Villa Angelmó) der Befragten arbeitslos oder in Minimalarbeitsprogrammen beschäftigt (vgl. Kap. 7.2.2, 7.3.2).

Gemäß den Ergebnissen zur Einkommenssituation sind die Befragten der sechs oben genannten Siedlungen den ersten beiden Einkommensgruppen der Tabelle 73 zuzuordnen; das heißt zum Zeitpunkt der Befragung betrugen ihre Einkommen zwischen 2,79 UF (ca. 7.862 chil. Pesos) und 4,91 UF (ca. 13.836 chil. Pesos) (vgl. Kap. 7.2.3, 7.3.3; MINVU 1986: 39).

Demgegenüber gehören die Bewohner von General Baquedano und Jaime Eyzaguirre mit einem durchschnittlichen Montseinkommen von 7,8 UF und 9,2 UF (22.000 bzw. 26.000 Pesos (1985); vgl. Kap. 7.3.4.2.4, 7.3.4.3.1) überwiegend den Einkommensgruppen drei, vier oder fünf an (vgl. Tab. 73).

Im Zusammenhang mit den in den Programmen fixierten Modalitäten zur Finanzierung der Wohneinheiten läßt sich die soziale Reichweite der Maßnahmen wie folgt charakterisieren[1]:

---
1) NECOCHEA (1984; vgl. auch 1986) hat den Zusammenhang zwischen den Einkommen und der Finanzkraft der unteren Sozialschichten zur Abzahlung der staatlichen Wohnbaulösungen in seiner Studie zur Struktur der gegenwärtig (1973-1990) in Chile implementierten Wohnbauprogramme untersucht. In Anlehnung an eine von HESKIA (1980) veröffentlichte Studie zur Einkommensverteilung der Bevölkerung von Groß-Santiago (1957-1979) bestimmte er zehn Einkommensklassen (vgl. Tab. 73). Entsprechend des Einkommens pro Klasse besteht die Möglichkeit entweder am Programm Saneamiento de Campamentos, Vivienda Básica oder Subsidio Habitacional teilzunehmen. Nach seinen Berechnungen reicht die Finanzkraft der Zugehörigen der Einkommensgruppen eins und zwei aus, eine Sanitärzelle abzuzahlen, gleich ob sie 15% oder 8% bis 10% ihres Einkommens aufwenden.

Tabelle 73: Einkommensverteilung der Bevölkerung von Groß-Santiago und mögliche Ausgaben für die Wohnraumversorgung, 1979

| Einkommensklassen | durchschnittl. Familieneinkommen in UF | prozentualer Anteil am Gesamteinkommen | Zahlungskapazität* nach MINVU % | | nach UN | |
|---|---|---|---|---|---|---|
| 1 | 2,79 | 1,4 | 15 | 0,42 | 8 | 0,22 |
| 2 | 4,91 | 2,4 | 15 | 0,74 | 10 | 0,44 |
| 3 | 6,54 | 3,2 | 15 | 0,98 | 15 | 0,98 |
| 4 | 8,38 | 4,1 | 15 | 1,26 | 15 | 1,26 |
| 5 | 10,25 | 5,0 | 15 | 1,54 | 15 | 1,54 |
| 6 | 13,18 | 6,5 | 20 | 2,64 | 15 | 1,98 |
| 7 | 17,23 | 8,5 | 20 | 3,45 | 15 | 2,58 |
| 8 | 24,02 | 11,8 | 20 | 4,80 | 15 | 3,60 |
| 9 | 36,87 | 18,1 | 20 | 7,37 | 15 | 5,53 |
| 10 | 80,60 | 39,1 | 20 | 16,12 | 15 | 12,09 |

*) Die Daten sind in % und in UF angegeben.

Quelle: NECOCHEA 1984

1. Upgrading-Maßnahmen: Bei einer monatlichen Belastung von 450-500 Pesos für die Abzahlung des Grundstücks und der Sanitärzelle erreichen diese im Rahmen des Programms Saneamiento de Campamentos implementierten Maßnahmen alle der Einkommensgruppe 2 Zugehörigen und auch ein Großteil derer, die der ersten Gruppe zugeordnet werden können. Jedoch müssen, bei Berücksichtigung aller Befragten, zwischen 3,3% (Patricio Mekis) und 26% (El Mariscal) von ihnen monatlich mehr als 10% des Familieneinkommens an Abzahlungsraten leisten. Diese Bewohner, die durchschnittlich im Monat bis zu 5.000 Pesos verdienen, erfüllen nicht die zur Teilnahme an der kostengünstigsten staatlichen Wohnbaulösung erforderlichen finanziellen Konditionen.
Die Befragungen haben ergeben, daß in den sanierten campamentos insgesamt 15,6% der Haushalte von Patricio Mekis und Villa de los Héroes von dieser Zahlungsunfähigkeit betroffen sind.
2. Basishaus/-wohnung: Nach den Angaben von NECOCHEA (1984; Tab. 73 im Text) betragen die monatlich aufzubringenden Kapitaldienstzahlungen für eine Wohnung oder ein Basishaus 0,53 UF, was 1983 einem Wert von 968 Pesos und 1985 einem Wert von 1.494 Pesos entsprach. Die befragten Haushaltsvorstände von El Mariscal, Eleuterio Ramirez, Villa Angelmó und Los Quillayes zahlen monatlich durchschnittlich 0,4 UF, d.h. ca. 1.000 chil. Pesos (1985) (teilweise aber auch bis zu 1.500 Pesos) an die Gemeinden (vgl. Kap. 7.3.3).
Die sozioökonomische Reichweite der Programme Vivienda Básica, Saneamiento de Campamentos und Postulación Habitacional ist insofern limitiert, als alle die Haushalte, die monatlich bis zu 7.000 Pesos verdienen, nicht die Einkommenshöhe erreichen, die eine dauerhafte Teilnahme an den Wohnbaulösungen ermöglicht.

In den einzelnen Wohngebieten müssen zwischen 11,4% und 30% der Haushalte mehr als 20% des Haushaltseinkommens für die Erfüllung des Grundbedürfnisses "Wohnen" aufwenden (vgl. Kap. 7.2.3 und 7.3.3). Geht man realistischerweise davon aus, daß bei der ermittelten Einkommenshöhe maximal 10% des Einkommens für die Wohnraumversorgung bereitgestellt werden können, so erstreckt sich der Anteil derer, die langfristig die Finanzierung der Wohneinheit nicht aufrechterhalten können, von 22% (Villa Angelmó) bis zu 48% (El Mariscal) der Bewohner. Nur ca. 13% der Haushalte von El Mariscal und ca. 27% der Haushalte von Los Quillayes verfügen über den von NECOCHEA (1984; vgl. auch 1986) errechneten notwendigen Lebenshaltungsgrundbetrag von ca. 18.000 Pesos.
Im Gegensatz dazu sind die Bewohner von General Baquedano und Jaime Eyzaguirre, deren Einkommen den Gruppen drei bis fünf zuzurechnen sind, durchaus in der Lage, auf dem öffentlichen Immobilienmarkt als Nachfrager aufzutreten.

Die obigen Ausführungen lassen darauf schließen, daß in den vier Einfachwohnbausiedlungen die Finanzmodalitäten für die Zielgruppe nicht angemessen sind. Man kann prognostizieren, daß ein Verdrängungsprozeß der zahlungsschwachen Bewohner aus den Wohnsiedlungen einsetzen wird. Sie werden die Wohnsiedlungen, wie das am Beispiel von Los Quillayes bereits erläutert wurde, verlassen und sich erneut als allegados oder Besetzer niederlassen und ihre jetzigen Wohneinheiten verkaufen oder vermieten.

Es soll an dieser Stelle nochmals darauf hingewiesen werden, daß die Wohnraumversorgung eingebettet ist in einen Kontext übergeordneter nationaler, politischer, wirtschaftlicher und planerischer Entscheidungen. Werden diese Zusammenhänge mißachtet, entstehen - neben anderen negativen Konsequenzen - für die Bewohner gravierende Mißstände. Dies betrifft in erster Linie den Zugang der Bevölkerung zu adäquaten Arbeitsplätzen und Verdienstmöglichkeiten. Dies wird besonders deutlich durch die Folgen der Umsiedlung: Die von der Umsiedlung betroffene Bevölkerung zeichnet sich durch besonders niedrige Einkommen aus. Analog dazu ist die Rate der Arbeitslosen und in Minimalarbeitsprogrammen Tätigen in diesen Wohnsiedlungen weitaus höher als in den sanierten campamentos oder den beiden mittelschichtsorientierten Siedlungen. Bemerkenswert ist dabei, daß der Ausbildungsstand keine gravierenden Differenzen zwischen den Befragten der sechs Einfachwohngebiete ergibt. Vielmehr machen sich hier die Einkommenseinbußen aufgrund von Arbeitsplatzverlusten nach der Umsiedlung bemerkbar.

Betrachtet man den räumlichen Aktionsradius der erwerbstätigen Bevölkerung, so fällt auf, daß er bei den von einer Umsiedlung Betroffenen weitaus größer ist als der der Bewohner der sanierten campamentos. Dies hat vor allem folgenden Grund: Ein Teil der Befragten konnte sein in der Ursprungskommune bestehendes Arbeitsverhältnis aufrechterhalten, wobei dann oft große Entfernungen zwischen Arbeitsplatz und Wohnstandort zu bewältigen sind. Die Beschäftigten nehmen große Distanzen zum Arbeitsplatz auf sich, um überhaupt ein Einkommen erwerben zu können.

Wäre bei der Planung und Durchführung der Umsiedlung der in den Zielkommunen steigenden Nachfrage nach adäquaten Arbeitsplätzen Rechnung getragen worden, hätten u.a. stabilere Verdienstverhältnisse und damit letztlich auch günstige Bedingungen für eine kontinuierliche Rückzahlung der monatlichen Abzahlungsraten geschaffen werden können.

### 8.1.3 Veränderungen der Wohnbedingungen durch bauliche Veränderungen

Im Hinblick auf den Ausbau der Sanitärzellen und die Erweiterung der übrigen Wohneinheitsformen läßt sich folgendes festhalten:

In den beiden Siedlungen Patricio Mekis und Villa de los Héroes läßt sich keine signifikante Korrelation zwischen dem Umfang der Erweiterungen und dem Einkommen der Familien nachweisen. Allerdings bleiben die Anbauten bei den Befragten mit einem Einkommen bis zu 7.000 Pesos mit 20 m² in Patricio Mekis und 30,5 m² in der Regel unter der durchschnittlichen Erweiterungs-/Anbaufläche (27,5 m² in Patricio Mekis und 34 m² in Villa de los Héroes; vgl. Kap. 7.2.4.1).

Neben dem Einkommen beeinflussen die Konsolidierungszeit und vor allem auch die Haushaltsgröße bzw. die Anzahl der Personen pro Wohneinheit den Umfang der Erweiterungen. Hier lassen sich folgende Tendenzen aufzeigen:

In Villa de los Héroes, wo die Haushaltsgröße deutlich über der von Patricio Mekis liegt, sind die Wohneinheiten durchschnittlich 6,5 m² größer (vgl. Tab. 72). Allerdings muß dabei berücksichtigt werden, daß in dieser Siedlung die Wohneinheiten - in Abhängigkeit von der Erwerbsstruktur - einer stärkeren kommerziellen Nutzung unterliegen, als das in Patricio Mekis ermittelt werden konnte, und die Sanierungsarbeiten schon länger abgeschlossen sind.

Die durchschnittliche Wohnfläche pro Person beträgt, trotz der größeren Erweiterungen in Villa de los Héroes, nur 4,9 m² (bei einer durchschnittlichen Belegungsdichte der Wohneinheit von 8,2 Personen; vgl. 7.2.4.3). In Patricio Mekis stehen bei einer Belegungsdichte von 5,2 Personen pro Wohneinheit dem einzelnen statistisch 6,2 m² zur Verfügung (vgl. Tab. 74).

Die durchschnittliche Wohnfläche der sanierten erweiterten Wohneinheiten umfaßt in Patricio Mekis 33,5 m² und in Villa de los Héroes 40 m² (vgl. Kap. 7.4.2.1). Sie erreicht damit nicht die Größe der Wohneinheiten in den Fertighaussiedlungen, wobei berücksichtigt werden muß, daß die Wohnungen in den Wohnblocks nicht erweiterungsfähig sind.

Die Wohneinheiten der Doppel- und Reihenhaussiedlungen umfassen nach Abschluß der Erweiterungsarbeiten durchschnittlich zwischen 44,2 m² (in El Mariscal) und 66,3 m² (in General Baquedano) (vgl. Tab. 74). Pro Person stehen durchschnittlich zwischen 8,5 m² (in El Mariscal) und 14,6 m² (in General Baquedano) zur Verfügung. In den beiden nicht erweiterungsfähigen Wohnblocksiedlungen Los Quillayes und Jaime Eyzaguirre variieren die Quadratmeterzahlen pro Person zwischen 8,1 m² und 12,4 m² (vgl. Tab. 72). Bei der erstgenannten Wohnblocksiedlung gab die als unzureichend befundene Größe der Wohneinheiten bereits Anlaß zu Protesten seitens der Bewohner.

Auf die Bedeutung der Größe der Wohneinheiten und dem damit zusammenhängenden Anteil an Raum, der dem einzelnen Haushaltsmitglied zur Verfügung steht,

**Tabelle 74: Durchschnittliche Größe der erweiterten Wohneinheiten in den Wohnbausiedlungen**

| Name der Wohnsiedlung | Größe der staatl. geförderten WE in m$^2$ | erweiterte Fläche in m$^2$ | Anzahl der Personen pro Wohneinheit | Anzahl m$^2$ pro Person |
|---|---|---|---|---|
| Patricio Mekis | 6,0 | 27,5 | 5,2 | 6,2 |
| Villa d. l. Héroes | 6,0 | 34,0 | 8,2 | 4,9 |
| El Mariscal | 34,8 | 9,4 | 5,2 | 8,5 |
| Eleuterio Ramirez | 35,0 | 15,1 | 5,1 | 9,0 |
| Villa Angelmó | 35,0 | 9,6 | 4,7 | 9,5 |
| General Baquedano | 50,0 | 16,3 | 4,6 | 14,6 |
| Los Quillayes | 35,0 | – | 4,3 | 8,1 |
| Jaime Eyzaguirre | 57,0 | – | 4,6 | 12,4 |

Quelle: Eigene Befragungen, April-August 1986

hat MAC DONALD (1982, 1983 b, 1985, 1987) in ihren verschiedenen Studien zur Wohnsituation unterer Sozialschichten in Santiago de Chile mehrfach hingewiesen. Sie befragte die Bewohner von neun verschiedenen Wohnbausiedlungen, die zwischen 1965 und 1980 in Conchali und La Florida entstanden und die entweder aus einer operación sitio hervorgegangen sind oder aufgrund eines Sanierungsprogramms (mit Verteilung von Sanitärzellen) oder im Rahmen des Programms Vivienda Social gebaut wurden. Ziel ihrer Untersuchungen ist es gewesen, die Bedeutung einzelner Aspekte, die die Qualität der Wohnsituation für den Bewohner beeinflussen, zu ermitteln. Neben der infrastrukturellen Ausstattung der Wohneinheit (Wasserversorgung, Abwasserbeseitigung, Elektrizität) bezeichneten die Befragten die Möglichkeiten der individuellen Entfaltung (gemessen in m$^2$/Person) als wesentliches Element einer positiven Wohnsituation. Diesem Kriterium zur Bestimmung der Wohnqualität wurde in den Wohnsiedlungen mit der stärksten Belegungsdichte (Siedlungen, die aus operación sitio hervorgingen) eine besonders hohe Priorität eingeräumt. Dabei ist anzumerken, daß in allen von ihr untersuchten Wohnsiedlungen den Haushaltsmitgliedern jeweils durchschnittlich zwischen 9,9 m$^2$ und 11,4 m$^2$ zur Verfügung standen; das ist deutlich mehr, als die Bewohner der Siedlungen von Patricio Mekis und Villa de los Héroes beanspruchen können. Zum einen wirkt sich hier die längere Konsolidierungszeit der von MAC DONALD untersuchten Wohngebiete aus, zum anderen wurde die Größe der bei staatlichen Wohnbaumaßnahmen vergebenen Grundstücke nach 1973 von 130 m$^2$ (1955) bzw. 160 m$^2$ (1968) auf 100 m$^2$ reduziert und damit der mögliche Umfang der Anbauflächen eingeschränkt (vgl. MAC DONALD 1982, 1983 b, 1985).

Der Vergleich zwischen den Wohnsiedlungen El Mariscal, Eleuterio Ramirez, Villa Angelmó und General Baquedano zeigt, daß zwischen dem Alter der Wohnsiedlungen und dem Umfang der Anbauten ein Zusammenhang besteht (vgl. Tab. 52, 56, 74). Analog zu einer längeren Bestandszeit nimmt die Quadratmeterzahl der erweiterten Flächen zu. So weisen die Erweiterungsflächen der 1980 gebauten

Wohneinheiten in General Bequedano und der 1983 entstandenen Doppelhäuser in Eleuterio Ramirez einen deutlich größeren Umfang auf als die entsprechenden Wohneinheiten in der 1985 bezogenen Wohnsiedlung Villa Angelmó und der 1984 fertiggestellten Siedlung Eleuterio Ramirez. Ebenso ist der Anteil an abgeschlossenen Baumaßnahmen höher (vgl. Kap. 7.3.4.1.1, 7.3.4.2.1, 7.3.4.2.4)

Umfang und Anzahl der abgeschlossenen Bauvorhaben sind entscheidend durch den Faktor Einkommen bestimmt: Die Erweiterungen der Wohneinheiten in El Mariscal, die Wohnsiedlung mit den durchschnittlich niedrigsten Einkommen, bleiben deutlich unter der Größe derjenigen in Eleuterio Ramirez, Villa Angelmó oder General Baquedano. Ferner haben 31,2% der Haushalte von El Mariscal die Vergrößerung der Wohnfläche noch nicht abgeschlossen, der Ausbauprozeß verläuft hier nur zögernd. Außerdem ist in diesem Wohngebiet der Rückgriff auf provisorische Baumaterialien stärker als in den anderen genannten Wohnsiedlungen. Bei den Haushalten mit geringen Einkommen können Baumaterialien häufig nur unter Verzicht auf die Befriedigung anderer Grundbedürfnisse erworben werden.

Weiterhin existiert ein Zusammenhang zwischen dem Umfang der Ausbautätigkeiten und der Präsenz von allegados (vgl. auch MAC DONALD 1982, 1983 b, 1985). In einigen Fällen (z.B. bei 50% der Haushalte in Eleuterio Ramirez und bei 45% in General Baquedano) wurden die Erweiterungen speziell wegen der Unterbringung von nicht zur Familie gehörenden Personen getätigt. Dennoch blieb die Präsenz von allegados in diesen Wohnbausiedlungen geringer (pro Grundstück und Wohneinheit) als innerhalb der sanierten Wohnviertel.

Die Untersuchungen in den jeweiligen Wohnsiedlungen zum Ausbau der Wohneinheiten haben Differenzen bezüglich der verwendeten Baumaterialien deutlich gemacht. Hier zeigen sich die ökonomischen Möglichkeiten und Grenzen, auf die die Bewohner beim Ausbau ihrer Wohneinheiten stoßen. Generell gilt, daß die Verwendung fester Materialien, wie Zink- oder Betonplatten und Backsteinen, bei fachgerechter Anwendung und bei besonderer Berücksichtigung ausreichender Belüftungsmöglichkeiten den klimatischen Bedingungen Groß-Santiagos angemessen ist und aus diesem Grund für alle Bewohner erstrebenswert ist. Dies gilt vor allem für die Bewohner der sanierten Wohnsiedlungen, deren gesamte Wohneinheiten in Selbsthilfe entstehen und die die Baumaterialien ohne staatliche Hilfen beschaffen müssen.

Während die Abdeckung der Dächer meist mit soliden Materialien erfolgte, bestehen die Außenwände bei 72,0% der Haushalte in Patricio Mekis und 89,8% der Haushalte in Villa de los Héroes aus Holz-/Preßspanplatten (vgl. Kap. 7.2.4.2). Wände aus festem Mauerwerk konnten sich nur 24,7% in erstgenannter Siedlung und 8,6% in letztgenannter Siedlung leisten.

Neben dem Schutz vor Witterungseinflüssen nehmen die Außenwände als tragende baustatische Stützen des Daches eine besondere Funktion beim Ausbau der Wohneinheiten ein. Mauerwerk oder Betonteile wären demnach die adäquatesten Baumaterialien. Diese sind jedoch teuer und können meist aufgrund des geringen Einkommens nicht gekauft und deshalb auch nicht verwendet werden.

Die Verwendung der "leichteren" Baumaterialien, wie Abfallprodukte oder Preßspanplatten, hat neben den ökonomischen Aspekten für die Bewohner auch den Vorteil, daß sie eine flexiblere Umgestaltung der Wohneinheiten erlaubt. In Villa de los Héroes, einer Wohnsiedlung mit einem hohen Anteil junger Familien und allegados, sind rasch umzusetzende Umbauten günstig, um sich den jeweiligen Raumbedürfnissen anpassen zu können, ohne größere Ausgaben und Zeit aufwenden zu müssen.

Allerdings bedürfen diese Baumaterialien permanenter Ausbesserungs- und Instandhaltungsarbeiten und haben generell eine kürzere Lebensdauer als feste Materialien.

Die Untersuchungen von MAC DONALD (1982, 1985) haben ergeben, daß die von ihr befragten Bewohner der Qualität der Baumaterialien nur eine geringe Bedeutung zumessen. Nach Meinung von MAC DONALD (1985: 40) hat das folgende Ursachen: Das Klima von Santiago ist so gemäßigt, daß feste Baumaterialien, wie Stein oder Beton, zweckmäßig, aber nicht lebensnotwendig erscheinen. Ferner wird der Ausbau der Wohneinheit von den Bewohnern als ein langwieriger Prozeß verstanden, an dessen Ende unter Umständen eine "feste" Wohneinheit steht. Außerdem geht MAC DONALD davon aus, daß die von ihr befragten Bewohner den Sachverhalten einen höheren Stellenwert einräumen, die nicht von ihnen geleistet werden können bzw. sich ihrem Einfluß entziehen (wie z.B. der Ausbau der Infrastruktur).

Generell wäre eine Hinwendung zum Einsatz und der Verarbeitung "natürlicher" Baustoffe, wie z.B. die in den nördlichen Regionen Chiles verwendete Adobe, zu begrüßen (vgl. MATHEY 1983, 1987; ZISS/ZISS-KOTOWSKI 1986). Zum einen lassen sich diese Materialien kostengünstig und ohne großes technisches Know-how herstellen. Zum anderen sind sie in der Regel anwendungsfreundlicher als herkömmliche, industriell vorgefertigte Baustoffe und -materialien. Langwierige Lernprozesse zum Erwerb von Kenntnissen für die Verarbeitung fallen deshalb weg. Bisher sprechen nach Untersuchungen von ZISS/ZISS/KOTOWSKI (1986) und MATHEY (1987) vor allem zwei Argumente gegen die Verwendung traditioneller Baumaterialien und -stoffe: Traditionelle Baustoffe stehen dem Image von Fortschritt und Wohlstand entgegen und verweisen auf eine ländliche, überholte Lebensweise. ZISS/ZISS-KOTOWSKI (1986: 88) schreiben dazu: "Oft sind es die Bedingungen der sozialen Umwelt, die die Abkehr von traditionellen Bauweisen begünstigen. Dauerhafte Baumaterialien und Bauweisen symbolisieren Reichtum, Sicherheit und Macht. Aus der ländlichen Armut herausgebrochen und von der dörflichen Gemeinschaft entwurzelt, umgeben sich viele Spontansiedler mit den neuen Symbolen des städtischen Lebens, um ihre Integration zu demonstrieren. Traditionelle Materialien und Bauweisen gelten als altmodisch und fortschrittsfeindlich oder werden schlicht mit Mißerfolg assoziiert". Ferner zeigen die traditionellen Baustoffe meist nicht die Dauerhaftigkeit und Widerständigkeit moderner Baustoffe und -materialien. ZISS/ZISS/KOTOWSKI kamen aufgrund von Untersuchungen in Mexiko zu folgendem Ergebnis: "Die dauerhafte Konstruktion ist die den städtischen Lebensbedingungen entsprechende Bauweise. Sie ist weitgehend wartungsfrei, sieht man von notwendigen Schönheitsreparaturen ab; sie bietet einen größeren Wohnkomfort und ermöglicht die für die Stadt wegen der höheren Grundstückspreise typische verdichtete Bauweise. Erst mit guten Fundamenten und einem stabilen Tragsystem kann man in die Höhe bauen" (ZISS/ZISS-KOTOWSKI 1986: 97).

Andere Faktoren, die gegen die traditionelle Bauweise sprechen, sind der oft unzureichende Schutz vor Einbrüchen, Feuergefährdung und die arbeitsintensive Herstellung der Baumaterialien.

Allerdings hat die vorliegende Untersuchung auch Nachteile der industriellen, "städtischen" Bauweise aufgezeigt: Mängel, die durch die unsachgemäße Verarbeitung moderner, industriell vorgefertigter Baustoffe und -materialien entstanden sind, finden sich in vielen Wohneinheiten in den verschiedenen Doppel-, Reihenhaus- und Wohnblocksiedlungen. Für die Bewohner sind Reparaturen kostenaufwendig und erfordern spezielle Werkzeuge und Materialien, sofern sie überhaupt in Eigenarbeit zu leisten sind.

### 8.2 Auswirkungen der Sanierungs- und Umsiedlungsmaßnahmen auf die Wohnumfeldqualität in den Kommunen

Vor allem die Umsiedlungsmaßnahmen, aber auch die Sanierung von Wohngebieten sind nicht ohne Folgen auf das für die Bevölkerung bereitstehende Netz an öffentlichen Einrichtungen und Dienstleistungsbetrieben geblieben. Dieser Aspekt der Veränderung des kommunalen Gefüges aufgrund von Wohnbaumaßnahmen blieb bisher in der Forschung weitgehend unberücksichtigt, muß jedoch unabdingbarer Bestandteil der Analyse städtischer Entwicklungsprozesse sein.Wie aus Kapitel 8.3 ersichtlich wird, wirken die Distribution, der Zugang und die Qualität von Dienstleistungsangeboten als Steuerungsfaktoren sozialer und räumlicher Prozesse.

Da die Steuerzahlungen der Gemeindebewohner die Haupteinnahmequellen der Kommunen von Groß-Santiago sind, ergeben sich gravierende Unterschiede bezüglich des Haushaltsbudgets der einzelnen Gemeinden. TRIVELLI (1987: 156), der sich ausführlich mit den intraurbanen, sozioökonomischen Siedlungsmustern und den Determinanten der räumlichen Strukturen und der Bodenmarktprozesse in Groß-Santiago beschäftigt hat, meint dazu: "But since urban space it not homogeneous, there are great differences in the tax base, and, hence, in income among municipalities throughout the country and, of course, within cities. Income varies with land values, the socioeconomic level of the resident population, the quality of the urban environment and the level of economic activity". Die Gemeinden, die über zahlungskräftigere Bewohner verfügen, nehmen pro Kopf entsprechend größere Summen ein, die der kommunalen Ausstattung zugeführt werden können. Eine bessere Ausstattung erhöht den Wohnwert und das Image der Kommune, was erneut den Zuzug oberer Sozialschichten herbeiführt: "As in the case of centrally allocated public urban investments, the spatial bias in municipal spending reinforces those in the quality of urban environment, the level of land prices and the socio-economic segregation. Given the municipal income largely originates from the local tax base, circular causation processes are at work which tend to increase the difference among communes" (TRIVELLI 1987: 158).

So wurden beispielsweise im Jahr 1980 die höchsten kommunalen Pro-Kopf-Einnahmen in Providencia erzielt; sie übertrafen das Vierzehnfache der Steuereinnahmen der Gemeinde Pudahuel, die zu diesem Zeitpunkt als ärmste Gemeinde Groß-Santiagos galt. Nach der Studie von TRIVELLI (1987) haben sich diese kommunalen Differenzen in den letzten Jahren (1981 bis 1986) noch verstärkt: Im Vergleich zu La Cisterna, der heute ärmsten Gemeinde Groß-Santiagos, stehen der Gemeinde Providencia das Achtundzwanzigfache an Steuereinnahmen zur Verfügung.

Diese Entwicklungen einer verschärften sozialräumlichen Segregation wurden in den letzten Jahren vor allem durch zwei Maßnahmen erheblich forciert: Die kommunale Neugliederung und die Schaffung neuer, armer oder reicher Kommunen führte zu einer Zusammenlegung homogener sozioökonomischer Bevölkerungsgruppen. Die Sanierung und Umsiedlung von "Armenvierteln" hatte eine Konzentration dieser Bevölkerungsschichten an der randstädtischen Peripherie der Metropole zum Ergebnis: "Die massive Verlagerung von campamento-Bewohnern aufgrund der erradicación der campamentos, die Kommunalreform und die Stadtentwicklungspolitik, nach deren Regeln die Nutzung des Bodens und die städtischen Grenzen nach den planes reguladores festgelegt werden, führten sozialräumlich zu einer Konzentration der städtischen Armut. Dies geschah in vorher ausgewählten Gebieten, die sich in erster Linie an der Peripherie befinden, ausgegliedert vom Rest der Stadt und damit auch von der Gesellschaft" (MORALES/ROJAS 1986: 52).

Analog zu diesen Entwicklungen entsteht aufgrund der Umsiedlungen in den innerstädtischen Kommunen wie Santiago und Estación Central und den Gemeinden der Oberschichtbevölkerung Las Condes, Vitacura und Providencia, den sogenannten "Ursprungskommunen" (vgl. Kap. 6.4.2), ein Überangebot an Dienstleistungen. Beispielsweise wurden in diesen Gemeinden Schulen geschlossen. Diese Schulausbildungsplätze richtete man aber nicht in den Zielkommunen ein. Im Gegenteil, waren diese Gemeinden bereits vor der Ankunft von Umgesiedelten meist inadäquat und unzureichend ausgestattet, so wurde durch die Aufnahme von "zusätzlicher" Wohnbevölkerung das Dienstleistungsangebot für alle Gemeindebewohner weiter eingeschränkt. In vielen Gemeinden brach die bereits vorher überlastete Infrastruktur zusammen.

Die durch die Umsiedlung verursachten Versorgungsmißstände für die Bevölkerung der randstädtischen Kommunen Groß-Santiagos sollen an einzelnen Beispielen ausführlich dargestellt werden. Die folgenden Ausführungen konzentrieren sich auf die Bereiche Bildung und Gesundheit. Bei der Untersuchung der Wohnumfeldqualität wurden nur die Einrichtungen berücksichtigt, die Dienstleistungen gratis anbieten, d.h. nur die, die von den Gemeinden, sektoral übergeordneten staatlichen Ministerien oder karitativen Organisationen subventioniert oder unterhalten werden. Unteren Sozialschichten sind wegen der mangelnden Zahlungsfähigkeit private Dienstleistungsbetriebe in der Regel nicht zugänglich. Zu den kostenfreien Einrichtungen zählen in Chile die Centros Abiertos Municipales (Offene Gemeindezentren), in denen Kinder im Alter zwischen 2 und 6 Jahren, die ernährungsbedingte Mangelerscheinungen aufweisen, stundenweise aufgenommen und mit Nahrung versorgt werden. Zu diesen Einrichtungen gehören auch die Jardines Infantiles de la Junta Nacional (Kindergärten der Nationalen Junta), die sich Kindern aus extrem armen Haushalten von der Geburt bis zum sechsten Lebensjahr widmen. Daneben existieren ganztägige Vorschulen und Grundschulen, in denen die Schüler auch Mahlzeiten einnehmen können.

Den Entwicklungen und Problemen der Bevölkerung in den Zielkommunen werden anschließend die der Wohnbevölkerung der Sanierungswohngebiete gegenübergestellt.

### 8.2.1 Auswirkungen der Umsiedlungsmaßnahmen auf die Wohnumfeldqualität der Wohnbevölkerung in La Pintana und Puente Alto

Die unzureichende Versorgung der Bevölkerung in den Zielkommunen soll hier exemplarisch an Beispielen aus den Bereichen Bildung und Erziehung der Kommunen La Pintana und Puente Alto aufgezeigt werden. Die beiden Gemeinden haben besonders starke Bevölkerungszunahmen aufgrund von Umsiedlungen zu verzeichnen (vgl. Kap. 6.4.2)[1].

Für die Versorgung der ca. 150.000 Einwohner großen Gemeinde La Pintana sind drei ärztliche Konsultorien zuständig (vgl. Abb. 31), denen es an qualifiziertem Personal, medizinischen Ausstattungsgegenständen und Geräten mangelt. Ein Krankenhaus ist in La Pintana gar nicht vorhanden, das nächste befindet sich in Puente Alto.

Die Versorgungslage im Bildungsbereich ist ebenso defizitär. In den Wohngebieten El Castillo und San Ricardo sind zwar einige Grundschulen vorhanden, dort können jedoch nur 65% aller schulpflichtigen Kinder von La Pintana aufgenommen und unterrichtet werden. Besser ist die Situation in den Wohnsiedlungen Raúl del Canto und El Roble, wo zwei bis drei Grundschulen in ca. einem Kilometer Entfernung von den Wohnsiedlungen aus besucht werden können (vgl. Abb. 31).

Im Grundschulbereich besteht in La Pintana ein Defizit von ca. 60% und in der vorschulischen Erziehung von 86%, da in vielen Gebieten (wie z.B. in El Roble) keine derartige Einrichtung existiert (vgl. Abb. 31).

Ferner gibt es in La Pintana lediglich sieben öffentliche Telefonzellen, 64% aller Verkehrswege sind ohne Befestigung. Die Versorgung mit Lebensmitteln ist mangels entsprechender Einrichtungen nicht in allen Wohnvierteln ausreichend.

Besonders brisant ist die Versorgung mit Dienstleistungen für die Bevölkerung von Puente Alto. Sieben durch die Umsiedlung entstandene Einfachwohnbausiedlungen befinden sich außerhalb der kommunalen Bebauungsfläche und sind teilweise nur durch längere Fußmärsche auf Feldwegen, die von Hauptverkehrswegen ausgehen, zu erreichen (z.B. die Siedlung El Peñón de Macúl). Vorschulbildungseinrichtungen sind in diesen Wohnsiedlungen nicht vorhanden (vgl. Abb. 32).

---

1) Alle im folgenden gemachten Angaben zur kommunalen Ausstattung basieren auf Informationen von SERPLAG METROPOLITANA, den Gemeindeentwicklungsberichten und eigenen Erhebungen im Gelände.

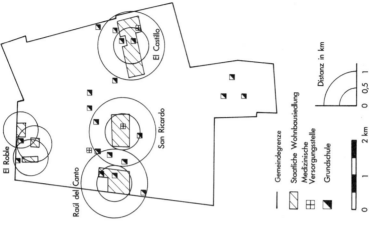

**Abbildung 31: Gesundheitszentren und Bildungseinrichtungen für die Bevölkerung von La Pintana**

Quellen: MOLINA 1986; Kartographie: A. NICKEL-GEMMEKE

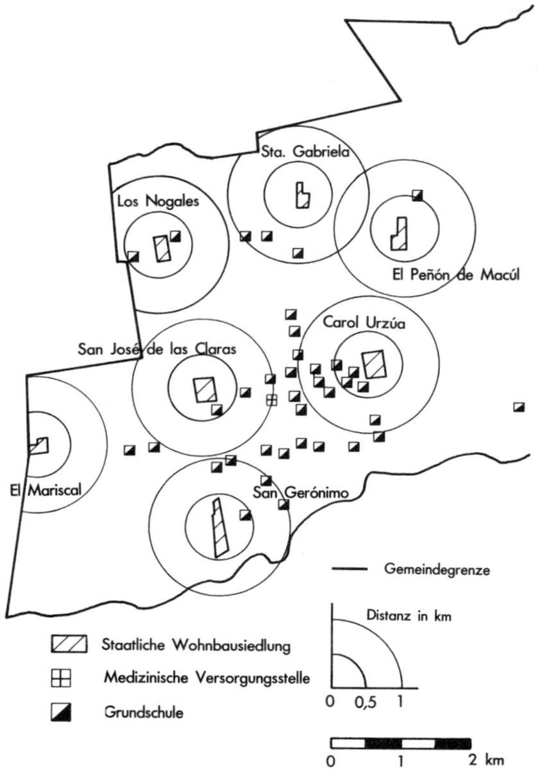

**Abbildung 32: Gesundheitszentren und Bildungseinrichtungen für die Bevölkerung von Puente Alto**

Quellen: MOLINA 1986; Kartographie: A. NICKEL-GEMMEKE

Die größten Defizite treten jedoch im Grundschulbereich auf. In einzelnen Wohnsiedlungen, wie z.B. in El Mariscal, San José de Las Claras und Santa Gabriela, können 90% der Kinder keine zur Gemeinde gehörende Grundschule besuchen. Die Gemeinde versucht, durch den Einsatz von Schulbussen den Kindern den Schulbesuch in angrenzenden Kommunen zu ermöglichen.

Für die ärztliche Versorgung steht den 140.000 Bewohnern der Kommune nur eine Ambulanz zur Verfügung. Das Krankenhaus von Puente Alto mit 177 Betten muß den Bedarf von 725.000 Menschen decken, die in Puente Alto und den umliegenden Gemeinden leben.

Öffentliche Telefone befinden sich im Zentrum der Gemeinde an der Plaza de Armas. Für die Wohnbevölkerung der Siedlungen, die nicht oder nur ungenügend an das öffentliche Nahverkehrssystem angeschlossen sind, ist die Lebensmittelversorgung bzw. -besorgung mit erheblichem Aufwand verbunden. Den notwendigsten Bedarf decken die in den Wohnsiedlungen entstandenen kleinen Kioske nur gerade.

Die Bevölkerungszunahme aufgrund der Umsiedlung wird in den Zielkommunen La Pintana und Puente Alto nicht zu einer entsprechenden Steigerung von Steuereinnahmen führen, mit denen die kommunale Ausstattung mit Versorgungseinrichtungen verbessert werden könnte; da die meisten der neuangesiedelten Haushalte in "extremer Armut" leben, sind sie von Steuerzahlungen weitgehend befreit.

Ähnliche Erfahrungen, wie sie die Bewohner der neu entstandenen staatlichen Wohnbausiedlungen in Chile machen müssen, beschreibt PACHNER (1962: 124) nach Untersuchungen in staatlichen Wohnbausiedlungen in Venezuela: "Große Probleme für die Bewohner neuer Siedlungen ergeben sich vor allem dadurch, daß die geplanten Wohnfolgeeinrichtungen zur Versorgung mit Nahrungsmitteln bzw. Schule und Sportplatz erst sehr viel später oder teilweise gar nicht gebaut werden. Als Folge ergeben sich weite Wege, Angewiesensein auf Verkehrsmittel und gravierende Unterversorgung. Diese Formen der Abhängigkeit und Fremdbestimmung (in städtebaulich-funktionaler Weise) stellen Phänomene mangelnder Partizipation dar ..."

### 8.2.2 Auswirkungen der Sanierungsmaßnahmen auf die Wohnumfeldqualität der Wohnbevölkerung in Estación Central und Conchalí

Ebenso wie bei den Untersuchungen in den beiden Kommunen La Pintana und Puente Alto steht bei der Bewertung der Wohnumfeldqualität der Wohnsiedlungen Patricio Mekis und Villa de los Héroes die Versorgungslage der Bevölkerung bezüglich der Bereiche Gesundheit und Bildung im Vordergrund der Betrachtung.

Dabei läßt sich zunächst festhalten, daß die Ausstattung der Kommune Estación Central mit Wohnfolgeeinrichtungen eindeutig bessere Konditionen aufweist als die von Conchalí.

So herrscht in der Kommune Estación Central - eine der Gemeinden, aus denen die meisten Umsiedlungen hervorgegangen sind (vgl. Kap. 6.4.2) - ein Überangebot an Schulplätzen (besonders im Primarschulbereich), während in Conchalí der Bedarf die Nachfrage um 30% übersteigt, und die Kinder eine Schule in angrenzenden Kommunen besuchen müssen (vgl. MUNICIPALIDAD ESTACION CENTRAL 1985;

MUNICIPALIDAD CONCHALI 1985). Die Bevölkerung von Estación Central ist medizinisch ausreichend versorgt. Den 150.000 Einwohnern stehen zwei ambulante Behandlungsstellen und drei Polikliniken mit einer ausreichenden Zahl an Betten und qualifiziertem Personal zur Verfügung.

Demgegenüber ist die Versorgungslage der Bevölkerung Conchalis bezüglich medizinischer Einrichtungen als besonders prekär zu bezeichnen: Für die 350.000 Einwohner umfassende Gemeinde stehen lediglich sechs ambulante Behandlungsstellen - drei davon sind privatwirtschaftlich organisiert - und ein Zentrum für Suchtpatienten zur Verfügung. Der Bau eines Krankenhauses war geplant (1966).

Die zentrumsnahe Lage der Gemeinde Estación Central begünstigt eine optimale verkehrstechnische Anbindung an alle Verkehrsmittel, die das Personennahverkehrssystem in Groß-Santiago bietet (Metro, Bus, Kleinbus, Sammeltaxi, Taxi). Daneben sind über 90% der Verkehrswege in der Kommune geteert.

Lediglich bei der Verteilung öffentlicher Telefonzellen und Poststellen besteht im Süden der Kommune Estación Central ein Defizit (vgl. MUNICIPALIDAD ESTACION CENTRAL 1985).

Die Einwohner Conchalis sind im Hinblick auf die Verkehrsmittel weitgehend von Bussen abhängig. Aber auch wenn die Anbindung an das öffentliche Bussystem als gut zu beurteilen ist, so ist der Transport - bedingt durch die periphere Lage der Gemeinde - doch mit einem erheblichen Kosten- und Zeitaufwand verbunden. Für die Bewohner der Siedlung Villa de los Héroes besteht dagegen eine relativ gute Anbindung an das Bussystem, da die Wohnsiedlung an einer der Hauptausfallstraßen Groß-Santiagos liegt. Sammeltaxis und Taxis werden von der Bevölkerung aus Kostengründen kaum in Anspruch genommen; zudem weigern sich die meisten Fahrer, die größtenteils unbefestigten Wege in den campamentos zu befahren.

Eine öffentliche Telefonzelle ist nicht installiert (vgl. Municipalidad de Conchali 1986).

In beiden Gemeinden herrscht ein Mangel an Sport- und Spielplätzen und der dazugehörigen Ausstattung.

Die schwierige ökonomische Situation und die damit zusammenhängende geringe Kaufkraft der meisten befragten Haushalte beider Wohnsiedlungen ermöglichen nur den eingeschränkten Konsum von Gütern des mittel- und langfristigen Bedarfs (vgl. Kap. 7.3.3), aber auch der Kauf von Gütern des kurzfristigen Bedarfs ist lediglich begrenzt möglich. Dies betrifft in erster Linie die Wohnbevölkerung von Villa de los Héroes, die ein an ihrer Kaufkraft orientiertes Angebot an Waren verstärkt innerhalb des campamentos findet. Für die Haushalte von Patricio Mekis besteht in der Kommune ein umfassendes Angebot an Waren des kurzfristigen Bedarfs in allen Preisklassen.

Beide Wohnsiedlungen werden von den zuständigen Gemeinden als "soziale Brennpunkte" und besonders unterstützungsbedürftig eingestuft und erhalten - ebenso wie die in "extremer Armut" lebenden Bewohner anderer Gemeinden - kommunale, soziale Hilfen bei der Nahrungsversorgung der Kleinkinder, Betreuung

Schwangerer, Jugendlicher und Arbeitsloser etc. Die Fürsorgeleistungen erreichen jedoch nur einen Teil der Bedürftigen. Besonders in Conchali machen sich finanzielle Beschränkungen der Gemeindeverwaltungen bemerkbar.

Da die Kommune Estación Central zu den Ursprungsgemeinden der Umsiedlungen gehört und in Conchali nur ein geringer Anteil an Zuwanderungen durch Umsiedlungen zu verzeichnen ist, haben beide Gemeinden nicht die Bevölkerungsversorgungs- und Integrationsprobleme, mit denen die Zielkommunen konfrontiert sind.

### 8.3 Auswirkungen staatlicher Wohnbaumaßnahmen auf die räumliche Entwicklung Groß-Santiagos

Einige wesentliche Grundlagen der stadtplanerischen Entscheidungen, wie sie in Chile nach 1973 institutionell verankert und praktisch umgesetzt worden sind, sind in Kapitel 4.5 dargestellt. Im Mittelpunkt der folgenden Ausführungen stehen die gesetzlichen Grundlagen, die maßgebend für den Bau der Einfachwohnbauten an der städtischen Peripherie gewesen sind, und ferner die Auswirkungen dieser Baumaßnahmen auf die räumliche Entwicklung von Groß-Santiago.

#### 8.3.1 Legale Grundlage für die Schaffung der area de expansión und ihre Auswirkungen auf die Bodenpreise

Die Lokalisation der nach 1979 implementierten Wohnbaumaßnahmen für untere Sozialschichten steht in direktem Zusammenhang mit den in Kapitel 4.5.3 dargelegten Entscheidungen des Staates im Bereich der Stadtplanung. Mit der Verabschiedung des Gesetzes N° 420 (vom 31.09.1978, vgl. MINVU 1979) schuf man den legalen Rahmen, der die Entstehung der Einfachwohnbauten an der städtischen Peripherie, d.h. außerhalb der bis 1979 geltenden städtischen Grenzen, ermöglichte. Innerhalb von zwei Jahren wurden mehrere tausend Hektar zur Bebauung freigegeben, in Grundstücke aufgeteilt und das "normale" städtische Wachstum um das Vierfache übertroffen (vgl. TRIVELLI 1987).

Die staatlich geförderten Wohnbaulösungen für untere Sozialschichten konzentrierten sich nach 1973 auf die área de expansión, die vorwiegend aus Gebieten ruralen Charakters besteht. Die vom Staat (MINVU) beauftragten privaten Baufirmen erstellten die Wohnsiedlungen bevorzugt in den Gemeinden und Gemeindeteilen, die sich durch möglichst geringe Bodenpreise auszeichneten, so daß von daher die Kosten für die privaten Baufirmen entsprechend niedrig ausfielen (vgl. MOLINA 1986). Dies erklärt die isolierte Lage von Neubausiedlungen in La Pintana, Puente Alto, San Bernardo, Peñalolén, Pudahuel etc., die teilweise ohne jegliche Verkehrsanbindung (nur über Feldwege) und Versorgungszentren inmitten landwirtschaftlich genutzter Flächen liegen.

Bei der Entscheidung zur Ausweitung der städtischen Grenzen ging MINVU von der Annahme aus, daß ein erhöhtes Angebot an Boden zum Sinken der Bodenpreise führe und in der Folge untere Einkommensgruppen als Nachfrager nach angebotenem Bauland auftreten könnten (vgl. Kap. 4.5.3). Die Absichten des MINVU erfüllten sich nicht, da man zum einen die Kaufkraft der unteren Sozialschichten um ein Vielfaches überschätzte: "The income of this socioeconomic group is barely above subsistence and does not allow them to acquire a dwelling place (even at the most elementary level) without substantial government subsidy. In 1985, the price of an urbanized site ranging in surface from 150 m² to 200 m², located in low income neighbourhoods relatively distant from the city center, would be equivalent to 60 or 70 times the monthly minimum wage" (TRIVELLI 1987: 126).

Zum anderen induzierte die Ankündigung der Ausweitung der städtischen Flächen von 36.000 auf 100.000 ha bereits vor 1979 die Bodenspekulation durch Immobilienfirmen, die Flächen mit dem Ziel "parkten", eine Reserve zu schaffen, um zu gegebenem Zeitpunkt (bei erhöhter Nachfrage nach Grundstücken) ihre Bauvorhaben im größeren Umfang durchführen zu können (vgl. DONOSSO-SABATINI 1980; GEISSE/SABATINI 1981; SABATINI 1982 a + b). Analog dazu stiegen die Bodenpreise in fast allen Stadtteilen Groß-Santiagos, besonders jedoch im Osten der Stadt, wo zwischen 1979 und 1981 ein Bauboom einsetzte (vgl. Kap. 4.5.3). Dort, in den reichen Ursprungskommunen der campamento-Umsiedlung und ebenso im Stadtzentrum (vor allem westlich des Stadtkerns, vgl. TRIVELLI 1987, 1988) entstanden infolge der campamento-Räumung neue Bebauungsflächen, die sich aufgrund der Zentrumsnähe und einer ausgezeichneten Infrastrukturausstattung durch eine hohe Wohnqualität auszeichnen. Sie sind sowohl für staatliche als auch für private Investitionen besonders attraktiv, da sie erstens den Wohnbedürfnissen zahlungskräftiger Mittel- und Oberschichtsangehöriger entsprechen und zweitens, auch bei gehobenen Ansprüchen an die infrastrukturelle Ausstattung, kaum zusätzliche Infrastrukturinvestitionen anfallen (vgl. Tab. 75). An der Peripherie der randstädtischen Gemeinden stiegen die Bodenpreise nur geringfügig, teilweise gar nicht.

Im Zusammenhang mit der Sanierung einzelner Stadtteile im innerstädtischen Bereich (vgl. Kap. 4.5.3) wurde von MINVU eine Untersuchung zu den Kosten notwendiger infrastruktureller Investitionen in verschiedenen Stadtteilen Groß-Santiagos durchgeführt (vgl. Tab. 75).

Aus dieser Untersuchung geht hervor, daß die Kosten der infrastrukturellen Erschließung und Ausstattung an der städtischen Peripherie das Achtzehnfache von dem betragen, was für die gleichen Arbeiten und Leistungen zur Instandsetzung des Infrastrukturnetzes im innerstädtischen Bereich aufgewendet werden muß.
Ein Großteil dieser an der Peripherie anfallenden Infrastrukturausgaben betreffen die Einrichtung von Dienstleistungsbetrieben, und zwar vor allem im Bildungssektor.

Die Steigerung der Bodenpreise zwischen 1978/79 und 1981 und die neuerlichen Preissteigerungen nach der Rezession von 1952/53 hatten neben der Verlagerung von Einfachwohnbausiedlungen an die äußerste Peripherie auch die Verdrängung der Mittelschichten aus dem östlichen Sektor zur Folge, wo sie in direkter Nachbarschaft zu oder zwischen ausgeprägten Oberschichtsvierteln gewohnt haben[1]. Diese Bevöl-

---

1) Die im Osten der Stadt gelegenen Gemeinden und die daran angrenzenden Stadtgebiete sind nur ein Teil der bevorzugten Wohnstandorte der Mittelschicht in Groß-Santiago. Ebenso haben viele

**Tabelle 75: Infrastrukturinvestitionen in verschiedenen Stadtteilen Groß-Santiagos (in UF pro EW)**

|  | Kommune Santiago | städtische Peripherie |
|---|---|---|
| Trinkwasserversorgung | 1,32 | 6,93 |
| Abwasser | 0,36 | 2,86 |
| Regenwasserbeseitigung | – | 0,35 |
| Elektrizitätsversorgung | 3,28 | 4,71 |
| Straßen- und Wegebau | 0,26 | 6,85 |
| Infrastruktur i.e.S. (gesamt) | 5,22 | 21,70 |
| Gesundheit | – | 6,94 |
| Bildung | – | 120,28 |
| Polizei | 3,32 | 39,92 |
| Sport und Freizeit | 2,11 | 1,45 |
| Dienstleistungen (gesamt) | 5,43 | 168,59 |
| Gesamt | 21,30 | 380,58 |

Quelle: MINVU 1987 zitiert nach TRIVELLI 1988

kerungsschicht zog vor allem in die Kommunen La Florida und Maipú (vgl. TRIVELLI 1987), wo in den letzten Jahren verstärkt Wohnbauförderprogramme für diese Zielgruppe angeboten worden sind.

Anders als ursprünglich angenommen, stiegen die Bodenpreise in den neuen Wohnsiedlungen für untere Sozialschichten - auch nach der reduziert erfolgten Infrastrukturanbindung - nicht, sondern sanken sogar teilweise. So betrugen beispielsweise die Bodenpreise (UF/m$^2$) 1979 in Puente Alto zwischen 0,37 UF und 1,0 UF. Den Angaben von TRIVELLI und NECOCHEA (1988) ist zu entnehmen, daß sie (je nach Grundstücksgröße variierend) im Jahr 1985 zwischen 0,32 UF und 0,7 UF betrugen. Auch in San Bernardo fielen die Bodenpreise: Lagen sie 1979 zwischen 0,37 UF und 2,1 UF, so betrugen sie 1985 0,14 bis 0,82 UF.

Ähnliche Entwicklungen werden auch in den Kommunen La Granja und Pudahuel nachgewiesen. Für diese Gemeinden wurden 1979 Bodenpreise von 0,25 UF bis 0,56 UF und 0,3 UF bis 0,89 UF ermittelt. Sechs Jahre später lagen die Werte bei 0,1 UF bis 0,56 UF und 0,37 UF bis 0,66 UF. Diese Bodenpreisentwicklungen sind nach TRIVELLI (1981, 1987) vor allem auf folgende Ursachen zurückzuführen: Bei seinen Studien zur Bodenpreisbildung und -entwicklung in Groß-Santiago wies TRIVELLI nach, daß das einem Wohngebiet zugesprochene Sozialprestige eine entscheidende Determinante bei den Bodenpreisbildungsprozessen darstellt. So nehmen in Groß-Santiago die Bodenpreise nicht konzentrisch vom Innenstadtbereich zur Peripherie

---

Mittelschichtsangehörige ihren Wohnsitz in den unmittelbar an den Stadtkern angrenzenden Stadtteilen, in unmittelbarer Nähe zu ihrem Arbeitsplatz. Einzelne Stadtteile mit einem hohen Anteil an Bevölkerung mit mittleren Einkommen finden sich über das gesamte Stadtgebiet verstreut (vgl. TRIVELLI 1987).

hin ab, sondern verhalten sich weitgehend kongruent zum sozioökonomischen Status der Wohnbevölkerung und der infrastrukturellen Ausstattung des Wohngebietes. Die randstädtischen Kommunen kennzeichnet der Mangel an Bildungs-, Gesundheitsversorgungs- und Freizeiteinrichtungen. Ferner liegen sie in großer Distanz zu einem attraktiven Versorgungszentrum oder der Innenstadt. Es sind keine Arbeitsplätze vorhanden, und es ist nicht abzusehen, daß sich in naher Zukunft Industrie- oder sonstige Gewerbebetriebe an der Peripherie niederlasen werden. Aufgrund dieser Merkmale ist in diesen Kommunen vorläufig nicht mit Bodenpreissteigerungen zu rechnen.

Außerdem ist die Stagnation oder das geringe Sinken der Bodenpreise an der randstädtischen Peripherie im Zusammenhang mit dem massiven Zuzug unterer Sozialschichten zu sehen. So konnte beispielsweise in Puente Alto beobachtet werden, daß Angehörige der Mittelschicht ihre Einfamilienhäuser, die in direkter Nachbarschaft zu den Neubausiedlungen unterer Sozialschichten liegen, verkauften und in andere Kommunen zogen (vgl. MOLINA 1985).

### 8.3.2 Absorption landwirtschaftlich genutzter Flächen und andere ökologische Folgeschäden

Durch den Bau der nach 1979 entstandenen Wohneinheiten in den ländlichen Gebieten der Metropolitanregion wurden bis 1984 mehrere tausend Hektar agrarisch wertvoller Nutzfläche[1] zerstört (vgl. MOLINA 1985). Ein Großteil der unbebauten Flächen, der bisher landwirtschaftlich genutzt wird, gehört seit 1979 zu städtischem Gebiet (área de expansión) und wird in den nächsten Jahren sukzessive einer Nutzung im Sinne städtischer Funktionen zugeführt werden.

Ferner trägt die Ausweitung des Stadtgebietes zu einem erhöhten Transportaufkommen bei, was eine Verstärkung der Luftverschmutzung - in einer ständig vom Smog bedrohten Metropole wie Santiago - verursacht. Ebenso ist mit einer weiteren Verschmutzung der Gewässer zu rechnen, vor allem der zahlreichen kleineren Flüsse und Bäche, die in der nahe gelegenen Kordillere entspringen.

### 8.4 Zusammenfassung

Die ab 1973 eingesetzten Lösungsstrategien zur Minderung des Wohnraumdefizits für untere Sozialschichten mußten mehrfach revidiert werden. Eine Kostensenkung erfolgte über eine Reduzierung des Wohnstandards. Vom medizinisch-sanitären Standpunkt aus gesehen, hat sich die Wohnsituation für alle Teilnehmer der staatlichen Wohnbaumaßnahmen verbessert. Kritisch anzumerken ist, daß besonders in den älteren Wohnsiedlungen General Baquedano und Jaime Eyzaguirre, die im Rahmen der Programme Sistéma Unico de Postulación und Vivienda Social entstanden sind, ein Großteil der Bewohner mit höheren Einkommen in den Genuß der Förderungsmaßnahmen gekommen ist.

---

1) Die Bodenqualität ist in fünf Kategorien festgelegt. Die Wohnsiedlungen befinden sich vorwiegend auf Böden der Qualitätsklasse I, II und III (vgl. MOLINA 1985).

Bezüglich der sozialen Reichweite der eingesetzten Maßnahmen läßt sich sagen, daß sich die Upgrading-Maßnahmen weitgehend an den Einkommensverhältnissen unterer Sozialschichten in Chile orientieren, wenngleich ca. 10% der Bewohner (z.B. 3,3% in Patricio Mekis und 12,5% in Villa de los Héroes) langfristig nicht die notwendigen Abzahlungsraten leisten können. Bei allen anderen Lösungsstrategien liegt der Anteil derer, die aufgrund ihrer geringen Einkommen und Finanzkraft nicht in der Lage sind, die erforderlichen Zahlungen zu leisten, zwischen 22% und 48% (vgl. Kap. 8.1.2).

In den Wohnsiedlungen besteht ein breites Spektrum bezüglich der verwendeten Baumaterialien und der Bauqualität. Der Ausbau der Wohneinheiten erfolgt in Abhängigkeit von der Haushaltsgröße, dem der Wohnraumverbesserung zur Verfügung stehenden Kapital und der Bestandszeit der Wohnsiedlung/Wohneinheit. Besonders bei der Versorgung der Bevölkerung mit preisgünstigen Baumaterialien mangelt es an staatlichen Hilfestellungen, sei es durch Beratung oder durch die Bereitstellung von Bauhöfen o.ä.

Die Grundstücksgröße von 100 m² hat bei allen nach 1973 in Chile implementierten Lösungsansätzen einen im Vergleich zu früheren Jahren und zu anderen Ländern unteren Grenzwert erreicht (vgl. GILBERT/WARD 1985; BÄHR/KLÜCKMANN 1987; BÄHR/MERTINS 1988; BALTES 1988).

Die Annahme, daß eine Ausweitung der städtischen Grenzen und eine liberalisierte Bodenpreis- und Wohnbaupolitik ohne regulierende staatliche Interventionen zu einer Steigerung des Wohnraumangebots für untere Einkommensgruppen führe, hat sich nicht bestätigt; im Gegenteil: Die Spekulation rief in fast allen Stadtteilen enorme Bodenpreissteigerungen hervor, die eine deutliche Erhöhung der gesamten Baukosten bedeuten. Analog zu den Bodenpreissteigerungen und den Umsiedlungen unterer Sozialschichten an die randstädtische Peripherie verschärfte sich die sozialräumliche Segregation. TRIVELLI (1987: 13) faßt die negativen Auswirkungen staatlicher Entscheidungen im Bereich der Stadtentwicklung und des Wohnbaus wie folgt zusammen:

"The outcome appears regressive on three accounts: first, because higher land prices on the urban periphery increased the cost of low income housing projects, and pusher them further out into the periphery; second, wealthy owners obtained substantial capital gains and benefited from tax exemptions or 'unearned income'; and finally, higher land prices, even if the land price structure does not change, tend to accentuate social segregation. This relationship between higher land prices and increased segregation has its origin in the relatively constant proportion that seems to exist between land costs and the final price of a housing unit".

Ferner ist die Ausweitung der städtischen Flächen und die Entstehung der Wohnbausiedlungen außerhalb des städtischen, bebauten Gebietes mit erheblichen Kosten bei der Bereitstellung von Infrastruktureinrichtungen verbunden. Besonders betroffen sind die Zielkommunen von dem Mangel an Dienstleistungsangeboten. In diesen Gemeinden kann die Bevölkerung weder im schulischen noch im medizinischen Bereich annähernd ausreichend versorgt werden.

Die Absorption landwirtschaftlich genutzter Flächen und eine verstärkte Luft- und Gewässerverschmutzung stellen nur einige der ökologischen Folgeschäden dar, die das unkontrollierte städtische Wachstum Groß-Santiagos begleiten.

## 9.
### Grenzen und Möglichkeiten des staatlichen Wohnbaus für untere Sozialschichten

In der vorliegenden Arbeit konnte gezeigt werden, inwieweit politische und wirtschaftliche Entscheidungsträger und die von ihnen eingesetzten Maßnahmen - wobei den staatlichen Institutionen und deren Lösungsstrategien besondere Bedeutung beigemessen wurde - Einfluß auf die Stadtentwicklung und den Wohnbau nehmen.

Ausgehend von der Betrachtung des Verstädterungs- und Metropolisierungsprozesses und den damit zusammenhängenden räumlichen und demographischen Entwicklungen in Chile und seiner Hauptstadt, kann als Ergebnis festgehalten werden:
- Die qualitativ wie quantitativ defizitäre Versorgung unterer Sozialschichten kann nicht allein auf ein starkes Bevölkerungswachstum, unzureichende Dezentralisierungsstrategien oder begrenzte finanzielle Ressourcen eines Entwicklungslandes zurückgeführt werden. Vielmehr haben staatliche Institutionen und die von ihnen implementierten Lösungsansätze - eingebunden in bestimmte nationale Entwicklungsziele - zu einer Verschärfung der HABITAT-Misere und der sozialräumlichen Segregation in Santiago de Chile geführt.

Stadtentwicklungs- und Wohnbaumaßnahmen müssen in Chile vor dem Hintergrund des seit 1973 eingeführten neoliberalen Wirtschaftssystems analysiert werden. Dabei sind die Boden- und die Finanzpolitik die Hauptinstrumente staatlicher Wohnbaustrategien. Weniger der Flächenbedarf durch wachsende Metropolisierung als die Auswirkungen von Oligopolisierung und Spekulation sind für eine künstliche Bodenverknappung verantwortlich. Die Wohnraumversorgung für die unteren Sozialschichten scheitert nicht nur an einem unzulänglichen Bodenmarkt, sondern ferner an den marktorientierten Rentabilitätsbedingungen der privaten Immobilien- und Bauwirtschaft. Inadäquate Finanzierungsmodalitäten, das Festhalten an Baunormen westlicher Industrieländer und eine fehlende Integration der von der Wohnraumnot Betroffenen bei der Suche nach angemessenen HABITAT-Lösungen charakterisieren die derzeitig (1973-1990) in Chile eingesetzten Maßnahmen im Wohnbau für untere Sozialschichten.

Das Ausmaß des Wohnraumdefizits, das heute (1985/86) ca. 1,1 Millionen Wohneinheiten umfaßt, ist ohne staatliches Handeln und staatliche Verantwortung bei der Versorgung der Bevölkerung mit Wohnraum nicht wirksam zu mindern. Die seit Anfang der 80er Jahre wieder einsetzenden illegalen Landnahmen und Besiedlungen haben dies deutlich gemacht und den Staat zum Eingreifen gezwungen. Um die gesundheitsbedrohlichen und inhumanen Folgen des Wohnraumdefizits kurzfristig zu reduzieren, sind umfassende Maßnahmen im Selbsthilfewohnbau unerläßlich.

Aus der kritischen Würdigung der zwischen 1973 bis 1985/86 in Groß-Santiago eingesetzten Wohnbaulösungsansätze ergeben sich diesbezüglich folgende Schlußfolgerungen:

- Um unteren Sozialschichten die Möglichkeit zur Selbsthilfe zu geben, muß der Staat auf der lokalen metropolitanen Ebene Einfluß auf die Verfügbarkeit (ausreichendes Angebot bei angemessenen Preisen) von Bauland, Infrastruktur und Baumaterialien nehmen.
- Upgrading-Projekte haben den Vorteil, daß sie innerhalb der infrastrukturell erschlossenen, bebauten Stadtareale liegen. Ferner können die Bewohner ihren Beschäftigungen nachgehen; sie müssen die ihnen vertraute Nachbarschaft mit den sozialen Beziehungen nicht verlassen. Bei entsprechenden, an den Einkommen der Bewohner orientierten, Finanzierungsmodalitäten sind die Bewohner vor einer Verdrängung weitgehend geschützt.
Der Nachteil der Upgrading-Projekte ist, daß sie nur in geringem Maße, wenn überhaupt, zur Verminderung des quantitativen Wohnraumdefizits beitragen. Im Gegenteil, wie auch die beiden Fallbeispiele der sanierten Wohnsiedlungen gezeigt haben, bleibt entweder eine zu hohe Wohndichte aufgrund von allegados bestehen, oder aber Familien in überbelegten Wohnvierteln sind von einer Umsiedlung betroffen.
- Die Bereitstellung von zusätzlichem Wohnraum für untere Sozialschichten stellt komplexe Anforderungen an die mit städtischer Planung und Wohnbaumaßnahmen beauftragten Institutionen, die sowohl die Entscheidungen auf der Planungsebene als auch die Praktibilität einzelner Lösungsstrategien betreffen. In Chile ist der Staat dieser Komplexität bei der Umsetzung von Maßnahmen im Bereich des staatlich geförderten Wohnbaus, trotz der weitreichenden Erfahrungen, nicht gerecht geworden. Bislang ist die Wohnraumversorgung als ein zentralisierter, institutioneller Prozeß verstanden worden. Die Befragungsergebnisse haben deutlich gemacht, daß der Wohnbau für untere Sozialschichten eine auf integrative Ansätze zielende Entwicklung ist, d.h. Wohnbaumaßnahmen müssen auf eine Förderung verschiedener, interdependenter Sektoren zielen. Zunächst ist eine Partizipation der Bewohner an den Entscheidungen bezüglich ihrer Wohnsituation notwendig. Dies betrifft sowohl den Planungsprozeß als auch den Bauprozeß. Voraussetzung ist ferner eine Übereinstimmung und Kooperation zwischen übergeordneten politischen Entscheidungen bzw. Entscheidungsträgern, administrativen Organen auf lokaler Ebene und den Bewohnern.
- Auf der Planungsebene bedarf es neuer Konzepte zur Messung von "HABITAT". Nach wie vor, und als Beispiel sei hier auf die Wohnblocks von Los Quillaes verwiesen, orientieren sich Architekten an den Normen westlicher Industrieländer.
- Neben dem Zugang zu Boden und adäquaten Finanzierungsbedingungen muß unteren wohnraumbedürftigen Sozialschichten ein an ihren finanziellen Ressourcen und ihren Vorstellungen orientiertes Angebot an Baumaterialien und Knowhow bereitgestellt werden. Die Untersuchungen in allen Wohnsiedlungen mit erweiterungsfähigen Wohneinheiten haben gezeigt, daß die Bedürfnisse und Möglichkeiten der einzelnen Haushalte bezüglich des Ausbaus ihrer Wohneinheit sehr heterogen sind. Aus diesem Grund fordern beispielsweise ZISS/ZISS-KOTOWSKI (1986) eine nach Bautypen gestaffelte Bauberatung, die bezüglich der Verwendung von Baumaterialien auch die ökonomische Situation der Haushalte

berücksichtigt und ferner vorbeugend im Hinblick auf Planungsfehler bei Standortwahl, Dimensionierung von Bauteilen, Statik etc. wirkt.

Haushalte, die wegen ihrer begrenzten finanziellen Möglichkeiten den Bauprozeß verlängern müssen, haben höhere Kosten zu tragen. Der Materialverschleiß steigt, je länger die unfertige Wohneinheit den Witterungseinflüssen ausgesetzt ist. Reparaturen und Ausbesserungen erfordern zusätzlich Arbeitseinsatz und Materialien. Mengenvorteile beim Kauf von Materialien können nicht genutzt werden.

Da die Baukosten entscheidend von den Preisen für die Baumaterialien abhängen und diese wiederum in engem Zusammenhang mit konjunkturellen Entwicklungen stehen, muß das Angebot an Baumaterialien unter Umständen durch besondere Förderungsmaßnahmen (Kreditvergabe für den Kauf von Materialien o.ä.) ermöglicht werden.

- Auf der Ebene der Stadtentwicklung und Stadtentwicklungsplanung ist eine Integration der unteren Sozialschichten und die Hinwendung zu sozialräumlich heterogenen Siedlungsmustern erstrebenswert.
- Übergeordnete, auf der metropolitanen wie nationalen Ebene notwendige Maßnahmen betreffen die Demokratisierung von Entscheidungen, die Schaffung von Arbeitsplätzen, von Erwerbs- und Einkommensmöglichkeiten und den gleichberechtigten Zugang aller Bevölkerungsgruppen zu Dienstleistungen.

Es bleibt zu hoffen, daß Stadtentwicklung und Wohnbaumaßnahmen für untere Sozialschichten innerhalb des in Chile momentan eingeleiteten Demokratisierungsprozesses als integrale Bestandteile eines gesamtgesellschaftlichen Entwicklungsprozesses verstanden und behandelt werden und auch alternativen Organisationsformen kollektiver Selbsthilfe zur Wohnraumversorgung Möglichkeiten geboten werden, sich zu gründen und zu stabilisieren.

## Literaturverzeichnis

**Abueg, E.A.** (1986): Popular participation in housing the urban poor. Selected cases in Metro Manila. In: Habitat International, 10, Oxford u.a., S. 197-206.
**Abrams, C.** (1964): Housing in the modern world. London.
**Agel, P.** (1982): Marginale Siedlungen im Urbanisierungsprozeß. Das Beispiel Colombo - Sri Lanka. Ein Beitrag zur Analyse des sozialen Wandels in Südasien. In: Fankfurter Wirtschafts- und Sozialgeographische Schriften, 43, Frankfurt.
**Aguilar, G.R.; Vogel, P.** (1983): Frauen in Lateinamerika: Alltag und Widerstand. Hamburg.
**Aguilera, A.** (1986): Erfahrungen aus der Städteplanung in Mexico-City und im Bundesstaat Tabasco. Zur Diskussion über die Verwirklichung von Plänen und Programmen. In: Kohut, K. (Hrsg.): Die Metropolen in Lateinamerika - Hoffnung und Bedrohung für den Menschen. Eichstätter Beiträge, 18, Regensburg, S. 355-370.
**Amos, F.J.C.** (1984): Political and administrative factors in low-income housing. In: Payne, G.K. (Hrsg.): Low-income housing in the developing world. Chichester u.a., S. 161-171.
**Arancíbia, A.** (1982): Chile: Mythos und Wirklichkeit des autoritären Projekts. In: Lateinamerika. Analysen und Berichte, 6, Berlin, S. 114-129.
**Arbeitsgruppe Bielefelder Entwicklungssoziologen (Hrsg.)** (1981): Subsistenzproduktion und Akkumulation. In: Bielefelder Studien zur Entwicklungspsychologie, 5, Saarbrücken.
**Arrellano, J.P.** (1982): Politicas de vivienda popular: Lecciones de la experiencia chilena. In: Colección Estudios CIEPLAN, 9, Santiago de Chile, S. 41-73.
- (1983): Politicas de vivienda 1975-81: Financiamiento y subsidios. In: Revista Latinoamericana de Estudios Urbano Regionales (EURE), 10, Santiago de Chile, S. 9-24.
- (1985): Politicas sociales y desarrollo. Chile, 1924-1984. Santiago de Chile.
**Armstrong, W.; Mc Gee, T.G.** (1985): Theatres of accumulation: Studies in Asian and Latin American urbanization. London.
**Athey, L.** (1973): La reforma administrativa del sector vivienda: Creación y funcionamiento del Ministerio de Vivienda y Urbanismo, MINVU. Documento de Trabajo, 70, CIDU, PUC, Santiago de Chile.
**Augel, J.** (1984): Soziale Folgen der Sanierungsmaßnahmen im historischen Stadtzentrum von Salvador/Bahia (Brasilien). Bielefeld (Manuskript).
- (1986): Probleme der Altstadtsanierung in Salvador/Brasilien. In: Augel, J.; Hillen, P.; Ramalho, L. (Hrsg.): Die verplante Wohnmisere. Urbane Entwicklung und "armutsorientierter" Wohnungsbau in Afrika und Lateinamerika. ASA-Studien, 7, Saarbrücken, Fort Lauderdale, S. 222-235.
**Azuela de la Cueva, A.** (1987): Low-income settlements and the law in Mexico-City. In: International Journal of Urban and Regional Research, 11, London, S. 522-542.

**Bähr, J.** (1975): Migration im Großen Norden Chiles. In: Bonner Geographische Abhandlungen, 50, Bonn.
- (1976): Neuere Entwicklungstendenzen lateinamerikanischer Großstädte. In: Geographische Rundschau, 28, Braunschweig, S. 125-133.
- (1976 a): Siedlungsentwicklung und Bevölkerungsdynamik an der Peripherie der chilenischen Metropole Groß-Santiago. Das Beispiel des Stadtteils La Granja. In: Erdkunde, 30, Bonn, S. 126-143.
- (1977): Suburbanisierungsprozesse am Rande des Ballungsraumes Groß-Santiago (Chile). 41. Deutscher Geographentag Mainz 1977, Tagungsbericht und wissenschaftliche Abhandlung, Wiesbaden, S. 228-248.
- (1978): Santiago de Chile. Eine faktorenanalytische Untersuchung zur inneren Differenzierung einer lateinamerikanischen Millionenstadt. In: Mannheimer Geographische Arbeiten, 4, Mannheim.
- (1981): Chile. Stuttgart.
- (1983): Bevölkerungsgeographie. Stuttgart.
- (1984): Bevölkerungswachstum in Industrie- und Entwicklungsländern. In: Geographische Rundschau, 36, Braunschweig, S. 544-551.
- (1986): Innerstädtische Wanderungsbewegungen unterer Sozialschichten und peripheres Wachstum lateinamerikanischer Metropolen (mit Beispielen aus Santiago de Chile und Lima). In: Kohut, K. (Hrsg.): Die Metropolen in Lateinamerika - Hoffnung und Bedrohung für den Menschen. Eichstätter Beiträge, 18, Regensburg, S. 143-177.
- (1988): Bevölkerungsgeographie: Entwicklung, Aufgaben und theoretischer Bezugsrahmen. In: Geographische Rundschau, 40, Braunschweig, S. 6-13.
- **Golte, W.** (1974): Eine bevölkerungs- und wirtschaftsgeographische Gliederung Chiles. In: Geoforum, 17, Oxford, S. 25-42.
- **Golte, W.; Lauer, W.** (1975): Verstädterung in Chile. In: Ibero-Amerikanisches Archiv, N.F., 1, Berlin, S. 3-38.
- **Klückmann, G.** (1984): Staatlich geplante Barriadas in Peru. Dargestellt am Beispiel von Villa El Salvador (Lima). In: Geographische Rundschau, 36, Braunschweig, S. 453-459.
- **Klückmann, G.** (1985): Sozialräumliche Differenzierung von Wohngebieten unterer Einkommensgruppen in lateinamerikanischen Metropolen: Die Beispiele Santiago de Chile und Lima. In: Ibero-Amerikanisches Archiv, N.F., 11, Berlin, S. 283-314.
- **Mertins, G.** (1981): Idealschema der sozialräumlichen Differenzierung lateinamerikanischer Großstädte. In: Geographische Zeitschrift, 69, Wiesbaden, S. 1-33.
- **Mertins, G.** (1985): Bevölkerungsentwicklung in Groß-Santiago zwischen 1970 und 1982. In: Erdkunde, 39, Bonn, S. 218-238.
- **Mertins, G.** (1988): Einfachhaussiedlungen in Groß-Recife/Nordostbrasilien - Zwei Fallstudien über Zielgruppen, bevölkerungs- und baustrukturelle Veränderungen. In: Bähr, J: (Hrsg.): Wohnen in lateinamerikanischen Städten. Kieler Geographische Schriften, 68, Kiel, S. 192-222.
- **Mertins, G.** (1989): Regionalpolitik und -entwicklung in Kuba 1959-1989. In: Geographische Rundschau, 41, Braunschweig, S. 4-13.

- **Riesco, R.** (1981): Estructura urbana de las metrópolis latinoamericanas. El caso de la ciudad de Santiago. In: Revista de Geografia Norte Grande, 8, Santiago de Chile, S. 27-55.
- **Baldeaux, D.** (1983): Entwicklungspotentiale in Slumgebieten. München, Köln, London.
- **Baltes, E.** (1987): Evaluierung zweier Low-cost-housing-Siedlungen in Groß-Bogotá (Kolumbien). Bedingungen, Konzeptionen und Implementierung der SERVIVIENDA-Projekte Serranias und Serenas. Marburg (unveröffentlichte Diplomarbeit).
- (1988): La urbanización informal - Ein alternatives Siedlungsprojekt der kolumbianischen SERVIVIENDA. In: Bähr, J. (Hrsg.): Wohnen in lateinamerikanischen Städten. Kieler Geographische Schriften, 68, Kiel, S. 261-274.
- **Bamberger, M.** (1982): The role of self-help housing in low shelter programmes for the Third World. In: World Bank Reprint Series, Nr. 264, Washington, D.C.
- **Deneke, A.H.** (1984): Can shelter programmes meet low-income needs? The experience of El Salvador. In: Payne, G.K. (Hrsg.): Low-income housing in the developing world. Chichester u.a., S. 37-54.
- **Banck, G.A.** (1986): Poverty, politics and the shaping of urban space: A brazilian example. In: International Journal of Urban and Regional Research, 10, London, S. 522-539.
- **Barbosa-Szubert, E.** (1978): Wohnungsbaupolitik im peripheren Kapitalismus: Das Beispiel Brasilien. Universitätsschwerpunkt Lateinamerikaforschung. Universität Bielefeld, Arbeitspapier 16, Bielefeld.
- **Barkin, D.** (1985): Housing and national development. In: Trialog, 6, Darmstadt, S. 6-7.
- **Baumer, J.-M.** (1982): Lateinamerikas außenwirtschaftliche Position und der weltwirtschaftliche Hintergrund 1979-1982. In: Lateinamerika Nachrichten, 10, Berlin, S. 2-24.
- **Beaton, P.W.; Sossaman, L.B.** (1982): Housing integration and rent supplements to existing housing. In: Professional Geographer, 34, Chicago, S. 147-155.
- **Behnfeld, H.** (1986): Räumliche Planung in Lateinamerika: Analyse und Vorschläge stadtplanerischer Instrumente, dargestellt am Beispiel Peru. Baden-Baden.
- **Bell, W.S.** (1981): Tilting at windmills: Considerations on the nature of the state. London.
- **Benavides, L.; Morales, E.** (1982): Campamentos y poblaciones de las comunas del Gran-Santiago: Una sintesis informativa. In: Documento de Trabajo, Nr. 280, FLACSO, Santiago de Chile.
- **Bender, S.O.** (1978): Evolución de la vivienda para sectores de bajos ingresos en Bogotá. In: Revista Interamericana de Planificación, 12, México, D.C., S. 22-36.
- **Bennholdt-Thompson, V.** (1979): Marginalität in Lateinamerika. In: Lateinamerika. Analysen und Berichte, 3, Berlin, S. 45-85.
- **Evers, T.; Müller-Plantenberg, C.; Spessart, S.** (Hrsg.) (1979): Stadtteilbewegung und Staat. In: Lateinamerika. Analysen und Berichte, 3, Berlin.

**Berliner Institut für Vergleichende Sozialforschung** (Hrsg.) (1982): Das Elend der Modernisierung - Die Modernisierung des Elends. Unterentwicklung und Entwicklungspolitik in Lateinamerika. Berlin.

**Berry, R.A.; Soligo, R.** (1980): Urban building and income distribution in Colombia: Some relevant aspects. In: Studies in Comparative International Development, 15, Brunswick, N.J., S. 39-60.

**Bienefeld, M.** (1979): Urban employment: A historical perspective. In: Bromley, R.; Gerry, C. (Hrsg.): Casual work and poverty in Third World cities. New York, S. 27-44.

**Bitar, S.** (1980): Chile: Liberalismo económico y dictadura politica. Lima.

**Blenck, J.** (1982): Entwicklungstheorien als Analyserahmen für bevölkerungsgeographische Mobilitätsuntersuchungen. In: Geographische Zeitschrift, Beihefte 59, Wiesbaden, S. 247-265.

- **Tröger, S.; Wingwiri, S.S.** (1985): Geographische Entwicklungsforschung und Verflechtungsanalyse. In: Zeitschrift für Wirtschaftsgeographie, 29, Frankfurt, S. 65-72.

**Bohle, H.-G.** (1984): Probleme der Verstädterung in Indien. Elendssiedlungen und Sanierungspolitik in der südindischen Metropole Madras. In: Geographische Rundschau, 36, Braunschweig, S. 461-469.

**Boisier, S.** (1981): Chile: Continuity and change - variations of centre-down strategies under different political regimes. In: Stöhr, W.; Taylor, F. (Hrsg.): Development from above or below? Chichester u.a., S. 401-426.

**Borbon, A.F.** (1987): Reflexiones previas a la formulación de medidas. In: Revista Latinoamericana de Estudios Urbano Regionales (EURE), 13/14, Santiago de Chile, S. 119-125.

**Boris, D.; Boris, E.; Ehrhardt, W.** (1971): Chile auf dem Weg zum Sozialismus. Köln.

- **Hiedl, P.** (1978): Argentinien. Geschichte und politische Gegenwart. Köln.

**Borja, J.** (1987): Dimensiones teóricas, problemas y perspectivas de la descentralización del estado. In: Borja, J.; Valdés, T. u.a. (Hrsg.): Descentralización del estado. Movimiento social y gestión local. Santiago de Chile, S. 11-257.

- **Valdés, T. u.a.** (1987): Descentralización del estado. Movimiento social y gestión local. Santiago de Chile.

**Borsdorf, A.** (1976): Valdivia und Oscorno. Strukturelle Disparitäten und Entwicklungsprobleme in chilenischen Mittelstädten. Tübinger Geographische Studien, 69, Tübingen.

- (1978): Städtische Strukturen und Entwicklungsprozesse in Lateinamerika. In: Geographische Rundschau, 30, Braunschweig, S. 309-313.
- (1980): Neuere Tendenzen der Raumplanung in Lateinamerika. In: Raumforschung und Raumordnung, 38, Köln, S. 26-31.
- (1980 a): Zur Raumwirksamkeit dependenztheoretischer Ansätze am Beispiel chilenischer Mittelstädte, 1970-1973. 42. Deutscher Geographentag Göttingen, Tagungsberichte und wissenschaftliche Abhandlung, Wiesbaden, S. 509-512.
- (1982): Die lateinamerikanische Großstadt. Zwischenbericht zur Diskussion um ein Modell. In: Geographische Rundschau, 34, Braunschweig, S. 498-501.

Borsdorf, A. (1986): Entwicklung, Konzepte und Probleme der Stadt- und Regionalplanung in Lateinamerika. In: Kohut, K. (Hrsg.): Die Metropolen in Lateinamerika - Hoffnung und Bedrohung für den Menschen. Eichstätter Beiträge, 18, Regensburg, S. 55-69.
- (1987): Grenzen und Möglichkeiten der räumlichen Entwicklung in Westpatagonien am Beispiel der Region Aisén. Natürliches Potential, Entwicklungshemmnisse und Regionalplanungsstrategien in einem lateinamerikanischen Peripherieraum. In: Acta Humboldtiane, 11, Stuttgart.

Bourne, L.S. (1971): Internal structure of the city. Toronto, Oxford.
- (1981): The geography of housing. London.
- Sinclair, R.; Dziewonski, K. (Hrsg.) (1984): Urbanization and settlement systems. International perspectives. Oxford.

Boyle, C.M.; Hojman, D.E. (1985): Economic policies and poltical strategies: Middle sectors in contemporary Chile. In: Boletin de Estudios Latinoamericanos y del Caribe, 38, Amsterdam, S. 15-45.

Brasileiro, A.M.; Griffin, K. u.a. (Eds.) (1982): Extending municipal services by building on local initiatives. A project in the favelas of Rio de Janeiro. In: Assignment children, 57/58, Geneva, S. 67-100.

Bravo, H., L. (1959): Chile: El problema de la vivienda a traves de su legislación (1906-1959). Santiago de Chile.

Bromley, R. (1979): The urban informal sector, Oxford.
- (1982): Working in the streets. Survival strategy, necessity, or unavoilable evil? In: Gilbert, A.; Hardoy, J.E.; Ramírez, R. (Hrsg.): Urbanization in contemporary Latin America. Critical approaches to the analysis of urban issues. Chichester u.a.
- Gerry, C. (1979): Casual work and poverty in Third World cities. New York.

Bronger, D. (1984): Metropolisierung als Entwicklungsproblem in den Ländern der Dritten Welt. Ein Beitrag zur Begriffsbestimmung. In: Geographische Zeitschrift, 72, Wiesbaden, S. 138-158.
- (1986 a): Metropolisierung: Ursachen und Folgewirkungen eines Entwicklungsprozesses in den Ländern der Dritten Welt - Das Beispiel Metro Manila. In: Die Erde, 117, Berlin, S. 23-46.
- (1986 b): Die "Metropolitane Revolution" als Entwicklungsproblem in den Ländern Süd-, Südost- und Ostasiens. Entstehung - Dynamik - Planung - Ergebnisse: Das Beispiel Bombay. In: Materialien zum Internationalen Kulturaustausch, 27, Stuttgart, S. 48-95.

Brown, A.A.; Neuberger, E. (1977): Internal migration. A comparative perspective. New York, San Francisco, London.

Brücher, W.; Mertins, G. (1978): Intraurbane Mobilität unterer sozialer Schichten, randstädtische Elendsviertel und sozialer Wohnungsbau in Bogotá/Kolumbien. In: Mertins, G. (Hrsg.): Zum Verstädterungsprozeß im nördlichen Südamerika. Marburger Geographische Schriften, 77, Marburg, S. 1-130.

Brügger, E.A. (1982): Regionale Strukturpolitik in Entwicklungsländern. Probleme, Ansprüche und Möglichkeiten in Costa Rica aus wirtschaftsgeographischer Sicht. Dissenhofen.

**Brunn, S.D.; Williams, J.F.** (1983): Cities of the world. World regional urban development, New York.
**Bruno, E.; Körte, A.; Máthey, K.** (Hrsg.) (1984): Umgang mit städtischen Wohnquartieren unterer Einkommensgruppen in Entwicklungsländern. Materialien des Fachgebietes Planen und Bauen in Entwicklungsländern, 4, TH Darmstadt, Darmstadt.
**Buchhofer, E.** (1982): Stadtplanung am Rande der Agglomeration von Mexico-Stadt: Der Fall Nezahualcoyotl. In: Geographische Zeitschrift, 70, Wiesbaden, S. 1-34.
**Buckley, R.M.; Madhusudhan, R.G.** (1984): The macroeconomics of housing's role in the economy: An international analysis. In: Metropolitan Studies Program Occasional Paper, Nr. 78, Syracuse University, Syracuse, New York.
**Bund Deutscher Architekten** (BDA) (1982): Planen und Bauen in Entwicklungsländern. Forschungsbericht Speerplan, Regional- und Stadtplaner GmbH, Stuttgart.
**Burgess, R.** (1977): Self-help-housing: A new imperialist strategy? A critique of the Turner School. Antipode, 9, Worcester, S. 50-59.
- (1978): Petty commodity housing or dweller control? A critique of John Turner's views on housing policy. In: World Development, 6, London, S. 1105-1134.
- (1982): The politics of urban residence in Latin Amerikca. In: International Journal of Urban and Regional Research, 6, London, S. 465-480.
- (1984): Die Grenzen des staatlich geförderten Selbsthilfe-Wohnungsbaus. In: Bruno, E.; Körte, A.; Máthey, K. (Hrsg.): Umgang mit städtischen Wohnquartieren unterer Einkommensgruppen in Entwicklungsländern. Materialien des Fachgebietes Planen und Bauen in Entwicklungsländern, 4, TH Darmstadt, Darmstadt, S. 16-60.
- (1985): Problems of classification of low-income neighbourhoods in Latin America. In: Third World Planning Review, 7, Liverpool, S. 287-306.
- (1987): A lot of noise and no nuts. A reply to Alan Gilbert and Jan van der Linden. In: Development and Change, 18, London, S. 137-146.
**Butterworth, D.; Chance, J.K.** (1981): Latin American urbanization. Cambridge.
**Cabezas de González, B.** (1972): Die Elendsviertel von Santiago de Chile. Bielefeld.
**Cardona, R.** (1978): Las invasiones de terrenos urbanos. Bogotá.
**Carlson, E.** (1986): Some international perspectives on housing finance and management. In: Habitat International, 10, Oxford u.a., S. 21-49.
**Carmona, M.** (1984): Basisorganisationen in Chile - 10 Jahre nach dem Putsch. Dargestellt am Beispiel "Granadilla" in Valparaiso. In: Bruno, E.; Körte, A.; Mathey, K. (Hrsg.): Umgang mit städtischen Wohnquartieren unterer Einkommensgruppen in Entwicklungsländern. Materialien des Fachgebiets Planen und Bauen in Entwicklungsländern, 4, TH Darmstadt, Darmstadt, S. 61-85.
**Cartas, J.M.** (1984): Der Übergangsprozeß von Importsubstitution zur Exportdiversifizierung in drei lateinamerikanischen Ländern: Argentinien, Brasilien und Chile. Münster.
**Caruz M., V.** (1983): Tecnologia apropiada y asentamientos humanos irregulares. In: Mac Donald, J. (Hrsg.): Vivienda social. Reflexiones y experiencias. Santiago de Chile, S. 39-73.

**Castells, M.** (1973): Movimiento de pobladores y lucha de clases. In: Revista Latinoamericana de Estudios Urbano y Regionales (EURE), 3, Santiago de Chile, S. 9-35.
- (1973 a): La urbanización dependiente en América Latina. In: Ders. (Hrsg.): Imperialismo y urbanización en América Latina. Barcelona.
- (1976): Urban sociology and urban politics: From a critique to new trends of research. In: Masotti, L.H.; Walton, J. (Hrsg.): The city in comparative perspective. Cross-national research and new directions in theory. New York, S. 291-300.
- (1977): The urban question. A marxist approach. London.
- (1981): Squatters and politics in Latin America: A comparative analysis of urban social movements in Chile, Peru and Mexico. In: Safa, H.J. (Hrsg.): Towards a political economy of urbanization in Third World countries. Oxford, S. 249-282.
- (1983): The city and the grassroots. A cross-cultural theory of urban social movements. London.

**Caviedes, C.** (1979): The politics of Chile. A sociogeographical assessment. Boulder, Colorado.

**Centro de Investigaciones del Desarrollo Urbano** (CIDU) (1973): Campamentos de Santiago: Movilización urbana. In: Castells, M. (Hrsg.): Imperialismo y urbanización en América Latina, Barcelona, S. 411-439.
- (1978): Diseño de indicadores para medir la calidad del medio ambiente físico en el área metropolitana de Santiago y su aplicación a nivel comunal. PUC, Santiago de Chile.

**Chateau, J.; Gallardo, B. u.a.** (Hrsg.) (1987): Espacio y poder. Los pobladores. Santiago de Chile.
- **Pozo, H.** (1985): Los pobladores en el área metropolitana: Situación y características. In: Notas Técnicas No. 71, CIEPLAN, Santiago de Chile.

**Chaves, L.F.** (1975): Venezuela. In: Jones, R. (Hrsg.): Essays on world urbanization. London, S. 187-193.

**Clark, A.** (1982): Federal initiatives promoting the dispersal of low-income housing in suburb. In: Professional Geographer, 34, Chicago, S. 136-146.

**Clark, D.** (1982): Urban Geography. London, Canberra.

**Colladas, N., M.** (1983): Vivienda y desarrollo. Una visión personal. In: Mac Donald, J. (Hrsg.): Vivienda social. Reflexiones y experiencias. Santiago de Chile, S. 13-21.

**Collier, D.** (1979): The new authoritarism in Latin America. Princeton.

**Conway, D.** (1982): Self-help housing, the commodity nature of housing and amelioration of the housing deficit: Continuing the Turner-Burgess debate. In: Antipode, 14, Worcester, S. 40-46.
- **Brown, J.** (1980): Intraurban relocation and structure: Low-income migrants in Latin America and the Caribbean. In: Latin American Research Review, 15, S. 95-125, Chapel Hill, N.C.

**Comisión Económica para América Latina** (CEPAL) (1965): Estudio económico de América Latina. New York.
- (1987): Asentamientos precarios y políticas de vivienda, infraestructura y servicios para los grupos de menores ingresos. In: Revista Latinoaméricana de Estudios Urbano y Regionales (EURE), 13/14, Santiago de Chile, S. 19-34.

Cordova, A. (1973): Strukturelle Heterogenität und wirtschaftliches Wachstum. Frankfurt.
Cornelius, W.A.; Kemper, R.V. (Hrsg.) (1978): Metropolitan Latin America: The challenge and the response. Latin American Urban Research, 6, Beverly Hills, London.
Corporación de Vivienda (CORVI) (1963): Plan habitacional de Chile. Santiago de Chile.
Cortazár, R. (1988): Salarios reales y empleo en el corto plazo. El caso chileno. In: Suma, 3, Montevideo, S. 129-143.
Cortinez, J.M. (1984): Producción de viviendas mediante el desarrollo progresivo. Documento de Trabajo, Nr. 143, PUC, Santiago de Chile.
Coyula, M. (1985): Housing, urban renovation and popular power. Some aspects concerning Havanna. In: Trialog, 6, Darmstadt, S. 35-40.
Cullen, M.; Woolery, S. (Hrsg.) (1980): World congress on land policy, 1980. Lexington, Massachusetts, Toronto.
Daniels, P.; Hopkins, M. (1983): The geography of settlement. Conceptual framework in geography. Edinburgh.
Darke, R. (1986): Housing in Nicaragua. In: International Journal of Urban and Regional Research, 11, London, S. 100-114.
Davis, K. (1974): Colonial expansion and urban diffusion in the Americas. In: Dwyer, D.J. (Hrsg.): The city in the Third World. London, S. 34-48.
Deilmann, C. (1984): Servivienda: Zwei Wohnsiedlungen für untere Einkommensschichten in Medellin-Kolumbien. In: Bruno, E.; Körte, A.; Máthey, K. (Hrsg.): Umgang mit städtischen Wohnquartieren unterer Einkommensgruppen in Entwicklungsländern, Materialien des Fachgebietes Planen und Bauen in Entwicklungsländern, 4, TH Darmstadt, Darmstadt, S. 158-172.
Deutsche Stiftung für Internationale Entwicklung (DSR) (Hrsg.) (1985): Financiamiento del habitat para sectores de bajos ingresos en América Latina. Seminarbericht. Berlin.
Deutsche Gesellschaft für Technische Zusammenarbeit (GTZ) (Hrsg.) (1986): Mejaromiento barrial. Moravia, Medellin, Colombia. Eschborn.
- (1986 a): Programa de lotes con servicios. FUNDASAL, El Salvador. Eschborn.
Diaz-Briquets, S. (1983): International migration within Latin America and the Caribbean: An overview. Staten Island, New York.
Dietz, H.A. (1977): Lima Metropolitan entre 1968 y 1975: Problemas urbanos y respuestas gubernamentales. University of Texas, Nr. 198 Offprint Series, Austin.
Dix, G. (1986): Small cities in the world system. In: Habitat International, 10, Oxford u.a., S. 273-282.
Dockendorff, E. (1978): Perfil de la situación habitacional de Chile (1969-1987). Estudios Sociales, Nr. 15, IEU, PUV, Santiago de Chile, S. 99-124.
Donoso, F. (1987): Medidas para reforzar la participación del sector informal en el campo de la vivienda para los más pobres. In: Revista Latinoaméricana de Estudios Urbano y Regionales (EURE), 13/14, Santiago de Chile, S. 141-145.
- Sabatini, F. (1980 a): Santiago: Empresa inmobiliaria compra terrenos. In: Revista Latinoaméricana de Estudios Urbanos y Regionales (EURE), 7, Santiago de Chile, S. 25-51.

**Donoso, F.; Sabatini, F.** (1980 b): Algunas hipótesis sobre la importancia de la renta de la tierra en el desarrollo reciente de Santiago. Documento de Trabajo, Nr. 144, IEU, PUC, Santiago de Chile.
**Drakakis-Smith, D.** (1981): Urbanisation, housing and the development process. London.
- (1986 a): Urbanisation in the developing world. London, Sydney u.a.
- (1986 b): Urbanisation in the socialist Third World. The case of Zimbabwe. In: Ders. (Hrsg.): Urbanisation in the developing world, London, Sydney u.a., S. 141-157.
- (1987): The Third World city. London.
**Dunleavy, P.** (1980): Urban political analysis: The politics of collective consumption. Macmillan.
**Dwyer, D.J.** (1974): The city in the Third World. London.
- (1979): People and housing in Third World cities. London, New York.
**Edwards, S.** (1986): Monetarism in Chile, 1973-1983: Some economic puzzles. In: Economic Development and Cultural Change, 34, Chicago
**Eggers, G.** (1988): Chile. Grundlagen und Grundzüge der Wirtschaftspolitik. Bremen.
**Elsenhans, H.** (1979): Agrarreform in der Dritten Welt. Frankfurt.
**Elwert, G.** (1984): Die Verflechtung von Produktionen: Nachgedanken zur Wirtschaftsanthropologie. In: Kölner Zeitschrift für Soziologie und Sozialpsychologie, Sonderheft 26, Köln, S. 379-402.
- (1985): Überlebensökonomien und Verflechtungsanalyse. In: Zeitschrift für Wirtschaftsgeographie, 29, Frankfurt, S. 73-84.
- **Evers, H.-D.; Wilkens, W.** (1983): Die Suche nach Sicherheit: Kombinierte Produktionsformen im sogenannten Informellen Sektor. In: Zeitschrift für Soziologie, Köln, S. 281-296.
**Engelhardt, R.** (1989): Selbsthilfe und Bodenmärkte in Armensiedlungen. Eine Fallstudie aus Salvador/Bahia (Brasilien). In: Geographische Rundschau, 41, Braunschweig, S. 634-638.
**Ernst, R.** (1982): Verstädterung in der Dritten Welt - Eine Planungsaufgabe? In: Dortmunder Beiträge zur Raumplanung, 13, Dortmund, S. 40-56.
**Esser, K.** (1972): Durch freie Wahlen zum Sozialismus oder Chiles Weg aus der Armut. Hamburg.
- (1979): Lateinamerika - Industrialisierungsstrategien und Entwicklung. Frankfurt.
**Evers, H.-D.** (1976): Urban expansion and landownwership in underdeveloped societies. In: Walton, J.; Masotti, L.H. (Hrsg.): The city in comparative perspective. Cross-national research and new directions in theory. New York.
- (1981): Zur Theorie der urbanen Unterentwicklung. In: Die Dritte Welt, 9, Neustadt/Weinstraße, S. 61-68.
- (1987): Subsistenzproduktion, Markt und Staat. Der sogenannte Bielefelder Verflechtungsansatz. In: Geographische Rundschau, 39, Braunschweig, S. 136-1140.

Evers, H.-D.; Clauss, W.; Wong, D. (1984): Subsistence reproduction: A framework for analysis. In: Smith, J.; Wallerstein, I.: Evers, H.-D. (Hrsg.): Households and world economy. Beverly Hills u.a.

Evers, T. (1980): Reproduktion der Arbeitskraft und städtische Bewegungen: Der Fall der illegalen Parzellierung in São Paulo. In: Peripherie, 2, Münster, S. 28-47.

- von Wogau, P. (1973): "dependencia": Lateinamerikanische Beiträge zur Theorie der Unterentwicklung. In: Das Argument, 79, Berlin, S. 404-454.

Figuerola, M.; Lavados, H. (1983): Elementos para un análisis económico de la vivienda popular en Chile. In: Mac Donald, J. (Hrsg.): Vivienda social. Reflexiones y experiencias. Santiago de Chile, S. 153-180.

Field, G.L. (1983): Eliten und Liberalismus. Opladen.

Fiori, J.; Ramírez, R. (1988): Toward a conceptual framework for the analysis of self-help housing policies in developing countries. In: Trialog, 18, Darmstadt, S. 13-16.

Forbes, D.K. (1984): The geography of underdevelopment. London.

Foxley, A. (1981): Experimentos neoliberales en las economías latinoamericanas. Colección Estudios CIEPLAN, 7, Santiago de Chile.

- (1982): Towards a free market economy. Chile 1974-1979. In: Journal of Development Economics, 10, Amsterdam, S. 3-29.

Franco, E.; Ortíz, J. (1983): Estrutura interna y diferenciación social urbana: Comuna La Reina. In: Informaciones Geográficas, 30, Santiago de Chile, S. 71-82.

Frank, A.G. (1969): Capitalism and underdevelopment in Latin America: Historical studies of Chile and Brazil. New York.

Frauenfeld, J. (1982): Beiträge für das Planen und Bauen in Entwicklungsländern: Forschungsprojekt des Bundesministers für Raumordnung, Städtebau und Bauwesen. Stuttgart.

Friedrichs, J. (1973): Methoden empirischer Sozialforschung. Hamburg.

Friedmann, J. (1973): Urbanization, planning and national development. Beverly Hills.

- Lackington, T. (1967): Hyperurbanization and national development in Chile. Some hypotheses. In: Urban Affairs Quarterly, 2, Beverly Hills, S. 3-29.
- Stöhr, W. (1966): The uses of regional science. Policy planning in Chile. In: Regional Science Association Papers 18, Vienna Congress, S. 207-222.
- Wolff, G. (1982): World city formation: An agenda for research and action. In: International Journal of Urban and Regional Research, 6, London, S. 309-344.

Fritsch, B. (1983): Wirtschaftliche und politische Aspekte des Urbanisierungsprozesses in Entwicklungsländern. In: Materialien zum internationalen Kulturaustausch, 18, Stuttgart, S. 29-43.

Fröbel, F.; Heinrichs, J.; Kreye, O. (1974): Die Armut des Volkes. Verelendung in unterentwickelten Ländern. Auszüge aus Dokumenten der Vereinten Nationen. Reinbek.

Fuenzalida, R.V. (1983): La toma en consideración de los problemas ambientales en la política de urbanismo: La situación en Chile. In: Revista Latinoaméricana de Estudios Urbano y Regionales (EURE), 28, Santiago de Chile, S. 61-82.

Gaebe, W. (1987): Verdichtungsräume. Strukturen und Prozesse im weltweiten Vergleich. Stuttgart.
Gajardo, R.E. (1981): Problemas de la organización espacial en Chile período 1930-1973. Zürich.
Gakenheimer, R. (1986): Transportation as a component of national urban strategy. In: Habitat International, 10, Oxford u.a., S. 133-139.
Galeano, E. (1980): Die offenen Adern Lateinamerikas. Wuppertal.
Galilea, S.; Nunez, B. (1981): El modelo de desarrollo nacional y regional y el sistema de información en el período 1973-1977. Documento de Trabajo Nr. 126, IEU, PUC, Santiago de Chile.
Gallardo, B. (1987): El redescubrimiento del carácter social del hambre: Las ollas comunes. In: Chateau, J.; Gallardo, B. u.a. (Hrsg.): Espacio y poder. Los pobladores. Santiago de Chile.
Gamm, U.; Mertins, G. (1988): Genossenschaften und/oder alternative Organisationsformen kollektiver Selbsthilfe zur Wohnraumversorgung in Ländern der Dritten Welt? In: Trialog, 16, Darmstadt, S. 5-16.
Ganesan, S. (1984): Construction productivity. In: Habitat International, 8, Oxford u.a., S. 29-42.
Gans, P. (1987): Die Altstadt Montevideos. Bauliche und soziale Veränderungen im kolonialen Kern der uruguayischen Metropole. In: Mertins, G. (Hrsg.): Beiträge zur Stadtgeographie von Montevideo. Marburger Geographische Schriften, 108, Marburg, S. 107-200.
- (1988): Hausbesetzungen in der Altstadt Montevideos als Reaktion auf die ökonomische Entwicklung Uruguays nach 1973. In: Bähr, J. (Hrsg.): Wohnen in lateinamerikanischen Städten. Kieler Geographische Schriften, 68, Kiel, S. 115-125.
Garza, G.; Schteingart, M. (1978): Mexico-City: The emerging Megalopolis. In: Latin American Urban Research, 6, Beverly Hills, London, S. 51-85.
Gastal, A. (1987): Por una investigación social autóctona. In: Revista Latinoamericana de Estudios Urbano Regionales (EURE), 13/14, Santiago de Chile, S. 113-118.
Gatzweiler, H.P. (1975): Zur Selektivität interregionaler Wanderungen. Ein theoretisch-empirischer Beitrag zur Analyse und Prognose altersspezifischer interregionaler Wanderungen. Forschungen zur Raumentwicklung, 1, Bonn, Bad-Godesberg.
Geisse, G. (1982): El acceso de los pobres a la tierra urbana: Tres problemas criticas. In: Revista Latinoamericana de Estudios Urbano Regionales (EURE), 9, Santiago de Chile, S. 73-82.
- Sabatini, F. (1981): Renta de la tierra y heterogeneidad urbana. In: Revista Interamericana de Planificación, 15, México, D.C., S. 7-30.
- (1981 b): Las politicas de vivienda y habitat popular urbano: El caso de Santiago. Documento de Trabajo, Nr. 174, IEU, PUC, Santiago de Chile.
- Sabatini, F.; Walker, E. (1984): Gestión local de desarrollo de los barrios populares de Santiago: Del crecimiento precario al desarrollo integral. Documento de Trabajo, Nr. 141, IEU, PUC, Santiago de Chile.

**Geisse, G.; Valdivia, M.** (1978): Urbanización e industrialización en Chile. Documento de Trabajo, Nr. 91, CIDU, PUC, Santiago de Chile.
**Giese, E.** (1985): Klassifikation der Länder der Erde nach ihrem Entwicklungsstand. In: Geographische Rundschau, 37, Braunschweig, S. 164-175.
**Gilbert, A.** (1976): Development planning and spatial structure. Chichester u.a.
- (1976 a): The arguments for very large cities reconsidered. In: Urban Studies, 13, Harlow, Essex, S. 27-34.
- (1978): Bogotá: Politics, planning, and the crisis of lost opportunities. In: Latin American Urban Research, 6, London, Beverly Hills.
- (1984): Planning, invasions and land speculation. The role of state in Venezuela. In: Third World Planning Review, 6, Liverpool, S. 225-238.
- (1986): Self-help housing and the state intervention: Illustrative reflections on the petty commodity production debate. In: Drakakis-Smith, D. (Hrsg.): Urbanisation in the developing world. London u.a., S. 175-203.
- (1987): Arrendatarios y autoconstrucción: Selección y restricciones en el mercado de viviendas en los paises de menores ingressos. In: Revista Latinoamericana de Estudios Urbano Regionales, 13/14, Santiago de Chile, S. 59-84.
- **Hardoy, J.E.; Ramírez, R.** (1982): Urbanization in contemporary Latin America. Critical approaches to the analysis of urban issues. Chichester, u.a.
- **Gugler, J.** (1982): Cities, poverty and development. Urbanization in the Third World. Oxford.
- **Ward, P.** (1978): Housing in Latin American cities. In: Johnston, R.J.; Herbert, D. (Hrsg.): Geography and the urban development, London, S. 285-288.
- (1982 a): Low-income housing and the state. In: Gilbert, A.; Hardoy, J.E.; Ramírez, R. (Hrsg.): Urbanization in contemporary Latin America. Critical approaches to the analysis of urban issues. Chichester u.a., S. 79-127.
- (1982 b): Residential movement among the poor: The constraints on housing choice in Latin American cities. In: Transactions of the Institute of British Geographers, N.S., 7, London, S. 129-149.
- (1985): Housing, the state and the poor. Policy and practice in three Latin American cities. Cambridge.
**Goetze, D.** (1983): Entwicklungspolitik. Paderborn u.a.
**Gogolok, E.** (1980): Slums im Nordosten Brasiliens. Favelas als stadtgeographisches Problem. Aspekte der Brasilienkunde, Band 1, Mettingen.
**Gómez, S.** (1980): Factibilidad de operación de las empresas privadas con subsidio habitacional. Santiago de Chile.
**Gonzalez, E.** (1981): La geografía professional chilena. In: Revista Geográfica, 93, México, D.F., S. 143-152.
**Goodman, A.C.** (1981): Housing submarkets within urban areas: Definitions and evidence. In: Journal of Regional Science, 21, Philadelphia, S. 175-185.
**Gormsen, E.** (1981): Die Städte im spanischen Amerika. Ein zeitlich-räumliches Entwicklungsmodell der letzten hundert Jahre. In: Erdkunde, 35, Bonn, S. 290-303.
- (1986): Konflikte bei der Stadterneuerung lateinamerikanischer Kolonialstädte. In: Kohut, K. (Hrsg.): Die Metropolen in Lateinamerika - Hoffnung und Bedrohung für den Menschen. Eichstätter Beiträge, 18, Regensburg, S. 207-225.

Grasser, K.; Wegener, R. (1980): Low-income housing in Lateinamerika. Projektprüfung El Martinico in Guatemala. Köln.
Griffin, E.; Ford, L. (1983): Cities of Latin America. In: Brunn, S.D.; Williams, J.A. (Hrsg.): Cities of the world. World regional urban development. New York, S. 199-240.
Grindle, M. (1980): Politics and policy implementation in the Third World. Princeton, New Jersey.
Gross, P. (1979): Notas sobre la relación entre el enfoque ambiental y la vivienda de mínimo ingreso. Documento de Trabajo, Nr. 180, IEU, PUC, Santiago de Chile.
- (1985): Instituciones públicas y municipios: Su rol en el desarrollo progresivo. Documento de Trabajo, Nr. 145, IEU, PUC, Santiago de Chile.
- Cortez, F. (1985): Rol del estado en el desarollo habitacional progresivo: Recomendaciones de políticas. Documento de Trabajo Nr. 144, IEU, PUC, Santiago de Chile.
- Molina, H. (1980): Bases de un modelo de gestión ambiental. In: Revista Latinoamericana de Estudios Urbano Regionales (EURE), 19, Santiago de Chile, S. 32-47.
- Perez de Arce, M.; Viveros, M. (1982): Santiago espacio urbano y paisaje. PUC, Santiago de Chile.
Gugler, J. (1980): A minimum of urbanism and a maximum of ruralism': the Cuban experience. In: International Journal of Urban and Regional Research, 4, London, S. 517-533.
Gutiérrez, A. (1985): Disminución de la superficie agricola en el Gran Santiago. In: Arenas, V. (Hrsg.): Ambiente y Desarrollo. Santiago de Chile, S. 137-154.
Gwynne, R.N. (1985): Industrialisation and urbanisation in Latin America. London.
Hamdi, N.; Goethert, R. (1985): Implementation: Theories, strategies and practice. In: Habitat International, 9, Oxford, New York, S. 33-44.
Hamer, A. (1985): Urbanisierung in der Dritten Welt. In: Finanzierung und Entwicklung, 1, Hamburg, S. 39-42.
Handelman, H. (1975): The political mobilization of urban squatter settlements. Santiago's recent experience and its implications of urban research. In: Latin American Research Review, 2, Austin, S. 35-72.
Hansen, N.M. (1981): Development from above: The center-down paradigm. In: Stöhr, W.; Taylor, F. (Hrsg.): Development from above or below? Chichester u.a., S. 15-38.
Haramoto, E. (1979): Políticas de vivienda para sectores de menor ingreso. Experiencia chilena en los últimos 25 años. Documento de Trabajo, Nr. 177; IEU, PUC, Santiago de Chile.
- (1983 a): Políticas de vivienda social. Experiencia chilena de las tres últimas decádas. In: Mac Donald, J. (Hrsg.): Vivienda social. Reflexiones y experiencias. Santiago de Chile, S. 75-151.
- (1983 b): Políticas y programas habitacionales, 1975-1982. Santiago de Chile.
Hardoy, J.E. (1975): Urbanization in Latin America. Approaches and issues. New York.
- (1981): Cooperación internacional para los asentamientos humanos. In: Revista Interamericana de Planificación, 15, México, D.C., S. 31-35.

Hardoy, J.E. (1982): The building of Latin American cities. In: Gilbert, A.; Hardoy, J.E.; Ramírez, R. (Eds.): Urbanization in contemporary Latin America. Chichester u.a., S. 19-34.
Hardoy, L.; Langdon, M.E. (1978): Análisis estadisticas preliminar de la urbanización de América Latina entre 1850 y 1930. In: Revista Paraguaya de Sociologia, 42/43, Asunción, S. 115-173.
Hardoy, J.E.; Satterthwaite, D. (1981): Shelter: Need and response. Housing, land and settlement policies in seventeen Third World nations. Chichester u.a.
- (1986 a): Shelter, infrastructure and services in Third World cities. In: Habitat International, 10, Oxford u.a., S. 245-284.
- (1986 b): Urban change in the Third World. Are recent trends a useful pointer to the urban future? In: Habitat International, 10, Oxford u.a., S. 33-52.
Hardoy, J. u.a. (1984): El centro histórico de Quito. Introducción al problema de su preservación y desarrollo. Quito.
Harms, H. (1983): Zur Geschichte der Selbsthilfe. Praxis und Ideologie. In: Trialog, 1, Darmstadt, S. 9-13.
Harris, N. (1988): Economic development and urbanisation. In: Habitat International, 12, Oxford u.a., S. 5-15.
Harth-Deneke, A. (1982): Quasi-legal subdivisions in Latin America. A solution or a problem for low-income families. In: Development Journal of the Society for International Development, Nr. 2, Rom, S. 50-54.
Harvey, D. (1979): Urbanismo y desigualidad social. Madrid.
Heineberg, H. (1983): Geographische Aspekte der Urbanisierung. Forschungsstand und Probleme. In: Teuteberg, H.J. (Hrsg.): Urbanisierung im 19. und 20. Jahrhundert. Historische und geographische Aspekte. Köln, Wien, S. 35-63.
- (1986): Stadtgeographie. Paderborn.
- (1988): Stadtgeographie. Entwicklung und Forschungsschwerpunkte. In: Geographische Rundschau, 40, Braunschweig, S. 6-12.
Hellstern, G.-M.; Wollmann, H. (1983): Evaluierungsforschung. Ansätze und Methoden - dargestellt am Beispiel des Städtebaus. Basel u.a.
Henderson, J. (1986): The new international division of labour and urban development in the world system. In: Drakakis-Smith, D. (Hrsg.): Urbanisation in the developing world. London u.a., S. 63-82.
Hennings, G.; Jenssen, B.; Kunzmann, K.R. (1980): Dezentralisierung von Metropolen in Entwicklungsländern. In: Raumforschung und Raumordnung, 38, Köln, S. 12-26.
Herrle, P. (1983): Der informelle Sektor: Die Ökonomie des Überlebens in den Metropolen der Dritten Welt. In: Materialien zum internationalen Kulturaustausch, 18, Stuttgart, S. 47-62
- Lübbe, H.; Rösel, J. (1981): Slums und Squatter-Siedlungen. Thesen zur Stadtentwicklung und Stadtplanung in der Dritten Welt. Städtebauliches Institut der Universität Stuttgart, Arbeitsbericht 37, Stuttgart.
Herrick, B.H. (1965): Urban migration and economic development in Chile. Cambridge, Massachusetts.
Heskia, I. (1980): Distribución del ingreso en el Gran Santiago, 1957-79. Departamento de Economia, Universidad de Chile, Santiago de Chile.

**Hertwig, H.** (1983): Zehn Jahre Diktatur in Chile. Die Resultate eines monetaristischen Modellversuchs. In: Blätter für Deutsche und Internationale Politik, 7, Köln, S. 1125-1138.
**Herzog, D.** (1982): Politische Führungsgruppen. Probleme und Ergebnisse der modernen Elitenforschung. Darmstadt.
**Hofmeister, B.** (1982): Die Stadtstruktur im interkulturellen Vergleich. In: Geographische Rundschau, 34, Braunschweig, S. 482-488.
**Hof, W.** (1980): Grundkonzept der Planung und Durchführung von "site and service"-Projekten. Institut der Regionalwissenschaft der Universität Karlsruhe (Hrsg.), Heft Nr. 18, Karlsruhe.
**Hoselitz, B.F.** (1953): The role of cities in the economic growth of underdeveloped countries. In: Journal of Political Economy, 61, Chicago, S. 195-208.
- (1955): Generative and parasitic cities. In: Economic Development and Cultural Change, 3, Chicago, S. 278-294.
**Hübner, J.J.** (1976): Introducción al derecho. Manuales Juridicos, Nr. 47, Santiago de Chile.
**Huidobro, J.E.G.; Martinic, S.** (1985): Las instituciones privadas y la educación popular: El caso chileno. Santiago de Chile.
**Hurtado, C.** (1966): Concentración de población y desarrollo económico. El caso chileno. Instituto de Economia, Universidad de Chile, Santiago de Chile.
**Ibáñez, A.F.** (1978): Einleitung von Entwicklungsprozessen durch Wohnungsbauprogramme. In: Entwicklung und Zusammenarbeit, 6, Bonn.
**Instituto Nacional de Estadísticas** (INE) (1982): Localidades pobladas. XV Censo nacional de población y IV de vivienda, Chile. Región Metropolitana de Santiago. Santiago de Chile.
- (1987): Compendio estadístico 1987. Santiago de Chile.
**Jakubs, J.F.** (1982): Low-cost housing: Spatial deconcentration and community change. In: Professional Geographer, 34, Chicago, S. 156-166.
**Johnston, M.** (1964): Urban housing and housing policy in Peninsular Malaysia. In: International Journal of Urban and Regional Research, 8, London, S. 497-529.
**Johnston, R.J.** (1980): City and society. An outline for urban geography. Harmondsworth.
**Jones, R.** (1975): Essays on world urbanization. London.
**Jordan, R.** (1982): Distribución espacial de la población y desarrollo. Notas acerca de los asentamientos urbanos de América Latina. In: Revista Latinoamericana de Estudios Urbano Regionales (EURE), 9, Santiago de Chile, S. 7-30.
**Jülich, P.** (1978): Zum Prozeß der Verstädterung in Peru. In: Mertins, G. (Hrsg.): Zum Verstädterungsprozeß im nördlichen Südamerika. Marburger Geographische Schriften, 77, Marburg, S. 131-168.
**Kalmbach, P.** (1973): Der neue Monetarismus. München.
**Karaesmen, E.** (1985): Financial aspect of mass housing projects. In: International Journal for Housing Science and its Applications, 9, Elmsford, New York, S. 283-290.
**Kirke, J.** (1984): The provision of infrastructure and utility services. In: Payne, G.K. (Hrsg.): Low-income housing in the developing world. The role of sites and services and settlement upgrading. Chichester u.a., S. 233-248.

**Kirsch, O.C.; Armbruster, P.G.; Kochendörfer-Lucius, G.** (1983): Selbsthilfeeinrichtungen in der Dritten Welt. München u.a.
**Klückmann, G.** (1988): Wohnungsbaupolitik und sozialer Wohnungsbau in Peru - Das Beispiel Lima. In: Bähr, J. (Hrsg.): Wohnen in lateinamerikanischen Städten. Kieler Geographische Schriften 68, Kiel, S. 157-175.
**Kleinpfenning, J.M.G.** (1984): Entwicklungs- und Stadtentwicklungsprozesse in Lateinamerika. In: Kohut, K. (Hrsg.): Die Metropolen in Lateinamerika - Hoffnung und Bedrohung für den Menschen. Eichstätter Beiträge, 18, Regensburg, S. 31-54.
**Knapp, E.; Koppenhöfer, L.; Oenarto, I.; Ziller, D.** (1982): Wohnprobleme in der Dritten Welt. Städtebauliches Institut der Universität Stuttgart, Arbeitsbericht 39, Stuttgart.
**Knebel, E. von** (1987): Reflexiones sobre el contexto económico y político del habitat de las personas de bajos ingresos. In: Revista Latinoamericana de Estudios Urbano Regionales (EURE), 13/14, Santiago de Chile, S. 53-57.
**Knox, P.** (1975): Social well-being: A spatial perspective. Toronto, Oxford.
- (1987): Urban social geography. An introduction. Harlow.
**Koenigsberger, O.** (1986): Third World housing policies since the 1950s. In: Habitat International, 10, Oxford u.a., S. 27-32.
**Kohlhepp, G.** (1982 a): Bevölkerungsentwicklung und Verstädterung in Brasilien. In: Geographische Rundschau, 34, Braunschweig, S. 343-351.
- (1982 b): Bevölkerungswachstum und Verstädterung in Lateinamerika. In: Landeszentrale für politische Bildung Baden-Württemberg (Hrsg.): Lateinamerika. Stuttgart.
- (1987): Brasilien. Beiträge zur regionalen Struktur- und Entwicklungsforschung. Tübinger Geographische Schriften, 93, Tübingen.
**Krüger, H.J.** (1978): Migration, ländliche Überbevölkerung und Kolonisation im Nordosten Brasiliens. In: Geographische Rundschau, 30, Braunschweig, S. 14-20.
**Kulimat, K.** (1983): Venezuela. Industrialisierung als problemlose Strategie für kapitalreiche Entwicklungsländer? In: Geographische Rundschau, 35, Braunschweig, S. 333-339.
**Kuntze, L.** (1982): Selbsthilfe im Wohnungsbau. Das Konzept von Turner. In: Blätter des Informationszentrums Dritte Welt, 102, Freiburg, S. 43-45.
**Kusnetzoff, F.** (1987): Urban and housing policies under Chile's military dictatorship 1973-1985. In: Latin American Perspectives, 14, Riverside, S. 157-1186.
**Labadía, C., A.** (1972): Operación sitio: a housing solution for progresive growth. In: Latin American Urban Research, 2, Beverly Hills, London, S. 203-209.
- (1973): La operación sitio; en 52% del mundo sin casa. Santiago de Chile.
**Labra, P.** (1982): Estilos de desarrollo y la práctica de la planificación urbano-regional en América Latina: El caso de Chile 1964-1980. In: Revista Interamericana de Planificación, 16, México, D.C., S. 38-53.
**Lagos, R.; Tokman, U.E.** (1983): Monetarismo global, empleo y estratificación social. In: El Trimestre Económico, 199, México, S. 1437-1473.
**Laquian, A.A.** (1985): Vivienda básica: Politicas sobre lotes urbanos, servicios y vivienda en los paises en desarrollo. Ohne Ortsangabe.
**Larrain, M.** (1972): Regional programs. A chilean regional development policy. In: Latin American Urban Research, 2, Beverly Hills, London, S. 133-141.

**Larrain, P.; Molina, I.** (1986): Antecedentes para una estrategia de descentralización y desarrollo de centros poblados alternativos, en la Región Metropolitana de Santiago. In: Revista de Geografia Norte Grande, 13, Santiago de Chile, S. 69-80
**Lauer, W.** (1976): Landflucht und Verstädterung in Chile. In: Geographische Zeitschrift, Beiheft Erdkundliches Wissen, 42, Stuttgart.
**Lauth, H.-J.** (1985): Der Staat in Lateinamerika. Die Staatskonzeption von Guillermo O'Donnell. Saarbrücken, Fort Lauderdale.
**Lavados, H.** (1979): Un análisis económico del problema de la vivienda en Chile. Documento de Trabajo, Nr. 178, IEU, PUC, Santiago de Chile.
**Lee, M.** (1985): Myths of affordability. In: Third World Planning Review, 7, Liverpool, S. 131-141.
**Leeds, A.** (1969): The significant variables determinating the character of squatter settlements. In: América Latina, 12, Lima, S. 44-86.
- (1973): Political, economic and social effects of producer and consumer orientations toward housing in Brazil and Peru: A system analysis. In: Latin American Urban Research, 3, Beverly Hills, S. 181-216.
**Leeds, A.; Leeds, E.** (1976): Accounting for behavioral differences: Three political systems and the responses of squatters in Brazil, Peru, and Chile. In: Masotti, L.H.; Walton, J. (Hrsg.): The city in comparative perspective. Crossnational research and new directions in theory. New York, S. 193-248.
**Legorreta, J.G.** (1982): El acceso a la tierra urbana y el mercado inmobiliario popular. México.
**Leib, J.; Mertins, G.** (1983): Bevölkerungsgeographie. Braunschweig.
**Letelier, P.** (1979): Autosuficiencia con autoconstrucción. Documento de Trabajo, Nr. 174, IEU, PUC, Santiago de Chile.
- (1983): Comparación evaluativa de viviendas sociales en altura. Años 1979-1980. In: Haramoto, E. (Hrsg.): Políticas y programas habitacionales, 1975-82. Santiago de Chile, S. 85-99.
**Lewis, G.J.** (1982): Human migration. A geographical perspective. London, Canberra.
**Lichtenberger, E.** (1986): Stadtgeographie. Band 1. Stuttgart.
**Lindenberg, K.** (1982): Lateinamerika. Herrschaft, Gewalt und internationale Abhängigkeit. Bonn.
**Lloyd, P.** (1979): Slums of hope? Manchester.
**Londoño, J.B.** (1986): Die Gesetzesinitiativen zur Reform des Grundstücksrechts im kolumbianischen Kongreß und ihre Auswirkungen auf den sozialen Wohnungsbau. In: Kohut, K. (Hrsg.): Die Metropolen in Lateinamerika - Hoffnung und Bedrohung für den Menschen. Eichstätter Beiträge, 18, Regensburg, S. 395-411.
**Long, N.** (1986): Commoditization: Thesis and antithesis. In: Long, N.; van der Ploeg, J.D. u.a. (Hrsg.): The commoditization debate: Labour process, strategy and social network. Wageningen, S. 8-23.
**Lowder, S.** (1986): Inside Third World cities. London, Sydney.
**Lück, W.** (1970): Santiago de Chile. Sozialräumliche Untersuchung unter dem besonderen Aspekt des industriellen Einflusses. München. Diplomarbeit.

**Lühring, J.; Schmidt-Wulffen, W.** (1982): Nach der Modernisierungs- und Dependenzdebatte: Zum aktuellen Stand der entwicklungstheoretischen Diskussion - eine Herausforderung auch für die Wirtschafts- und Sozialgeographie? Karlsruher Manuskripte zur mathematischen und theoretischen Wirtschafts- und Sozialgeographie, 60, Karlsruhe.

**Mac Donald, J.** (1975): Modo de vida y uso del espacio. PUC, Santiago de Chile.

– (1979): Las tecnologías disponibles para la construcción de la vivienda mínima. Documento de Trabajo, PUC, Santiago de Chile.

– (1982): 25 años de vivienda social. La perspectiva del habitante. Documento de Trabajo, Nr. 259, IEU, PUC, Santiago de Chile.

– (1983 a): Vivienda social. Reflexiones y experiencias. Santiago de Chile.

– (1983 b): La situación habitacional precaria. In: Dies. (Hrsg.): Vivienda Social. Reflexiones y experiencias. Santiago de Chile, S. 23-37.

– (1983 c): Elementos para una política nacional de vivienda. Documento de Trabajo, Nr. 281, IEU, PUC, Santiago de Chile.

– (1983 d): Habitat popular urbano. Santiago de Chile.

– (1985): Dotación básica en vivienda social: Hacia una fundamentación de las decisiones. Santiago de Chile.

– (1987): Vivienda progresiva. PUC, Santiago de Chile.

**Mac Lafferty, S.** (1982): Urban structure and geographical access to public services. In: Annuals of the Association of American Geographers, 72, Washington, D.C., S. 337-345.

**Maldonado, C.; Hernández, A.** (Ed.) (1980): Seminario: Políticas habitacionales en Chile (1942-1979). Gestión en el sistema de subsidio habitacional. Facultad de Arquitectura, Universidad de Chile, Santiago de Chile.

**Malsch, A.** (1907): Le dernier recoin de monde. Deux ans au Chile. Geneve.

**Mamalakis, M.** (1976): The growth and structure of the chilean economy from Independence to Allende. New Heaven, London.

– (1983): Una estrategia de desarrollo relacionada con los servicios. Algunas consideraciones básicas. In: El Trimestre Económico, 199, México, S. 1537-1560.

**Martínez, J.; Tironi, E.** (1983): Tendencias de cambio en la estratificación social chilena 1970-1980. CEPAL, Santiago de Chile.

**Martínez, L.R.** (1978): Desarrollo urbano de Santiago (1541-1941). In: Revista Paraguaya de Sociología, 42/43, Asunción, S. 57-90.

**Masotti, L.H.; Walton, J.** (1976): The city in comparative perspective. Cross-national research and new directions in theory. New York.

**Matas, J.** (1984): Los efectos urbanos de los planes de vivienda. Documento de Trabajo, Nr. 134, IEU, PUC, Santiago de Chile.

**Máthey, K.** (1983): Zur Planungsmethode integrierter Entwicklungsmaßnahmen für Siedlungen unterer Einkommensgruppen in Entwicklungsländern. In: Trialog, 1, Darmstadt, S. 21-27.

– (1983): Überblick über Art und Ausmaß des Wohnungsproblems in den Städten der Dritten Welt und gängige Ansätze zu dessen Minderung. Arbeitspapiere des Fachgebietes Planen und Bauen in Entwicklungsländern, 3, TH Darmstadt, Darmstadt.

Máthey, K. (1987): Angepaßte Baumaterialien im Wohnungsbau für untere Einkommensgruppen in Entwicklungsländern. In: Trialog, 12, Darmstadt, S. 4-17.
- **Steinberg, F.** (1985/86): Zum Thema: Entwicklung historischer Stadtzentren. In: Trialog, 8, Darmstadt, S. 4-5.

**Mattingly, M.** (1988): From town planning to development planning: A transition through training. In: Habitat International, 12, Oxford u.a., S. 97-109.

**Mc Gee, T.G.** (1971): The urbanization process in the Third World. Explorations in search of a theory. London.
- (1986): Circuits and networks of capital: the internationalisation of the world economy and national urbanisation. In: Drakakis-Smith, D. (Hrsg.): Urbanisation in the developing world. London u.a., S. 23-36.

**Meinardus, M.** (1982): Marginalität - theoretische Aspekte und entwicklungspolitische Konsequenzen. Saarbrücken.

**Mercado, O.** (1977): El problema habitacional en Chile. Evolución a partir del año 1952. PUC, Santiago de Chile.

**Mertins, G.** (1977): Räumliche Mobilität in Lateinamerika. Bevölkerungswachstum, räumliche Mobilität und regionale Disparitäten in Lateinamerika. In: Geographische Rundschau, 29, Braunschweig, S. 66-71.
- (1980): Typen inner- und randstädtischer Elendsviertel in Großstädten des andinen Südamerika. In: Lateinamerika Studien, 7, München, S. 269-295.
- (1982): Determinanten, Umfang und Formen der Migration Nordostbrasiliens. In: Geographische Rundschau, 34, Braunschweig, S. 352-358.
- (1984): Marginalsiedlungen in Großstädten der Dritten Welt. In: Geographische Rundschau, 36, Braunschweig, S. 453-442.
- (1985): Raumzeitliche Phasen intraurbaner Migrationen unterer Sozialschichten in lateinamerikanischen Großstädten. In: Ibero-Amerikanisches Archiv, N.F., 11, Berlin, S. 315-332.
- (1986 a): Die Habitat-Misere in Großstädten der "Dritten Welt" - Fragen zum Defizit und zur Effizienz bisheriger Wohnungsbauprogramme für untere Sozialschichten. In: Augel, J.; Hillen, P.; Ramalho, L. (Hrsg.): Die verplante Baumisere. Urbane Entwicklung und "armutsorientierter" Wohnungsbau in Afrika und Lateinamerika. ASA Studien, 7, Saarbrücken, Fort Lauderdale, S. 25-39.
- (1986 b): Wohnraumversorgung und Wohnungsbauprogramme für untere Sozialschichten in den Metropolen Lateinamerikas. In: Kohut, K. (Hrsg.): Die Metropolen in Lateinamerika - Hoffnung und Bedrohung für den Menschen. Eichstätter Beiträge, 18, Regensburg, S. 227-244.
- (1987 a): Probleme der Metropolisierung Lateinamerikas unter besonderer Berücksichtigung der Wohnraumversorgung unterer Sozialschichten. In: Gormsen, E.; Lenz, K. (Hrsg.): Lateinamerika im Brennpunkt. Aktuelle Forschungen deutscher Geographen. Berlin, S. 155-181.
- (1987 b): Wachstumsphasen Montevideos. Kriterien und Formen der raumstrukturellen Entwicklung und Differenzierung unter besonderer Berücksichtigung des sozialen Wohnungsbaus. In: Ders. (Hrsg.): Beiträge zur Stadtgeographie von Montevideo. Marburger Geographische Schriften, 108, Marburg, S. 45-105.

Mildner, S. (1976): Die Problemanalyse im Planungsprozeß. Eine Studie zur Stadtentwicklungsplanung in den Ländern der Dritten Welt. Schriftenreihe des Instituts für Regionalwissenschaft der Universität Karlsruhe, Heft 10, Karlsruhe.

Miliband, M. (1977): Marxism and politics. Oxford.

Mills, E.S. (1983): Urbanización y valor de la tierra en paises en desarrollo. In: Revista Latinoamericana de Estudios Urbano Regionales (EURE), 28, Santiago de Chile, S. 35-46.

MINVU (1972): Politica habitacional del gobierno popular. Programa 1972. Santiago de Chile.
- (1976): Memoria 1975. Santiago de Chile.
- (1977): Memoria 1976. Santiago de Chile.
- (1978): Memoria 1977. Santiago de Chile.
- (1979): Memoria 1978. Santiago de Chile.
- (1980): Memoria 1979. Santiago de Chile.
- (1981): Memoria 1980. Santiago de Chile.
- (1981 a): Politica Nacional de Desarrollo Urbano. Chile, 1979. In: Revista Latinoamericana de Estudios Urbano Regionales (EURE), 8, Santiago de Chile, S. 9-15.
- (1981 b): Conceptos básicos para la formulación de la politica de desarrollo urbano. Chile, 1979. In: Revista Latinoamericana de Estudios Urbano Regionales (EURE), 8, Santiago de Chile, S. 16-28.
- (1982): Memoria 1981. Santiago de Chile.
- (1983): Memoria 1982. Santiago de Chile.
- (1983 a): Actualización del problema habitacional chileno. Programa Trienal de Vivienda. Santiago de Chile.
- (1984): Memoria 1983. Santiago de Chile.
- (1984 a): Informativo estadistico Nr. 76. Santiago de Chile.
- (1984 b): Reglamenta sistema de postulación, asignación y venta de viviendas destinadas a atender situaciones de marginalidad habitacional. Decreto Supremo Nr. 62. Santiago de Chile.
- (1985): Memoria 1984. Santiago de Chile.
- (1985 a): Politica nacional de desarrollo urbano. Santiago de Chile.
- (1985 b): Sistema de contratación de obras Ministerio de Vivienda y Urbanismo. Santiago de Chile.
- (1986): Memoria 1985. Santiago de Chile.
- (1986 a): Informativo estadistico. Santiago de Chile.
- (1986 b): Manual de procedimiento: Programas especiales de construcción de viendas básicas. Santiago de Chile.
- (1986 c): Reglamenta sistema nacional de Subsidio Habitacional. Santiago de Chile.
- (1986 d): Subsidio Habitacional: Sistema de ahorro y financiamiento de la vivienda. Santiago de Chile.
- (1988): Vivienda, una tarea de dignidad. Estrategia habitacional al año 2000. Chile. Santiago de Chile.

**Misra, B.** (1986): Public intervention and urban land management. In: Habitat International, 10, Oxford u.a., S. 59-77.
**Molina, I.** (1985): El programa de erradicación de campamentos en la Región Metropolitana (1979-1984). Implicancias socioeconómicas y espaciales. Santiago de Chile (unveröffentlichte Diplomarbeit am Instituto de Geografia, PUC).
**Morales, A.M.; Labra, A.P.** (1980): Condicionantes naturales, metropolización y problemas de planificación del Gran Santiago, Chile. In: Revista Geográfica, 91/92, México, S. 179-221.
**Morales, E.** (1987): Políticas públicas y ámbito local. La experiencia chilena. In: Borja, J.; Valdés, T. u.a. (Hrsg.): Descentralización del estado. Movimiento social y gestión local. FLACSO, Santiago de Chile, S. 349-401.
– **Rojas, S.** (1986): Relocalización socio-espacial de la pobreza. Política estatal y presión popular, 1979-1985. Documento de Trabajo, Nr. 280, FLACSO, Santiago de Chile.
**Morejon, B.** (1984): Migraciones internas en Ciudad La Habana. Notas de Población, Nr. 36, La Habana, S. 59-83.
**Müller, J.O.** (1980): Kritische Anmerkungen zu Selbsthilfe, Fremdhilfe und Partizipation in fremdbestimmten "Selbsthilfe"-Organisationen der Entwicklungspolitik. In: Verfassung und Recht in Übersee, Hamburg, S. 213-225.
**Müller, K.-P.** (1984): Rentenkapitalismus - eine "geographische" Erklärung für Unterentwicklung. In: Geographische Rundschau, 36, Braunschweig, S. 264-267.
**Müller-Plantenberg, C.** (1984): Staatliche Wohnungsbaupolitik und Wohnungskampf unter Frei und Allende in Chile. In: Müller-Plantenberg, C.; Rempel, R. (Hrsg.): Soziale Bewegungen und räumliche Strukturen in Lateinamerika. Kassel, S. 217-263.
**Müller-Plantenberg, U.** (1981): Despotisch abgesicherter Liberalismus oder: Die systematische "Desorganisation" des Kapitals. Wirtschaftspolitik, gesellschaftlicher Wandel und politischer Prozeß in Chile seit 1976. In: Peripherie, 4, Münster.
**Münkner, H.-H.** (1980): The concept of "Integrated Co-operatives". Background Paper for the Workshop, CDG, Köln.
**Muntaz, B.** (1986): The training needs of support approach to housing. In: Habitat International, 10, Oxford u.a., S. 73-78.
**Municipalidad Conchalí** (1985): Plan comunal de desarrollo. Diagnóstico 1985. Santiago de Chile.
**Municipalidad Estacion Central** (1985): Plan comunal de desarrollo. Diagnóstico 1985. Santiago de Chile.
**Municipalidad Maipú:** Plan comunal de desarrollo. Diagnóstico 1985. Santiago de Chile.
**Municipalidad Nuñoa** (1981): Bases estadisticas para el diagnóstico comunal. Santiago de Chile.
– (1985): Plan comunal de desarrollo, 1984-1989. Santiago de Chile.
**Municipalidad Puente Alto** (1985): Diagnóstico comunal. Puente Alto.
**Municipalidad Renca** (1985): Plan de desarrollo comunal 1985. Santiago de Chile.
**Munizaga, G.** (1972): Análisis y proposiciones de vivienda popular en Santiago. Universidad de Chile, Santiago de Chile.

Munizaga, G. (1978): Notas para un estudio comparativo de la trama urbana Santiago de Chile. In: Revista Paraguaya de Sociologia 42/43, Asunción, S. 191-251.
Muñoz, O. (1972): Proceso a la industrialización chilena. PUC, Santiago de Chile.
- (1982): Crecimiento y desequilibrio en una economía abierta: El caso chileno. In: Colección Estudios CIEPLAN, 8, Santiago de Chile, S. 19-41.
- **Murison, H.; Lea, J.P.** (1979): Housing in Third World countries. Perspectives on policy and practice. London, Basingstoke.
Naciones Unidas (1978): Financiamiento no convencional de viviendas para familias de bajos ingresos. Nueva York.
Nahoun, B. (1987): El problema de la habitación en los paises capitalistas periféricos: Sobre sus reales causas y posibles soluciones. In: Revista Latinoamericana de Estudios Urbano Regionales (EURE), 13/14, Santiago de Chile, S. 101-111.
Necochea, A. (1984): Estructura de subsidios en la política habitacional: Región Metropolitana, 1983. Documento de Trabajo, Nr. 137, IEU, PUC, Santiago de Chile.
- (1986): Subsidios habitacionales, reactivación económica y distribución del ingreso: Santiago de Chile, 1983. In: Revista Latinoamericana de Estudios Urbano Regionales (EURE), 12, Santiago de Chile, S. 5-20.
- (1987): Los allegados: Una estrategia de supervivencia solidaria en vivienda. In: Revista Latinoamericana de Estudios Urbano Regionales (EURE), 13/14, Santiago de Chile, S. 85-99.
- (1988): Mercado de suelo urbano área metropolitana de Santiago. Distribución interpersonal del ingreso por regiones. Boletin Nr. 22, IEU, PUC, Santiago de Chile.
Nelson, J.M. (1979): Access to power: Politics and the urban poor in developing nations. Princeton.
Nickel, A. (1988): Low-cost housing in Santiago de Chile nach 1973. In: Bähr, J. (Hrsg.): Wohnen in lateinamerikanischen Städten. Kieler Geographische Schriften, 68, Kiel, S. 237-259.
- (1989): Die Altstadt von La Habana. Wohnsituation und Konzepte der Altstadterneuerung. In: Geographische Rundschau, 41, Braunschweig, S. 14-21.
Nickel, H.J. (1973): Unterentwicklung als Marginalität in Lateinamerika. Freiburg.
- (1975): Marginalität und Urbanisierung in Lateinamerika. Geographische Zeitschrift, 63, Stuttgart, S. 13-30.
**Nientied, P.; van der Linden, J.** (1985): Approaches to low-income housing in the Third World: Some comments. In: International Journal of Urban and Regional Research, 9, London, S. 311-329.
- **Kalim, J.S.** (1986): Policy constraints on planning land for low-income groups in Karachi. In: Habitat International, 10, Oxford u.a., S. 79-92.
Niermann, M. (1978): Aspekte der Kostenreduzierung im Wohnungsbau für unterste Einkommensgruppen in Entwicklungsländern. Darmstadt.
- (1982): Wohnplanung in Entwicklungsländern. In: Dortmunder Beiträge zur Raumplanung, 13, Dortmund, S. 294-308.
Nohlen, D. (1982): Chile. In: Nohlen, D.; Nuscheler, F. (Hrsg.): Handbuch der Dritten Welt. Band 2: Südamerika: Unterentwicklung und Entwicklung. Hamburg, S. 177-218.

**Nohlen, D.; Nuscheler, F.** (1982): Handbuch der Dritten Welt, Band 1: Unterentwicklung und Entwicklung: Theorien - Strategien - Indikatoren. Hamburg.
- (1982 a): Handbuch der Dritten Welt. Band 3: Mittelamerika und Karibik. Unterentwicklung und Entwicklung. Hamburg.
- **Sturm, R.C.** (1982): Über das Konzept der strukturellen Heterogenität. In: Nohlen, D.; Nuscheler, F. (Hrsg.): Handbuch der Dritten Welt. Band 1: Unterentwicklung und Entwicklung: Theorien - Strategien - Indikatoren. Hamburg, S. 92-116.
- **Wachendorfer, A.** (1976): Was wird aus Chile? Die wirtschaftliche, soziale und politische Situation unter der Militärdiktatur heute. In: Aus Politik und Zeitgeschichte. Beiträge zur Wochenzeitung 'Das Parlament', 18, Bonn, S. 3-29.

**Nuhn, H.** (1983): Zentralamerika. Kleinstaatlichkeit, ökonomische Integration, politische Konflikte. In: Geographische Rundschau, 35, Braunschweig, S. 488-496.
- **Ossenbrügge, J.** (1987): Polarisierte Siedlungsentwicklung und Dezentralisierungspolitik in Zentralamerika. Teil 1: Regionalstruktur und Effekte von Planungsmaßnahmen in Costa Rica, Panama und Belize. Hamburg.
- (1988): Polarisierte Siedlungsentwicklung und Dezentralisierungspolitik in Zentralamerika. Teil 2: Traditionelle Regionalpolitik und Ansätze für eine eigenständige Entwicklung. Hamburg.

**Odeplan** (1978): Informe social. Primer semestre. Santiago de Chile.
- (1985): Proposiciones para una politica de asentamientos humanos. Santiago de Chile. Unveröffentlichtes Schriftstück.

**Oenarto, J.; Koppenhöfer, L.; Ziller, D.; Knapp, E.** (1980): Verstädterung und Behausung. Die Probleme Südamerikas. Der Wohnungsbau für untere Einkommensgruppen untersucht am Beispiel ausgewählter Projekte in Peru, Bolivien und Brasilien. In: Neue Heimat, 2, Hamburg, S. 12-33.

**Oesterreich, J.** (1980): Elendsquartiere und Wachstumspole. In: Beiträge zur räumlichen Planung in der Dritten Welt, Köln.
- (1981): Stadtplanung in der Dritten Welt: Barfußplanung. In: Stadtbauwelt, 70, Berlin, S. 147-151.

**Okpala, D.** (1986): Aspects of urban housing and human settlements. Policies and strategies in Africa. In: Habitat International, 10, Oxford u.a., S. 203-223.

**Oliven, R.G.** (1980): Marginalidad urbana en América Latina. In: Revista Latinoamericana de Estudios Urbano Regionales (EURE), 19, Santiago de Chile, S. 49-62.

**Orville, F.; Grimes, J.** (1978): Viviendas para familias urbanas de bajos ingresos. Madrid.

**Ospina, J.** (1985): Self-help houing and social change in Colombia. In: Habitat International 9, Oxford u.a., S. 235-249.

**Oxman, R.; Herbert, G.; Wachman, A.** (1985): Strategies of growth and staged building in housing. In: Habitat International, 9, Oxford u.a., S. 25-31.

**Pachner, H.** (1982): Hüttenviertel und Hochhausquartiere als Typen neuer Siedlungszellen der venezolanischen Stadt. Sozialgeographische Studien zur Urbanisierung in Lateinamerika als Entwicklungsprozeß von der Marginalität zur Urbanität. Stuttgarter Geographische Studien, 99, Stuttgart.

**Pacione, M.** (Ed.) (1981): Problems and planning in Third World cities. London.
**Palma, E.; Sanfuentes, A.** (1979): Políticas estatales en condiciones de movilización social: Las políticas de vivienda en Chile (1964-1973). In: Estudios Sociales, 22, Santiago de Chile, S. 9-59.
**Parisse, L.** (1969): La favela dans le paysage urbain de Rio de Janeiro. In: Bulletin de la Faculté des Lettres de Strasbourg, 47, Strasbourg.
**Parry, J.** (1984): Building materials and construction systems. In: Payne, G.K. (Hrsg.): Low-income housing in the developing world. The role of sites and services and settlement upgrading. Chichester, u.a., S. 249-264.
**Pavez, A.; Viñuela, M.** (1980): Evaluación de la dinámica e intensidad de crecimiento urbano en la comuna de la Florida (Región Metropolitana) entre 1940-1980, con base en la ocupación del espacio por la vivienda. Documento te Trabajo Nr. 117, IEU, PUC, Santiago de Chile.
**Paviani, A.** (1985): La urbanización en América Latina: El proceso de constitución de periferías en la áreas metropolitanas. In: Revista Interamericana de Planificación, 73, México, D.C., S. 74-95.
**Payne, G.** (1977): Urban Housing in the Third World. London, Boston.
- (1984): Low-income housing in the developing world. The role of sites and services and settlement upgrading, Chichester u.a.
- **Peach, C.** (1975): Urban social segregation. Oxford.
- **Peattie, L.** (1974): The concept of "marginality" as applied to squatter settlements. In: Latin American Urban Research, 4, Beverly Hills, London, S. 101-109.
- (1982): Some second thoughts on sites and services. In: Habitat International, 6, Oxford u.a., S. 131-139.
- (1987): Affordability. In: Habitat International, 11, Oxford u.a., S. 69-76.

**Pérez, R., E.** (1984): Ownership of land to house the poor in Cuba. In: Planning and Administration, 2, The Hague, S. 30-34.
**Perlman, J.** (1980): The failure of influence: Squatter erradication in Brazil. In: Grindle, M.S. (Hrsg.): Politics and policy implementation in the Third World. Princeton, S. 250-278.
- (1982): Favela removal: the erradication of a lifestyle. In: Hansen, A. u.a. (Hrsg.): Involuntary migration and resettlement. Boulder, S. 225-243.

**Pfadenhauer, J.** (1983): Ökologische Probleme der Verstädterung. In: Materialien zum internationalen Kulturaustausche, 18, Stuttgart, S. 87-93.
**Pfeiffer, P.** (1985): "Urbanização Sim, Remoçao Nunca!" Politische, sozioökonomische und urbanistische Aspekte der Favelas und ihre soziale Organisation in Rio de Janeiro: Entwicklung, Tendenzen, Perspektiven. FU Berlin. Berlin (Dissertation).
- (1986): Favela-Politik und politisches Verhalten von Favelados in Rio de Janeiro. In: Augel, J.; Hillen, P.; Ramalho, L. (Hrsg.): Die verplante Wohnmisere. Urbane Entwicklung und "armutsorientierter" Wohnungsbau in Afrika und Lateinamerika. ASA Studien, 7, Saarbrücken, Fort Lauderdale, S. 262-280.

**Piña, C.** (1987): "Lo popular": Notas sobre la identidad cultural de las clases subalternas. In: Chateau, J.; Gallardo, B. u.a. (Hrsg.): Espacio y poder. Los pobladores. FLACSO, Santiago de Chile, S. 259-292.

**Popp, K.** (1987): Privatwirtschaftliche gesteuerte Baulanderschließung als Teilprozeß der Stadtentwicklung in Mexico. Dargestellt an Beispielen aus Puebla. In: Ibero-Amerikanisches Archiv, N.F., 13, Berlin.

**Population Reference Bureau** (1969): World population data sheet 1989. Washington, D.C.

**Poulantzas, N.** (1973): Political power and social classes. London.

**Pozo, H.** (1987): La participación en la gestión local para el régimen chileno actual. In: Borja, J.; Valdés, T. u.a. (Hrsg.): Descentralización del estado. Movimiento social y gestión local. FLACSO, Santiago de Chile, S. 321-348.

**Pradilla, C.E.** (1976): Notas acerca del problema de la vivienda. In: Ideología y Sociedad, Bogotá, S. 70-107.

– (1982): Ensayos sobre el problema de la vivienda en América Latina. México, D.F.

– (1984): Selbsthilfe, Ausbreitung der Arbeitskraft und staatliche Politik in Lateinamerika. In: Müller-Plantenberg, C.; Rempel, R. (Hrsg.): Soziale Bewegungen und räumliche Strukturen in Lateinamerika. Kassel, S. 115-188.

**Preston, D.** (1980): Environment, society and rural change in Latin America. New York.

– (1987): Latin American development: Geographical Perspectives. Essex.

**Puga, J.** (1983): Consecuencias sociales del déficit habitacional en los sectores urbanos de mínimo ingreso. In: Mac Donald, J. (Hrsg.): Vivienda social. Reflexiones y experiencias. Santiago de Chile, S. 199-215.

**Quijano, A.** (1981): Marginaler Pol der Wirtschaft und marginalisierte Arbeitskraft. In: Senghaas, D. (Hrsg.): Peripherer Kapitalismus. Analysen über Abhängigkeit und Unterentwicklung. Frankfurt, S. 293-341.

**Ramírez, R.** (1984): The return of squatter movement in Chile. Case study: the "Cardenal Raúl Silva Henriques" and "Monseñor Francisco Fresno" camps in Santiago. Fachgebiet Planen und Bauen in Entwicklungsländern, Arbeitspapier 84-5, TH Darmstadt, Darmstadt.

**Ramón, A. de** (1978): Santiago de Chile (1850-1900). Límites urbanos y segregación espacial según estratos. In: Revista Paraguaya de Sociologia, 15, Asunción, S. 253-276.

– Gross, P. (1984): Algunos testimonios de las condiciones de vida en Santiago de Chile; 1888-1919. In Revista Latinoamericana de Estudios Urbano, Regionales (EURE), 11, Santiago de Chile, S. 67-74.

**Ramos, J.** (1984): Urbanization and the labour market. In: CEPAL Review, Nr. 24, Santiago de Chile, S. 63-81.

**Raposo, A.** (1975): La politica de vivienda: Un ensayo de prospección temática. Universidad de Chile, Santiago de Chile.

**Rassmann, B.** (1978): Strategien des Low-income housing in den Entwicklungsländern, Stuttgart.

**Redcliff, M.R.** (1973): Squatter settlements in Latin American Cities. The response from government, In: Journal of Developmet Studies, 1, London, S. 92-101.

**Reitsma, H.A.** (1982): Development geography, dependency relations, and the capitalist scapegoat. In: Professional Geographer, 34, Chicago, S. 125-130.

Reitsma, H.A. ; Kleinpenning, J.M.G. (1985): The Third World in perspective. Van Gorcum, Assen/Maastricht.
Richmond, A.H.; Kubat, D. (1976): Internal migration. The New World and the Third World. London, Beverly Hills.
Riesco, J. (1981): Community participation and the housing and municipal decentralization policies under the chilean military government: Some implications for the urban poor. MA Dissertation, Institute of Latin American Studies, London.
Riveros, F. (1987): La planificación regional de desarrollo y la planificación del desarrollo regional. Documento de Trabajo, Nr. 154, IEU, PUC, Santiago de Chile.
– Matas, J.; de la Puente, P. (1988): Aspectos físicos y sociales de la ciudad: Una controversia inadecuada. Documento de Trabajo, Nr. 157, IEU, PUC, Santiago de Chile.
Riveros, L.A. (1985): Desempleo, distribución del ingreso y politica social. In: Estudios Públicos, Nr. 20, Santiago de Chile, S. 315-347.
Robles, D. (1987): Gobiernos locales y movimiento de pobladores: Construyendo una nueva comunidad. In: Revista Latinoamericana de Estudios Urbano Regionales (EURE), 13/14, Santiago de Chile, S. 127-139.
Rodriguez, A. (1986): Asistencia técnica: Punto de encuentro entre pobladores y profesionales. In: Urban renewal and housing for low-income groups in metropolitan areas of Latin America. Konferenzberichte des Arbeitsbereichs Städtebau, TU Hamburg-Harburg, Band 24/1, Hamburg, S. 175-242.
– (1987): Asistencia técnica y pobladores. In: Revista Latinoamericana de Estudios Urbano Regionales (EURE), 13/14, Santiago de Chile, S. 43-52.
Rojas, S. (1985): Política de erradicación y radicación de campamentos, 1982-1984. Discursos, logros y problemas. Documento de Trabajo, Nr. 215, FLACSO, Santiago de Chile.
Romero, L.A. (1984): Urbanización y sectores populares: Santiago de Chile, 1830-1875. In: Revista Latinoamericana de Estudios Urbano Regionales (EURE), 11, Santiago de Chile, S. 55-66.
Rosenblüth, G. (1983): Los nuevos estilos de desarrollo y la política habitacional. In: Revista Paraguaya de Sociología, 20, Asunción, S. 7-40.
Rother, K. (1977): Gruppensiedlungen in Mittelchile: Erläutert am Beispiel der Provinz O'Higgins. Düsseldorfer Geographische Schriften, 9, Düsseldorf.
Rothenberg, I.F. (1981): 'Symbolic Scenes' and housing policy for the poor, lessons from Colombia, México, Chile and Hong-Kong. In: Comparative Urban Research, 7, New York, S. 48-75.
Ruiz-Tagle, J. (1983): El problema de los allegados: Políticas de vivienda popular. In: Revista Mensaje, Nr. 325, Santiago de Chile, S. 697-699.
– (1984): El poder de compra de las familias populares. In: Revista Mensaje, Nr. 325, Santiago de Chile, S. 573-576.
Rzezinski, H.C.; Schweizer, P.J. (1985): Housing for the low-income people of Brazil: A change of government action. In: International Journal for Development Technology, 3, London, S. 77-85.

**Sabatini, F.** (1981 a): ¿ Por que aumentan los precios del suelo en Santiago? Representa ello mayores costos de construcción o mayores ganancias inmobiliarias? Documento de Trabajo, Nr. 120, IEU, PUC, Santiago de Chile.
- (1981 b): El alza de los precios del suelo urbano en la América Latina y su relación con el precio de la vivienda. In: Revista Interamericana de Planificación, 15, México, D.C., S. 90-106.
- (1982 a): Santiago. Sistemas de producción de viviendas, renta de la tierra y segregación urbana. Documento de Trabajo, Nr. 128, IEU, PUC, Santiago de Chile.
- (1982 b): Promoción inmobiliaria y relaciones entre precio de la vivienda y renta de la tierra. Santiago 1980-1981. Documento de Trabajo, Nr. 130, IEU, PUC, Santiago de Chile.
- (1984): Alternativas de acceso al suelo urbano para familias de bajos ingresos. Documento de Trabajo, Nr. 142, IEU, PUC, Santiago de Chile.

**Saborido, M.S.** (1985): El allegamiento: Una forma de habitar popular. Documento de Trabajo, Nr. 148, IEU, PUC, Santiago de Chile.

**Sabot, R.** (1982): Migration and the labor market in developing countries. Boulder.

**Saieh, A.** (1978): Diagnóstico del problema habitacional. Santiago de Chile.

**Salinas, W.; Jiménez, F.** (1982): Integration basic services for Limas young towns. In: Assignment children, 57/58, Geneva, S. 101-134.

**Salmen, L.** (1987): Listen to the people. Participant observer evaluation of development projects. Oxford.

**Sánchez, D.** (1987): Instituciones y acción poblacional: Seguimiento de su acción en el período 1973-1981. In: Chateau, J.; Gallardo, G. u.a. (Hrsg.): Espacio y poder. Los pobladores. FLACSO, Santiago de Chile, S. 123-170.

**Sánchez de Carmona, L.** (1986): Stadtentwicklung in Mexiko-City. Ökologische Probleme und ihre sozialen Auswirkungen. Tendenzen, Perspektiven und Anregungen. In: Kohut, K. (Hrsg.): Die Metropolen in Lateinamerika - Hoffnung und Bedrohung für den Menschen. Eichstätter Beiträge, 18, Regensburg, S. 371-394.

**Sandner, G.** (1971): Die Hauptphasen der wirtschaftlichen Entwicklung in Lateinamerika in ihrer Beziehung zur Raumerschließung. Hamburger Geographische Studien, 24, Hamburg, S. 311-334.
- (1971 a): Gestaltwandel und Funktion zentralamerikanischer Großstädte aus sozialgeographischer Sicht. In: Die aktuelle Situation Lateinamerikas. Beiträge zur Soziologie und Sozialkunde Lateinamerikas, 7, München, S. 309-320.
- (1975): Wachstumspole und regionale Polarisierung der Entwicklung im Wirtschaftsraum. Ein Bericht über lateinamerikanische Erfahrungen. In: Der Wirtschaftsraum. Geographische Zeitschrift, Beiheft 41, Wiesbaden, S. 78-90.
- (1983): La planificación regional integrada como agente del estado frente a la comunidad local y la patria chica. Un resúmen de experiencias centroamericanas. In: Revista Latinoamericana de Estudios Urbano Regionales (EURE), 28, Santiago de Chile, S. 47-55.

**Sandner, G.; Steger, H.-A.** (1973): Lateinamerika. Fischer Länderkunde. Frankfurt.

**Santa Maria, I.** (1983): Pobreza urbana y deterioro ambiental. Documento de Trabajo, Nr. 133, IEU, PUC, Santiago de Chile.

Santa Maria, I. (1985): Gestión urbana y participación. Reflexiones frente a la politica nacional de desarrollo urbano. IEU, PUC, Santiago de Chile.

Santos, dos, T. (1980): Über die Struktur der Abhängigkeit. In: Senghaas, D. (Hrsg.): Imperialismus und strukturelle Gewalt. Analysen über abhängige Reproduktion. Frankfurt, S. 243-257.

SAS Institute Inc (1985): Eine Einführung in das SAS-System. Cary, North Carolina.

Sassenfeld, H. (1977): Entwicklungsprobleme aus regionalpolitischer Sicht: Kausalfaktoren räumlich differenzierter Entwicklung und regionalpolitische Lösungsansätze am Beispiel Chiles (1964-1973). Schriftenreihe der Friedrich-Ebert-Stiftung, Band 131, Bonn-Bad Godesberg.

Saunders, P. (1979): Urban politics: a sociological interpretation. London.

Schaefer, K. (1976): Urban development and employment. ILO, Geneva.

Schätzl, L. (1983): Regionale Wachstums- und Entwicklungstheorien. In: Geographische Rundschau, 35, Braunschweig, S. 322-328.

- (1986): Wirtschaftsgeographie. Paderborn.

Schenk, F. (1988): Wohnen unterer Sozialschichten und Programme des staatlichen sozialen Wohnungsbaus in Cuenca/Ecuador. In: Bähr, J. (Hrsg.): Wohnen in lateinamerikanischen Städten. Kieler Geographische Schriften, 68, Kiel, S. 177-191.

Schlesinger, L.; Monckeberg, F. u.a. (1983): La caseta sanitaria: Elemento básico de saneamiento de la vivienda marginal urbana. In: Mac Donald, J. (Hrsg.): Vivienda social. Reflexiones y experiencias. Santiago de Chile, S. 217-238.

Schmidt-Assmann, E. (1972): Gesetzliche Maßnahmen zur Regelung einer praktikablen Stadtentwicklungsplanung - Gesetzeskompetenzen und Regelungsintensität. In: Veröffentlichung der Akademie für Raumforschung und Landesplanung. Band 80, Köln, S. 101-154.

Schmidt-Relenberg, N.; Kärner, H.; Köhler, V. (1980): Selbstorganisation der Armen: Ein Bericht aus Venezuela. Frankfurt.

Schmidt-Wulffen, W.-D. (1985): Mali: Substanz- und Weltmarktproduktion in ihrer Bedeutung für die Entstehung der Dürrekatastrophe 1969-1973. In: Zeitschrift für Wirtschaftsgeographie, 2, Frankfurt, S. 97-106.

- (1987): Zehn Jahre entwicklungstheoretischer Diskussion. Ergebnisse und Perspektiven für die Geographie. In: Geographische Rundschau, 39, Braunschweig, S. 130-135.

- (1988): Entwicklungsprobleme und handlungsorientierter Unterricht. Eine Einführung in Thesen. In: Praxis Geographie, 18, Braunschweig, S. 6-9.

Scholz, F. (1985): Entwicklungsländer. Beiträge der Geographie zur Entwicklungsländer-Forschung. Darmstadt.

Schomaker, C. (1982): Probleme der Wohnungsversorgung in Metropolen Lateinamerikas. Strukturelle Ursachen und kritische Bewertung der Lösungsansätze. Hamburg (unveröffentlichte Diplomarbeit).

Schoop, W. (1980): Die bolivianischen Departementszentren im Verstädterungsprozeß des Landes. Wiesbaden.

- (1984): Wohnbauförderung in La Paz zur Berücksichtigung traditioneller Wohnbereichstrukturen bei lokalen Wohnbauinitiativen. In: Kohut, K. (Hrsg.): Die

Metropolen in Lateinamerika - Hoffnung und Bedrohung für den Menschen. Eichstätter Beiträge, 18, Regensburg, S. 245-258.

Schüly, G. (1984): Soziale und psychologische Faktoren der Marginalität in Brasilien. In: Kohut, K. (Hrsg.): Die Metropolen in Lateinamerika - Hoffnung und Bedrohung für den Menschen. Eichstätter Beiträge, 18, Regensburg, S. 287-309.

Schütz, E.J. (1980): Von Bauhöfen und Barfußarchitekten in den Spontansiedlungen. In: Bauwelt, 21, Berlin, S. 884-885.

- (1984): Erfahrenes und Erdachtes über das Finanzieren von Wohnbau für marginalisierte Bevölkerungsgruppen in den Städten der Dritten Welt, Aachen, mimeo.

- (1987): Städte in Lateinamerika. Barrio-Entwicklung und Wohnbau. Misereor-Dialog, 5, Aachen.

Segal, S. (1981): Marginalidad espacial, estado y ciudania. In: Revista Mexicana de Sociologia, 48, México, S. 1547-1577.

Segovia, O.; Torres, J. (1984): Los sin casa bajo el régimen militar: Proceso de lucha del comité 22 de julio. Documento de Trabajo, IEU, PUC, Santiago de Chile.

Senghaas, D. (1977): Weltwirtschaftsordnung und Entwicklungspolitik. Plädoyer für Dissoziation. Frankfurt.

- (1981): Peripherer Kapitalismus. Analysen über Abhängigkeit und Unterentwicklung. Frankfurt.

Serplac Metropolitana (1982): Proyecto saneamiento de campamentos de la Región Metropolitana. Santiago de Chile.

- (1982 a): Informe sobre políticas de vivienda, operaciónes sitio y campamentos. Santiago de Chile.

Shaw, R.P. (1975): Migration theory and fact: A review and bibliography of current literature. Philadelphia.

- (1976): Land tenure and the rural exodus in Chile, Colombia, Costa Rica, and Peru. Gainsville.

Silva, R. (1984): Planung und Realität: Der Entwicklungsplan für Bogotá der Phasen I, II und II B. In Kohut, K. (Hrsg.): Die Metropolen in Lateinamerika - Hoffnung und Bedrohung für den Menschen. Eichstätter Beiträge, 18, Regensburg, S. 413-432.

Silveira do Amaral, C. (1986): Sozioökonomische Aspekte öffentlicher Programme zur Verbesserung bestehender Spontansiedlungen, dargestellt am Beispiel der "Favela do Jacarezinho" in Rio de Janeiro. Projektbericht des Instituts für Regionalwissenschaft der Universität Karlsruhe. Karlsruhe.

Sinclair, S.W. (1978): Urbanisation and labour market in developing countries. London.

Skinner, R.J.; Rodell, M.J. (1983): People, poverty and shelter. London.

Slater, D. (1982): Capitalismo y desarrollo regional: Ensayos críticos sobre la organización del espacio en el tercer mundo. Amsterdam.

- (1986): Capitalism and urbanisation at the periphery: Problems of interpretation and analysis with reference to Latin America. In: Drakakis-Smith, D. (Hrsg.): Urbanisation in the developing world, London u.a., S. 7-22.

Slingsby, M. (1986): Community development support. Programmes for housing projects - problem solving approach. In: Habitat International, 10, Oxford u.a., S. 65-71.
Smith, N.; Williams, P. (1986): Gentrification of the city. London.
Solano, F. de (1983): Estudios sobre la ciudad iberoamericana. Madrid.
Stämmler, G. (1985): Ein Bauproject in Nicaragua. In: Trialog, 7, Darmstadt, S. 27-29.
Statistisches Bundesamt (11988): Länderbericht Chile. 1988. Wiesbaden.
Steger, H.-A. (1984): Kulturanthropologische Ausgangspunkte des lateinamerikanischen Städtewesens. In: Kohut, K. (Hrsg.): Die Metropolen in Lateinamerika - Hoffnung und Bedrohung für den Menschen. Eichstätter Beiträge, 18, Regensburg, S. 15-30.
Steinberg, F. (1982): Wohnungspolitik für die städtischen Armen. Die technokratische Behandlung eines sozialpolitischen Problems. In: Blätter des Informationszentrum Dritte Welt, 102, Freiburg, S. 42-50.
- (1982 a): Zur Rolle der Selbsthilfe bei der Wohnungsversorgung in unterentwikkelten Ländern. In: Peripherie, 9, Münster, S. 52-69.
- (1982 b): Slum and shanty upgrading in Colombo: A help for the urban poor? In: International Journal of Urban and Regional Research, London, 6, S. 372-392.
Stewig, R. (1983): Die Stadt in Industrie- und Entwicklungsländern. Paderborn.
Stöhr, W. (1967): Geographische Aspekte der Planung in Entwicklungsländern. Die südamerikanische Problematik und das Beispiel Chiles. In: Festschrift für L.G. Scheidl, Band 2, Wien, S. 377-393.
- (1983): Die Großstadt als innerstaatlicher Wirtschaftsfaktor. In: Materialien zum internationalen Kulturaustausch, 18, Stuttgart, S. 43-46.
- (1983 a): El sistema económico mundial y el desarrollo de comunidades locales. In: Revista Latinoamericana de Estudios Urbano Regionales (EURE), 28, Santiago de Chile, S. 25-33.
Stöhr, W.; Taylor, F. (1981): Development from above or below? The dialectics of regional planning in developing countries. Chichester, u.a.
Suárez, M. (1983): Programas de vivienda progressiva en la politica habitacional chilena. Período 1965-1970. In: Mac Donald, J. (Hrsg.): Vivienda social. Reflexiones y experiencias. Santiago de Chile, S. 181-200.
Sudra, T. (1979): Self-help housing. In: Open House, 4, Eindhoven, S. 28-43.
Sulaiman, H.; Yahaya, N. (1987): Housing provision and satisfaction of low-income households in Kuala Lumpur. In: Habitat International, 11, Oxford u.a., S. 27-38.
Sunkel, O. (1980): Transnationale kapitalistische Integration und nationale Desintegration: Der Fall Lateinamerika. In: Senghaas, D. (Hrsg.): Imperialismus und strukturelle Gewalt. Analysen über abhängige Reproduktion. Frankfurt, S. 258-315.
Susman, P. (1987): Spatial equality in Cuba. In: International Journal of Urban and Regionale Research, 11, London, S. 218-242.
Tacla, O. (1965): Frecuencia en la toma de información de datos censuales. INE, Santiago de Chile.

**Tänzler, A.** (1983): Finanzierung von Wohnungsbauprogrammen für untere Einkommensschichten in Lateinamerika. Berlin, mimeo.
**Tagle, J.** (1981): Política habitacional y mercado de vivienda. Universidad de Chile, Santiago de Chile.
– (1982): Subsidio habitacional y política de vivienda. Notas Técnicas, Nr. 51, CIEPLAN, Santiago de Chile.
**Tanner, C.** (1980): Venezuelan migration. An analysis of problems migration creates in developing countries. Arguments and proposals for an active migration policy postulating a migration policy-making model. Diessenhofen.
**Taylor, J.L.; Williams, D.G.** (1984): Urban planning practice in developing countries. Oxford.
**Thomae, B. (1988):** Bausubstanz, Gebäudenutzung und Bevölkerung im Maciel-Viertel der Altstadt von Salvador/Bahia - Voruntersuchung zum slum-upgrading. In: Bähr, J. (Hrsg.): Wohnen in lateinamerikanischen Städten. Kieler Geographische Schriften, 68, Kiel, S. 127-144.
**Toit, B.M. du** (1975): Migration and urbanization: Models and adaptive strategies. The Hague.
**Trivelli, P.** (1981): Reflexiones en torno a la política nacional de desarrollo urbano. In: Revista Latinoamericana de Estudios Urbano Regionales (EURE), 8, Santiago de Chile, S. 43-64.
– (1981 a): Elementos teóricos para el análisis de una nueva política de desarrollo urbano: Santiago de Chile. In: Revista Interamericana de Planificación, México, D.C. 15, S. 44-69.
– (1982): Accesibilidad al suelo urbano y la vivienda por parte de los sectores de menores ingresos en América Latina. In: Revista Latinoamericana de Estudios Urbano Regionales (EURE), 9, Santiago de Chile, S. 7-32.
– (1987): Intra-urban socio-economic settlement patterns, public intervention, and the determination of the spatial structure of urban land market in Greater Santiago, Chile. Dissertation, Cornell University.
– (1987 a): Mercado de suelo urbano en el área metropolitana de Santiago. IEU, PUC, Boletin Nr. 18, Santiago de Chile.
– (1988): Mercado de suelo urbano en el área metropolitana de Santiago. IEU, PUC, Boletin Nr. 23, Santiago de Chile.
**Turner, A.** (1980): The cities of the poor: Settlement planning in developing countries. London.
– (1985): The effects of development control on the growth of rapidly expanding cities. In: Habitat International, 9, Oxford u.a., S. 151-156.
**Turner, B.** (1988): Building community. A Third World case book. London.
**Turner, J.F.C.** (1968): Housing priorities, settlement patterns and urban development in modernizing countries. In: Journal of the American Institute of Planners, 33, Washington, S. 345-363.
– (1976): Lima's barriadas and corralones: Suburbs versus Slums. In: Ekistics, 19, Athen, S. 152-155.
– (1978): Housing in three dimensions: Terms of reference for the housing question redefined. In: World Development, 6, London, S. 1135-1145.

**Turner, J.F.C.** (1986): Future directions in housing policies. In: Habitat International, 10, Oxford u.a., S. 7-25.
- **Fichter, R.** (1982): Freedom to built. Dweller control to housing process. New York.
**UN** (1967): Report on the United Nations interregional seminar on development policies and planning in relations to urbanization. New York.
**UN** (1976): Report of Habitat: United nations conference on human settlements. New York.
- (1985): Compendium of human settlements statistics. New York.
- (1986): Construction statistics yearbook 1984. New York.

**UN/ECLA** (1980): Statistical yearbook for Latin America 1979. Santiago de Chile.
**UNCHS/Habitat** (1981): The construction industry in human settlement programmes. Nairobi.
- (1982): Global report on human settlements. Oxford.

**Valdés, T.** (1982): Poblaciones y pobladores: Notas para una discusión conceptual. FLACSO, Santiago de Chile.
- (1983): El problema de la vivienda. Politicas y movilización popular. Documento de Trabajo, Nr. 195, FLACSO, Santiago de Chile.
- (1987): El movimiento de pobladores 1973-1985. La recomposición de las solidaridades sociales. In: Borja, J.; Valdés, T. u.a. (Hrsg.): Descentralización del estado. Movimiento social y gestión local. FLACSO, Santiago de Chile, S. 263-319.
- (1987 a): Ser mujer en sectores populares urbanos. In: Chateau, J.; Gallardo, B. u.a. (Hrsg.): Espacio y poder. Los pobladores. FLACSO, Santiago de Chile, S. 203-258.

**Váras, L.** (1984): Unser Kampf ist größer als das Haus: Die Campamento-Bewohner in Chile 1970-1973. In: Trialog, 4, Darmstadt, S. 8-11.
**Vergara, P.** (1981): Las transformaciones de las funciones económicas del estado en Chile bajo el régimen militar. Santiago de Chile.
**Wakely, P.** (1986): The devolution of housing production. Support and management. In: Habitat International, 10, Oxford u.a., S. 53-63.
**Walker, E.** (1985): Etapas y cursos alternativos del desarrollo progresivo de la vivienda. Documento de Trabajo, Nr. 146, IEU, PUC, Santiago de Chile.
**Waller, P.P.** (1984): Grundbedürfnisorientierte Regionalentwicklung. Eine Einführung in die Analyse, Strategie und Planung der ländlichen Regionalentwicklung in Ländern der Dritten Welt. Berlin.
**Walton, J.** (1976): Political economy of world urban systems: Directions for comparative research. In: Masotti, L.H.; Walton, J. (Hrsg.): The city in comparative perspective. Cross-national research and new directions in theory. New York, S. 301-314.
**Ward, P.M.** (1981): Mexico-City. In: Pacione, M. (Hrsg.): Problems and planning in Third World cities. London, S. 28-64.
- (1981 a): Political pressure for urban services: The responses of two Mecico City administrations. In: Development and Change, 12, London, Beverly Hills, S. 379-407.

**Ward, P.M.** (1982): Self-help housing: A critique. London.
- (1982 a): The practice and potential of self-help housing in Mexico-City. In: Ders. (Hrsg.): Self-help housing: A critique. London, S. 175-208.
- (1982 b): Informal housing: Conventional wisdoms reappraised. In: Built Environment, 8, Oxford, S. 84-94.
- (1984): Mexico: Beyond sites and services. In: Payne, G.K. (Hrsg.): Low-income housing in the developing world. Chichester u.a., S. 149-158.

**Weber, P.** (1982): Geographische Mobilitätsforschung. Darmstadt.

**Wegener, R.** (1982): Wohnungsbau-Finanzierung in Entwicklungsländern: Ein integrierter Ansatz. In: Analysen aus der Abteilung Entwicklungsländerforschung der Friedrich-Ebert-Stiftung, Nr. 100, Bonn.
- (1985): Financiamiento de programas de vivienda para sectores de bajos recursos en paises en vias de desarrollo. In: Breuer, B. (Hrsg.): "Financiamiento del habitat para sectores de bajos ingresos en América Latina". Tagungsbericht der Deutschen Stiftung für internationale Entwicklung (DSE), Berlin, S. 29-79.

**Weischet, W.** (1974): Agrarreform und Nationalisierung des Bergbaus in Chile. Darmstadt.

**Wells, J.** (1985): The role of construction in economic growth and development. In: Habitat International, 9, Oxford u.a., S. 55-70.

**Weltbank** (1989): Weltentwicklungsbericht. Frankfurt.

**White, G.** (1987): Cuban planning in the Mid-1980s: Centralization, decentralization and participation. World Development, 15, London, S. 153-161.

**White, P.; Woods, R.** (1980): The geographical impact of migration. London, New York.

**Wilckens, P.** (1986): Efectos de las acciones de radicación y erradicación en la situación socio-espacial de los campamentos en el área metropolitana de Santiago 1980-71/1982-1983. PUC, Santiago de Chile.

**Wilhelmy, H.** (1952): Südamerika im Spiegel seiner Städte. Hamburg.
- (1986): Ursachen und Folgen der Überurbanisierung Südamerikas. In: Materialien zum internationalen Kulturaustausch, Band 27, Stuttgart, S. 29-36.
- Borsdorf, A. (1984): Die Städte Südamerikas. Teil 1: Wesen und Wandel. Berlin, Stuttgart.
- (1985): Die Städte Südamerikas. Teil 2: Die urbanen Zentren und ihre Regionen. Berlin, Stuttgart.

**Wilkie, R.** (1984): Latin American population and urbanisation analysis. Maps and statistics, 1950-1982. Los Angeles.

**Williams, D.G.** (1984): The role of international agencies. The World Bank. In: Payne, G.K. (Hrsg.): Low-income housing in the developing world. Chichester u.a., S. 173-185.

**Wilson, S.** (1979): La realidad poblacional. In: Revista Mensaje, Nr. 287, Santiago de Chile, S. 567-572.
- (1985): Los grupos de ahorro precooperativos: El caso de las poblaciones populares de Santiago de Chile. In: Breuer, B. (Hrsg.): "Financiamiento del habitat para sectores de bajos ingresos en América Latina". Tagungsbericht der Deutschen Stiftung für internationale Entwicklung (DSE), Berlin, S. 177-217.

**Wöhlcke, M.** (1977): Die neuere entwicklungstheoretische Diskussion. Editionen der Iberoamericana Reihe, 2, Frankfurt.
**Wolff, J.H.** (1984): Bogotá: Metropolenwachstum und Investitionsplanung im Zwiespalt technischer Rationalität und politischer Zwänge. In: Kohut, K. (Hrsg.): Die Metropolen in Lateinamerika - Hoffnung und Bedrohung für den Menschen. Eichstätter Beiträge, 18, Regensburg, S. 433-446.
**Zetter, R.** (1984): Land issues in low-income housing. In: Payne, G.K. (Hrsg.): Low-income housing in the developing world. The role of sites and sevices and settlement upgrading. Chichester u.a., S. 221-231.
**Ziss, R.** (1984): Ökonomische Determinanten der Selbsthilfe in Spontansiedlungen. In: Trialog, 2, Darmstadt, S. 27-34.
- (1987): Wohnungsversorgung - Ein neuer entwicklungspolitischer Sektor. In: Trialog, 10, Darmstadt, S. 18-21.
- **Kotowski-Ziss, J.** (1986): Baumaterialien und Selbsthilfe. Probleme des Wohnungsbaus in mexikanischen Mittelstädten. Saarbrücken, Fort Lauderdale.
**Zschaebitz, U.** (1983): Überlebenspraxis und Wohnraum in ärmeren Stadtvierteln Quitos/Ecuador. In: Trialog, 1, Darmstadt, S. 17-18.
**Zsilincsar, W.** (1971): Städtewachstum und unkontrollierte Siedlungen in Lateinamerika. Geographische Rundschau, 23, Braunschweig, S. 454-461.

# Anhang

**Fragebogen: Sanitärzelle**

<u>Region Metropolitana</u>

COMUNA:                                            CALLE:
UNIDAD VECINAL:                   CASA Nº:
POBLACION:

FECHA DE OCUPACION DEL SITIO
MES                  AÑO: 19...

1. Sexo del Jefe del Hogar
   1) Masculino                           2) Femenino

2. ¿Cuál es el estado civil del Jefe de Hogar?
   1) Soltero/a                            4) Anulado/a
   2) Casado/a                           5) Separado/a
   3) Conviviente                      6) Viudo/a

3. ¿Cuántos años cumplidos tiene el Jefe de Hogar?
   ... años

4. ¿Cuántos años estudió el Jefe de Hogar? (terminados)
   ... años

5. ¿Cuál es la actividad actual del Jefe de Hogar?
   1) Trabaja con contrato
   2) Trabaja sin contrato
   3) Estudia
   4) Jubilado o pensionado
   5) Quehaceres del hogar
   6) Cesante. (Con ningún tipo de trabajo actual, edad 15-64 años ).
   7) Trabaja en el PEM, POJH o PDL
      <u>(Si trabaja con contrato pase a la pregunta 7)</u>

6. Si trabaja sin contrato, en qué trabaja?
   1) Vendedor ambulante
   2) Artesano, mecánico o técnico por cuenta propia
   3) Jornalero (especificar ...)
   4) Empleada doméstica
   5) Otros (especificar ...)

7. ¿El lugar de trabajo del Jefe de Hogar está?
   1) En la comuna
   2) Fuera de la comuna
   3) Fuera del Gran Santiago

8. Si el lugar de trabajo está fuera de la comuna especifica
   1) Nombre de la comuna
   2) Calles principales o sector

9. ¿Cuánto tiempo demora el Jefe de Hogar en llegar de su casa a su lugar de trabajo?
   1) 0 a 15 minutos
   2) 16 a 30 minutos
   3) 31 a 45 minutos
   4) 46 a 60 minutos
   5) una hora a una hora y media
   6) de una hora y media a dos hrs.
   7) más de dos horas

10. ¿Qué tipo de movilización utiliza para ir al trabajo?
    1) Bus
    2) Colectivo
    3) Bicicleta
    4) A pie
    5) Moto
    6) Metro
    7) Acompañante en auto ajeno
    8) Taxi
    9) Automóvil propio

11. Respecto al terreno, el Jefe de Hogar es:
    1) Propietario
    2) No propietario

12. ¿Cuáles son los gastos mensuales en que incurre la familia nuclear por el hecho de ocupar la vivienda? (dividendo por el terreno, por la caseta o arriendo)
    1) No incurre en gastos
    2) Hasta 500 pesos
    3) 501-1.000 pesos
    4) 1.001-2.000 pesos
    5) 2.001-3.000 pesos
    6) 3.001-4.000 pesos
    7) 4.001-5.000 pesos
    8) 5.001-y más

13. ¿Cuántas personas conforman la familia nuclear? (sólo habitantes de la vivienda) No olvide "guaguas" y ancianos.
    ... personas

14. Aparte de la familia nuclear, cuántas personas viven en la casa? No olvide "guaguas" ni ancianos.
    ... personas

15. ¿Hay otras viviendas dentro del mismo terreno?
    1) Sí
    2) no
    (Si no hay otras viviendas dentro del mismo terreno pase a la pregunta 19).

16. ¿Cuántas viviendas hay dentro del mismo terreno?
    ... viviendas

17. ¿Cuántas personas en total viven en dichas viviendas? No olvide "guaguas" y ancianos.
    ... personas

18. ¿Comparte la vivienda principal (caseta sanitaria con sus ampliaciones) con las otras viviendas localizadas en el mismo terreno?
    1) La cocina
    2) El baño
    3) No comparte cocina ni baño
19. ¿Cuántas piezas tiene la vivienda (caseta sanitaria con sus ampliaciones)? (total de piezas sin cocina y baño)
    ... piezas
20. ¿Cuántas piezas son usadas para dormir?
    ... piezas
21. ¿Cuántas camas se usan habitualmente en el hogar? (Incluyendo cunas).
    ... camas
22. ¿Cuántos m² de ampliaciones han sido adosados a la caseta sanitaria en el momento de la encuesta?
    ... m²
23. En cuanto a las ampliaciones:
    1) Se encuentran actualmente en construcción
    2) Están terminadas
    (Si contesta alternativa 1) actualmente en construcción pase a la pregunta 25).
24. ¿En qué año terminó las ampliaciones?
    Año 19..
25. ¿Cuál es el material de construcción predominante de las ampliaciones) (no de la caseta sanitaria)

    A) ¿En la cubierta exterior del techo?
        1) Material de desecho (cartones, latas, plástico, etc.)
        2) Fonolita
        3) Tejas, tejuela de madera
        4) Zinc, losa de hormigón, pizarreño
        5) Otros materiales
    B) ¿En las paredes exteriores?
        1) Material de desecho (artones, latas, plásticos, etc.)
        2) Madera o tabique forrado
        3) Hormigón
        4) Albañilería de ladrillo
        5) Otros materiales
    C) ¿En el piso?
        1) Tierra
        2) Material de desecho (cartones, latas, plásticos, etc.)
        3) Entablado (maderal)
        4) Ladrillo, radier o baldosa de cemento
        5) Plástico (flexit u otros)
        6) Alfombrado muro a muro

        7) Parquet, baldosín de cerámica
        8) Otros materiales
    D) ¿De los muros interiores?
        1) Cartón
        2) Madera o madera prensada
        3) Hormigón
        4) Albañilería
        5) Otros materiales
26. ¿Qué uso tienen las ampliaciones?
    1) Cocina
    2) Baño
    3) Dormitorio
    4) Living-comedor
    5) Comercial
    6) Otros (especificar ...)
27. ¿Se destina parte de la vivienda o del terreno a algún uso que no sea residencial?
    1) Sí
    2) No (si no paseaa la pregunta 29)
28. ¿A cuál de los siguientes tipos corresponde dicho uso?
    1) Kiosko varios
    2) Taller artesanal
    3) Taller de reparación
    5) Botillería
    6) Peluquería
    7) Otros (especificar ...)
29. Antes de llegar a esta vivienda, el Jefe de Hogar vivía en la ciudad de Santiago?
    1) Sí
    2) No (si no pase a la preguanta 31)
30. Si proviene de la ciudad de Santiago, en qué comuna, población y/o calle vivió antes de ocupar esta vivienda?
    Comuna:
    Población:
    Calle:
31. En la vivienda que ocupó antes, era?
    1) Ocupante
    2) Allegado
    3) Arrendatario
    4) Propietario
32. De los habitantes de esta vivienda, ¿cuántas personas trabajan?
    ... personas
33. Las personas que habitan en esta vivienda, ¿cuántos pesos gastan en alimentación, mensualmente?
    1) Menos de 2.500 pesos
    2) 2.501 a 3.500 pesos
    3) 3.501 a 5.000 pesos
    4) 5.001 a 7.000 pesos
    5) 7.001 a 10.000 pesos
    6) 10.001 a 15.000 pesos
    7) más que 15.000 pesos

34. ¿Cuál es el ingreso promedio mensual que tienen en conjunto las personas que habitan en esta vivienda?
    1) Menos de 5.000 pesos
    2) 5.001 a 7.000 pesos
    3) 7.001 a 10.000 pesos
    4) 10.001 a 15.000 pesos
    5) 15.001 a 20.000 pesos
    6) 20.001 a 25.000 pesos
    7) 25.001 a 30.000 pesos
    8) 30.001 a 40.000 pesos
    9) más que 40.000 pesos

35. ¿Qué tipo de combustible usan más frecuentemente para cocinar?
    1) Electricidad
    2) Gas
    3) Carbón, parafina
    4) Leña
    5) Otros

36. ¿Tiene el hogar alguno(s) de los siguientes artefactos funcionando?
    1) Califont
    2) Radio, radio cassette, tocadisco
    3) Televisor (b/n)
    4) Televisor (color)
    5) Lavadora
    6) Refrigerador
    7) Teléfono
    8) Moto
    9) Automóvil


NOMBRE DEL ENCUESTADOR:

FECHA DE LA ENCUESTA:

**Fragebogen: Basishaus/Wohnung**

Region Metropolitana

COMUNA:
UNIDAD VECINAL:                           CASA NUMERO:
POBLACION:                                DEPARTAMENTO:
CALLE:                                    PISO:

FECHA DE OCUPACION DE LA VIVIENDA

MES:                          AÑO 19...

1.  Sexo del Jefe de Hogar
    1) Masculino                          2) Femenino
2.  Cuál es el estado civil del Jefe de Hogar?
    1) Soltero/a                          4) Anulado
    2) Casado/a                           5) Separado/a
    3) Conviviente                        6) Viudo/a
3.  Cuántos años cumplidos tiene el Jefe de Hogar?
    ... años
4.  Cuántos años estudió el Jefe de Hogar (terminados)?
    ... años
5.  Cuál es la actividad actual del Jefe de Hogar?
    1) Trabaja con contrato
    2) Trabaja sin contrato
    3) Estudia
    4) Jubilado o pensionado
    5) Quehaceres del hogar
    6) Cesante. (Con ningún tipo de trabajo actual, edad 15-64 años)
    7) Trabaja en el PEM, POJH o POL
        (Si trabaja <u>con</u> contrato, pase a la pregunta 7)
6.  Si trabaja sin contrato, en qué trabaja?
    1) Vendedor ambulante
    2) Artesano, mecánico o técnico por cuenta propia
    3) Jornalero (especificar ......)
    4) Empleada doméstica
    5) Otros (especificar ......)
7.  El lugar de trabajo del Jefe de Hogar está?
    1) En la comuna'
    2) Fuera de la comuna
    3) Fuera de Gran Santiago

8. Si el lugar de trabajo está fuera de la comuna específica
   1) Nombre de la comuna
   2) Calles principales o sector
9. Cuánto tiempo demora el Jefe de Hogar en llegar de su casa a su lugar de trabajo?
   1) 0 a 15 minutos
   2) 16 a 30 minutos
   3) 31 a 45 minutos
   4) 46 a 60 minutos
   5) una hora a una hora y media
   6) una hora y media a dos horas
   7) más que dos horas
10. Qué tipo de movilización utiliza para ir al trabajo?
    1) Bus
    2) Colectivo
    3) Bicicleta
    4) A pie
    5) Moto
    6) Metro
    7) Acompañante en auto ajeno
    8) Taxi
    9) Automóvil propio
11. Respecto a la vivienda, el Jefe de Hogar es?
    1) Propietario
    2) No propietario
12. Cuáles son los gastos mensuales en que incurre la familia nuclear por el hecho de ocupar la vivienda (arriendo o dividendo)
    1) No incurre en gastos
    2) Hasta 500 pesos
    3) 501-1.000 pesos
    4) 1.001-2.000 pesos
    5) 2.001-3.000 pesos
    6) 3.001-4.000 pesos
    7) 4.001-5.000 pesos
    8) 5.001-6.000 pesos
    9) 6.001 y más
13. Cuántas personas conforman la familia nuclear? (sólo habitantes de la vivienda) No olvide "guaguas" y ancianos.
    ... personas
14. Aparte de la familia nuclear, cuántas personas viven en la casa? No olvide "guaguas" y ancianos
    ... personas
15. Hay otras viviendas dentro del mismo terreno?
    1) Si
    2) No
    (si no hay otras viviendas dentro del mismo terreno, pase a la pregunta 19)
16. Cuántas viviendas hay dentro del mismo terreno?
    ... viviendas
17. Cuántas personas en total viven en dichas viviendas? No olvide "guaguas" y ancianos
    ... personas

18. Comparte la vivienda principal con las otras viviendas localizadas en el mismo terreno?
    1) La cocina
    2) El baño
    3) No comparte cocina ni baño

19. Cuántas piezas tiene la vivienda, incluyendo ampliaciones? (total de piezas sin cocina y baño).
    ... piezas

20. Cuántas piezas son usadas para dormir?
    ... piezas

21. Cuántas camas se usan habitualmente en el hogar? (incluyendo cunas)
    ... camas

22. Tiene ampliaciones la vivienda principal?
    1) Si
    2) No (Si no pase a la pregunta 28)

23. Cuántos m² de ampliaciones tiene la casa en el momento de la encuesta?
    ... m²

24. En cuánto a las ampliaciones:
    1) Se encuentran actualmente en construcción
    2) Estàn terminadas

25. En qué año terminó las ampliaciones?
    19... año

26. De qué material están hechas las ampliaciones?
    1) Ladrillo, hormigón, cemento
    2) Madera
    3) Material de desecho (cartones, latas, plásticos, etc.)

27. Qué uso tienen las ampliaciones?
    1) Cocina                   4) Living-comedor
    2) Baño                     5) Comercial
    3) Dormitorio               6) Otros (especificar ...)

28. Se destina parte de la vivienda o del terreno a algún uso que no sea residencial?
    1) Si
    2) No (si no pase a la pregunta 30)

29. A cuál de los siguientes tipos corresponde dicho uso?
    1) Kiosko varios            5) Botilleria
    2) Taller Artesanal         6) Peluqueria
    3) Taller de reparación     7) Otros (especificar ...)
    4) Verduleria

30. Antes de llegar a esta vivienda, el Jefe de Hogar vivia en la ciudad Santiago?
    1) Si
    2) No (si no pase a la pregunta 32)
31. Si proviene de la ciudad de Santiago, en que comuna, población y/o calle vivió antes de ocupar est vivienda?
    Comuna:
    Población:
    Calle:
32. En la vivienda que ocupó antes, era?
    1) Ocupante           3) Arrendatario
    2) Allegado           4) Propietario
33. De los habitantes de esta vivienda, ¿Cuántas personas trabajan?
    ... personas
34. Las personas que habitan en esta vivienda ¿Cuántos pesos gastan mensualmente en alimentación?
    1) Menos de 2.500 pesos     4) 5.001 a 7.000 pesos
    2) 2.501 a 3.500 pesos      5) 7.001 a 10.000 pesos
    3) 3.501 a 5.000 pesos      6) 10.001 a 15.000 pesos
                                7) Más que 15.000 pesos
35. Cuál es el ingreso promedio mensual que tienen en conjunto las personas que habitan en esta vivienda?
    1) Menos de 5.000 pesos     4) 10.001 a 15.000 pesos
    2) 5.001 a 7.000 pesos      5) 15.001 a 20.000 pesos
    3) 7.001 a 10.000 pesos     6) 20.001 a 25.000 pesos
                                7) 25.001 a 30.000 pesos
                                8) 30.001 a 40.000 pesos
                                9) más que 40.000 pesos
36. Qué tipo de combustible usan más frecuentemente para cocinar?
    1) Electricidad          3) Carbón, parafina
    2) Gas                   4) Leña
                             5) Otros
37. Tiene el lugar alguno(s) de los siguientes artefactos funcionando?
    1) Califont                          5) Lavadora
    2) Radio, radio cassette, tocadisco  6) Refrigerador
    3) Televisor (b/n)                   7) Teléfono
    4) Televisor color                   8) Moto
                                         9) Automóvil

NOMBRE DEL ENCUESTADOR:

FECHA DE LA ENCUESTA:

# MARBURGER GEOGRAPHISCHE SCHRIFTEN
## Vergriffene Bände

- 2  F. TICHY: Die Lahn. 1951
- 3  H. SCHMITTHENNER. Probleme der Schichtstufenlandschaft. 1956
- 4  G. SANDNER: Der Kellerwald und seine Umrahmung. 1956
- 5  H.-K. MEYER: Der Landschaftswandel in den Braunkohlengebieten von Borken und Frielendorf. 1957
- 6  I. RIEMANN: Der Weinbau in drei französischen Regionen. 1957
- 7  E. PLEWE: Heinrich Schmitthenner. Eine Würdigung. 1957
- 8  M. BORN: Siedlungsentwicklung am Osthang des Westerwaldes. 1957
- 11  W.-D. HÜTTEROTH: Bergnomaden und Yaylabauern im mittleren kurdischen Taurus. 1959
- 12  A. BEIMBORN: Wandlungen der dörflichen Gemeinschaft im hessischen Hinterland. 1960
- 14  M. BORN: Wandlung und Beharrung ländlicher Siedlung und bäuerlicher Wirtschaft. 1961
- 16  R. WINKELMANN: Die Entwicklung des oberrheinischen Weinbaus. 1961
- 17  K.-A. SEEL: Wüstungskartierungen und Flurformengenese im Riedesellland des nordöstlichen Vogelsberges. 1963
- 19  C. PROBST: Die Städte im Burgwald. 1963
- 22  F. HEIDE: Das westliche Emsland. 1965
- 23  H. NUHN: Industrie im hessischen Hinterland. 1965
- 24  G. EISEL: Siedlungsgeographische Geländeforschungen im südlichen Burgwald. 1965
- 26  P. WEBER: Planmäßige ländliche Siedlungen im Dillgebiet. 1966
- 27  H. KERN: Siedlungsgeographische Geländeforschungen im Amöneburger Becken. 1966
- 28  L. ZÖGNER: Hugenottendörfer in Nordhessen. 1966
- 29  C. JARECKI: Der neuzeitliche Strukturwandel an der Ruhr. 1967
- 30  W. LAUER (Hg.): Marburg und Umgebung. 1967
- 31  H. DICKEL: Probleme phänologischer Methodik am Beispiel einer naturräumlichen Gliederung des Kreises Marburg. 1966
- 33  E. SCHLIETER: Viareggio. Geographische Auswirkungen des Fremdenverkehrs. 1968
- 34  H. HILDEBRANDT: Regelhafte Siedlungen im Hünfelder Land. 1968
- 37  W. DÖPP: Die Altstadt Neapels. 1968
- 38  W. SCHOLTEN: Rheinhausen. 1969
- 40  C. SCHOTT (Hg.): Beiträge zur Kulturgeographie der Mittelmeerländer I. 1970
- 43  H.J. KRESS: Die islamische Kulturepoche auf der iberischen Halbinsel. 1970
- 46  A. PLETSCH: Strukturwandlungen in der Oase Dra (Süd-Marokko). 1971
- 56  A. PLETSCH: Die nordhessische Agrarstruktur unter dem Einfluß der Wirtschaftszentralität Kassels. 1972
- 58  K.H. MÜLLER: Zur Morphologie des zentralen Hintertaunus und Limburger Beckens. 1973
- 60  M. BORN (Hg.): Beiträge zur Landeskunde Nordhessens. 1973
- 64  E. EHLERS: Traditionelle und moderne Formen der Landwirtschaft in Iran.
G. GOODELL: Agricultural Production in a Traditional Village of Northern Khuzestan. 1975
- 65  T. RHODE-JÜCHTERN: Geographie und Planung. 1975
- 89  L. MÜLLER-WILLE (Hg.): Beiträge zum Entwicklungskonflikt in Nouveau-Québec. 1983